पाप और पुण्य

पाप और पुण्य

गुरुदत्त

प्रभात
पेपरबैक्स
www.prabhatbooks.com

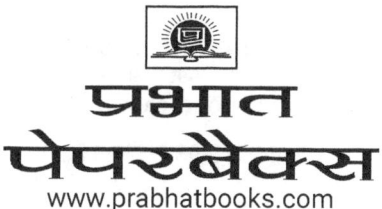

प्रकाशक
प्रभात पेपरबैक्स
प्रभात प्रकाशन प्रा. लि. का उपक्रम

4/19 आसफ अली रोड, नई दिल्ली-110002
फोन : 23289777 • हेल्पलाइन नं. : 7827007777
इ-मेल : prabhatbooks@gmail.com ❖ वेब ठिकाना : www.prabhatbooks.com

संस्करण
2022

सर्वाधिकार
सुरक्षित

───────── ★ ─────────

PAAP AUR PUNYA
Novel by Shri Guru Datt

Published by PRABHAT PAPERBACKS
An imprint of Prabhat Prakashan Pvt. Ltd.
4/19 Asaf Ali Road, New Delhi-110002

ISBN 978-93-5521-152-1

अनुक्रम

प्रथम परिच्छेद	7
द्वितीय परिच्छेद	78
तृतीय परिच्छेद	137

प्रथम परिच्छेद

दिल्ली विश्वविद्यालय के दीक्षांत समारोह में भारत के शिक्षा मंत्री ने अपना दीक्षांत भाषण समाप्त किया और उपकुलपति ने मंत्री महोदय का धन्यवाद कर दिया। समारोह के उपरांत मंत्री महोदय मंच से नीचे उतरे तो उपकुलपति उनके साथ-साथ चल पड़े। वे मंत्री महोदय को उनकी मोटर तक पहुँचाने जा रहे थे। विश्वविद्यालय की सीनेट के सदस्य और कुछ अन्य अधिकारी भी मंत्री महोदय के पीछे-पीछे चल पड़े थे।

प्रायः विद्यार्थी दीक्षा-भवन के दूसरे दरवाजों से भवन के बाहर निकल रहे थे। इस पर भी विद्यार्थी बहुत बड़ी संख्या में मंत्री महोदय और उनके पीछे-पीछे जा रहे सीनेट के सदस्यों एवं अधिकारियों के जुलूस के मार्ग के दोनों ओर पंक्तियों में आ खड़े हुए थे।

इन विद्यार्थियों में एक लड़की भी खड़ी थी। वह अभी भी समारोह के समय का गाऊन पहने हुए थी और उसके हाथ में अपने एम.ए. की परीक्षा में उत्तीर्ण होने का प्रमाण-पत्र पकड़ा हुआ था।

लड़की के पीछे उससे चार इंच ऊँचा एक युवक खड़ा था। उसके हाथ में भी सावधानी से तह किया प्रमाण-पत्र था। परंतु उसने गाऊन अपनी बाईं भुजा पर लटकाया हुआ था। लड़का चौड़ी छाती, सुदृढ़ शरीर, कोट-पतलून पहने तथा नेकटाई लगाए लड़की के पीछे से मंत्री महोदय का जा रहा जुलूस देख रहा था।

मंत्री महोदय की सवारी निकल गई तो लड़के ने कुछ झुककर, लड़की के कान के समीप मुख ले जाकर कह दिया, "आपके स्वर्णपदक पाने की आपको बधाई देता हूँ।"

लड़की का ध्यान अपने ब्लाउज की जेब में रखी पदक की डिबिया की ओर गया तो अनायास उसका हाथ उस जेब की ओर चला गया। वहाँ डिबिया को सुरक्षित देख, आश्वस्त हो, वह घूमकर, लड़के की ओर देखकर बोली, "शुक्रिया, आपका शुभ परिचय?" वह लड़के को जानती नहीं थी। इस पर भी उसके मुस्कराते हुए मुख को देख वह प्रभावित हुई थी। उसने आगे कह दिया, "पहले कभी आपके दर्शन नहीं हुए?"

"यह इसलिए कि मैं हिंदू कॉलेज का विद्यार्थी था और कदाचित् इसलिए भी कि आपको मेरे प्रिय विषय में रुचि नहीं।"

लड़के ने परिचय देने के स्थान पर उसके साथ-साथ चलते हुए पूछ लिया, "आप कहाँ रहती हैं?"

लड़की ने मुस्कराते हुआ कहा, "अपनी माताजी के घर में।"

"और वे कहाँ हैं?"

दोनों विश्वविद्यालय के दीक्षांत भवन के प्रांगण के फाटक की ओर जा रहे थे। लड़की ने अभी भी उत्तर देने के स्थान टालने के भाव में कह दिया, "यहीं, इसी नगर में।"

"तब तो मैं आपको अपनी गाड़ी में आपकी माँ के घर छोड़ने चल सकता हूँ।"

"आप यह कष्ट क्यों करेंगे?"

"आप आज की 'हीरोइन' हैं और आप मेरा परिचय पूछ रही हैं।"

"परिचय तो आप गाड़ी में सवारी दिए बिना भी दे सकते हैं। मैं समझती थी कि आप अपने विषय में बताना नहीं चाहते।"

"नहीं, यह बात नहीं है। उसमें कुछ छुपाने के लिए है भी नहीं। आपका सहपाठी तो हूँ ही।" उसने हाथ में पकड़े प्रमाण-पत्र को दिखा दिया।

दोनों फाटक में निकले तो लड़की उधर को घूमने लगी, जिधर प्रायः विद्यार्थी जा रहे थे। उधर बस-स्टैंड था।

लड़के ने कहा, "आज बस में स्थान नहीं मिलेगा। बहुत भीड़ है। और आपने मेरा परिचय जानने की इच्छा प्रकट की है न?"

"मुझे भय है कि आपको अपने मार्ग से विपरीत दिशा में जाना पड़ेगा?"

"जी नहीं। आइए, मैं विश्वास दिलाता हूँ कि आपको 'स्मगल' नहीं करूँगा।"

लड़की हँस पड़ी। हँसते हुए साथ चल रहे युवक के मुख पर देखकर बोली, "आप देखने में तो भले घर के ही दिखाई देते हैं, परंतु कहा है न कि 'फेसिज आर ऑफन डिसैप्टिव' (चेहरे प्रायः धोखा देते हैं)। इस कारण कहा नहीं जा सकता।"

"परीक्षा करके देखिए कि यह 'फेस' किसी प्रकार भी छलना तो नहीं है।"

लड़की अनायास ही लड़के के साथ कार पार्किंग की ओर चल पड़ी। बात लड़के ने ही कही, "अपहरण करने के लिए इस नगरी में बहुत कुछ भरा पड़ा है और मुझे इस प्रकार के खेल में रुचि नहीं है।"

लड़की मुस्करा रही थी। युवक ने कहा, "वह देखिए, इस सेवक की गाड़ी की सवारी की इच्छा करनेवाली कुछ अन्य भी खड़ी हैं।"

प्रथम परिच्छेद

युवक ने एक बिल्कुल नई एंबेस्डर कार के समीप खड़ी तीन नारियों की ओर संकेत कर दिया।

उन्हें देख लड़की के मन में संतोष हुआ। उन तीन में एक प्रौढ़ावस्था की स्त्री भी थी।

"तो आप यही सेवा औरों की भी करते रहते हैं?"

"आज विशेष दिन है। बस में स्थान न मिलने की संभावना भी कारण है।"

इस समय वे दोनों कार के समीप पहुँच गए। वहाँ खड़ी एक लड़की ने हँसते हुए कह दिया, "अविनाशजी! आज हम आपकी गाड़ी में सवारी करेंगी। यह देखिए, रम्या की माताजी हैं। रम्या और इसकी माँ को यह आश्वासन दे यहाँ लाई हूँ कि हम बस की अपेक्षा बहुत जल्दी घर पहुँच जाएँगी।"

"पर मैं तो इन देवीजी को भी साथ ले जा रहा हूँ।" युवक ने साथ आ रही लड़की की ओर संकेत कर दिया।

उत्तर उसी लड़की ने दिया, "और इनके अतिरिक्त आज अन्य कोई नहीं मिली?"

"मिली तो आप भी नहीं। मैं आपको मिला हूँ। बैठिए, गोली किसकी और गहने किसके!"

उसने जेब से चाबी निकालकर कार का दरवाजा खोला और फिर भीतर से पिछला द्वार खोलकर कहा, "बैठिए।"

जब वे तीनों बैठ गईं तो अविनाश ने अपने साथ आई लड़की को अगली सीट पर बैठाया और फिर स्वयं स्टीयरिंग पर जा बैठा। गाड़ी स्टार्ट करते हुए उसने कहा, "हाँ, तो अब बताइए, आपकी माताजी का घर किधर है?"

पीछे बैठी दोनों लड़कियाँ हँस पड़ीं। वह प्रौढ़ावस्था की स्त्री, रम्या की माँ विस्मय में लड़कियों को खिलखिलाकर हँसते देखने लगी। अगली सीट पर बैठी लड़की को यह कुछ अटपटा प्रतीत हुआ, परंतु वह अब बैठ गई थी। इस कारण मन को दृढ़ कर बोली, "कश्मीरी गेट, मदरसा रोड पर।"

"बस! इसके लिए तो कुछ विशेष प्रयास नहीं करना होगा। उधर से ही तो मुझे भी जाना है।"

इस पर पीछे बैठी एक लड़की, जिसने पहले भी बात की थी, बोली, "हम तो नई दिल्ली, कनॉट प्लेस में उतर रही हैं।"

"आपके लिए तो मैं नरक तक भी जाने के लिए तैयार हूँ।"

"और इस बहन के स्वर्ग को छोड़कर? क्या नाम बताया है इनका?" रम्या ने पूछ लिया।

"पर वह स्वर्ग है, यह तो जानता नहीं। कभी वहाँ गया नहीं।"

"और हमारे नरक में आप गए हैं? बहुत बड़े पापी प्रतीत होते हैं?"

"तो नरक में पापी ही जाते हैं? वहाँ पापी रहते अवश्य हैं, परंतु वहाँ आने-जाने में किसी पर प्रतिबंध नहीं है। धर्मपुत्र युधिष्ठिर की कथा विदित है न? उसके भाइयों को नरक में ले जा रहे थे। युधिष्ठिर ने भी वहाँ उनके साथ जाना चाहा। यमदूतों ने बताया कि महाराज, आपके लिए स्वर्ग में स्थान सुरक्षित है, परंतु जब युधिष्ठिर ने हठ किया तो यमदूत मना नहीं कर सके और युधिष्ठिर को नरक का दृश्य देखने का अवसर मिल गया था।"

अब रम्या की माँ ने कह दिया, "परंतु बेटा, यह तो युधिष्ठिर को पीछे पता चला था कि नरक की कुछ काल के लिए सैर भी उसके पाप के कारण ही हुई थी। द्रोणाचार्य की हत्या के समय उसने एक झूठ के प्रचार में सहायता दी थी। इस कारण तुमने भी कभी कोई पाप अवश्य किया होगा, जो तुम्हें नरक-कुंड की सैर का अवसर मिला होगा।"

"माताजी! आप ठीक समझी हैं। मैं भी वहाँ की सैर जब कर आया था तो विचार करने पर समझ गया था कि उस भयंकर स्थान के दर्शन एक पाप के कारण ही हुए थे। तब से मैं उस पाप के समीप तक नहीं गया।"

"देखो रम्या, हम कनॉट प्लेस नहीं जाएँगी।" रम्या की माँ ने कह दिया।

"क्यों?"

"वहाँ नरक है न? यह तुम्हारी सखी सोम मान रही है।"

"और माताजी," अविनाश ने पूछ लिया, "अब कहाँ उतरेंगी?"

"जहाँ गाड़ी सबसे पहले खड़ी करेंगे।"

"वह तो अब हम मदरसा रोड पर आ गए हैं। यह देवीजी अपनी माँ का घर यहीं बता रही हैं। इन्हें उतारने के लिए गाड़ी खड़ी कर रहा हूँ। हाँ, तो देवीजी! अब किधर चलना है?"

"उस ऊँचे चबूतरे वाले मकान के बाहर। वहाँ मेरी माताजी सड़क पर ही खड़ी हैं।"

अविनाश ने समीप बैठी लड़की से भी अधिक सुंदर रूप-राशि वाली एक स्त्री को खड़े देखा तो गाड़ी ठीक उसके समीप ले जाकर खड़ी कर दी। गाड़ी खड़ी होते ही लड़की ने मोटर का द्वार खोला और बोली, "यदि असुविधा न हो तो आइए, एक प्यालां चाय···।"

अविनाश स्टीयरिंग की ओर से गाड़ी से बाहर निकल पटरी पर उस स्त्री के पास आकर खड़ा हो गया। इतने में रम्या और उसकी माँ भी गाड़ी से उतर अविनाश के पास आकर खड़ी हो गईं।

रम्या की सखी सोम गाड़ी में ही बैठी रही।

लड़की ने माँ से अविनाश का उतना परिचय दे दिया, जितना वह अनायास ही पा गई थी। उसने कहा, "माँ! यह हैं अविनाशजी। इन्हें भी आज ही डिग्री मिली है। ये इधर ही आ रहे थे, इस कारण अपनी गाड़ी में मुझे चढ़ाकर यहाँ छोड़ने चले आए हैं।"

"आओ बेटा! राजकुमारी की चाय का निमंत्रण स्वीकार कर लो।" राजकुमारी की माँ ने कहा। राजकुमारी उस लड़की का नाम था।

"पर माताजी! आप देख रही हैं न कि मैं अकेला नहीं हूँ।" अविनाश ने मुस्कराकर कहा।

राजकुमारी ने माँ से पूछ लिया, "माँ, कहीं आवश्यक काम पर जा रही हो?"

"नहीं, आवश्यक नहीं। आओ बेटा, लड़की का निमंत्रण अस्वीकार नहीं करना चाहिए। एक गरीब माँ का निमंत्रण तो और भी अधिक पालन के योग्य होना चाहिए।"

"क्यों सोमजी, क्या विचार है?" अविनाश ने सोम से पूछ लिया।

सोम लपककर गाड़ी से उतर आई। वह तो पहले ही चाय की इच्छा कर रही थी।

अब राजकुमारी ने रम्या की माता को हाथ जोड़ आमंत्रित कर दिया, "माताजी, आप भी आइए। हमारा घर तो नरक-कुंड नहीं है। यह अति पवित्र स्थान है।"

इस पर तो रम्या और सोम खिलखिलाकर हँस पड़ीं। अविनाश राजकुमारी की माताजी की ओर देखकर मुस्करा रहा था।

राजकुमारी की माता ने सबको कहा, "तो आइए, पाँच मिनट में ही तैयार हो जाएगी और इस बीच आपका परिचय पाने का सौभाग्य मिल जाएगा।"

राजकुमारी अपनी माँ के साथ इस मकान में रहती थी। माँ सूर्यदेवी विधवा थीं और अपने मकान में केवल लड़की के साथ ही रहती थीं। घर में एक सेविका भी थी।

सेविका ने मोटर से लड़की और उसके साथ कुछ लोगों को उतरकर मकान की ओर आते देखा तो मकान का द्वार खोलकर उनके आने की प्रतीक्षा करने लगी।

अविनाश ने कार को ताला लगाया और राजकुमारी के साथ-साथ चलते हुए कहने लगा, "आप तो मुझसे भी अधिक चतुर निकली हैं।"

राजकुमारी ने मुस्कराते हुए पूछा, "क्या चतुराई की है मैंने?"

"गाड़ी में इस थोड़ी सी लिफ्ट का प्रतिकार तुरंत दे दिया है।"

"दोनों में कोई तुलना नहीं!"

"भावना में समानता है। भावना गाड़ी में लिफ्ट से अधिक मूल्यवान है।"

"वाह! यह कैसे?"

"आपकी माताजी से परिचय का सौभाग्य जो मिल गया है।"

इस समय सब घर की बैठक में जा बैठे। बैठक में प्रवेश करते ही सूर्यदेवी ने सेविका को कह दिया, "रामी! सबके लिए कॉफी और देखो, कुछ खाने के लिए, जो घर पर हो, ले आओ!"

रामी बैठक से रसोई घर में चली गई। राजकुमारी ने सबको बैठाया। अविनाश और रम्या की माँ को एक सोफा पर बैठा दिया। अन्य सब कुरसियों पर बैठ गए। रम्या अपनी माँ के बगल में सोफा पर जा बैठी। राजकुमारी सबके सामने बैठ अपने पर्स में से स्वर्णपदक की डिबिया निकालकर दिखाने लगी।

रम्या की माँ डिबिया में से पदक निकालकर देखने लगी। पदक पर राजकुमारी का नाम अंकित था।

जब रम्या की माँ ने राजकुमारी का नाम पढ़कर सुनाया तो राजकुमारी की माँ अपने स्थान से उठी और अपनी लड़की के माथे को चूमकर उसने अपने मन की प्रसन्नता प्रकट कर दी।

अब अविनाश ने स्वर्णपदक के भार का, हाथ में अनुमान लगाकर कह दिया, "ऐसा प्रतीत होता है कि बाईस कैरेट गोल्ड का है और इस समय बारह-तेरह सौ रुपए का होगा।"

रम्या की माँ ने कह दिया, "इसका मूल्य सोने के दाम से लगा रहे हैं आप? यह तो अन्याय है। यह लाखों के मूल्य का है।"

अब राजकुमारी की माँ ने सबका ध्यान स्वर्णपदक से हटाकर परिचय प्राप्त करने के लिए अपना परिचय देना आरंभ कर दिया। उसने कहा, "राजकुमारी के पिताजी अलवर में चीफ इंजीनियर थे। राजकुमारी अभी तीन वर्ष की ही थी कि उनका मोटर-गाड़ी दुर्घटना में देहांत हो गया। यह मकान मेरे पिताजी ने मुझे रहने के लिए दिया है और लड़की के पिता की बीमा की रकम बीस हजार रुपयों से मैंने टाटा के हिस्से खरीद लिये हैं। इस प्रकार तीन हजार रुपए वार्षिक आय पर हम निर्वाह करते रहे हैं। अब राज का कहीं काम-धंधा लग जाएगा तो कुछ सुविधा हो सकेगी।"

"इसमें भी गाड़ी में सवारी की भाँति मैं सहायता कर सकता हूँ।" अविनाश ने मुस्कराते हुए राजकुमारी की ओर देखकर कहा।

"हाँ।" सोम ने कह दिया, "एक समय इन्होंने मेरी भी सहायता की थी।"

"तो आपका इनसे बहुत पुराना परिचय है?"

"नहीं, बहुत पुराना नहीं। केवल दो वर्ष पुराना ही है। जब यह पोस्ट ग्रैजुएट की श्रेणी में प्रवेश पा रहे थे। यह···।"

अविनाश ने बात बीच में ही रोककर कहा, "सोमजी, बीती ताहि बिसार दे, आगे

की सुधि ले। देखिए राजकुमारीजी! मैंने आपको अपना परिचय देने का वचन दिया था। अब यह आपकी माताजी के सम्मुख ही देता हूँ।

"मैंने इसी वर्ष एम.ए. इतिहास में किया है। सेकेंड क्लास में उत्तीर्ण हुआ हूँ। परंतु यह पढ़ाई में अरुचि के कारण नहीं। मुझे इतिहास में बहुत रुचि है। मैं समझता हूँ कि छह परचों में से प्राचीन इतिहास के परचे में मुझे बहुत कम अंक मिले होंगे। यह इस कारण कि जिस पुस्तक में से इतिहास मैंने पढ़ा है, वह परीक्षक के पुस्तकालय में नहीं है। इससे कुछ कम अंक मिले हैं और इंग्लैंड के इतिहास के परचे में भी अंक कम आए हैं। उसमें दो-चार बातें मैं ऐसी लिख आया था, जो मेरे विचारानुसार परीक्षक को रुचिकर नहीं लगी होंगी।

"वैसे मैं अपने को प्रथम श्रेणी में उत्तीर्ण होने वाला विद्यार्थी समझ रहा हूँ।

"परंतु मेरी श्रेष्ठता किसी अन्य क्षेत्र में है। उस क्षेत्र में घोघापंथी परीक्षक कुछ नहीं कर सके। 'हाथ कंगन को आरसी क्या'! इस वर्ष 13वें ड्युरैंड फुटबॉल टूर्नामेंट में सबसे अधिक गोल करनेवाला मैं था। कोई मेरे मेडलों को रोक नहीं सका। इस वर्ष मुझे दो स्वर्ण और तीन रजत मेडल मिले हैं।"

"तो आप फुटबॉल प्लेयर हैं?" सूर्यदेवी ने पूछ लिया।

"जी, मेरे पिता ठेकेदार हैं और जब से मैंने अंतिम परीक्षा दी है, मैं पिताजी के साथ उनके काम में सहयोग दे रहा हूँ। इस पर भी सायं नित्य फुटबॉल ग्राउंड में टाँगों को अभ्यास देता रहता हूँ।"

इस समय सेविका रामी ने सबके सामने कॉफी का प्याला और बीच मेज पर एक बड़ी सी प्लेट में नमकीन रख दी। साथ ही सबके लिए चम्मच रख दिए।

: दो :

कॉफी लेते हुए सूर्यदेवी ने पूछा, "तो राज की सहायता फुटबॉल का खिलाड़ी बनने में करेंगे?"

सब हँसने लगे। अविनाश गंभीर भाव में आँखें मूँद कुछ विचार करता रहा। एकाएक उसने आँखें खोलकर कहा, "नहीं माताजी! यह तो गेंद को किक लगाती हुई स्वयं ही गेंद बन जाएँगी। मैंने कुछ विचार किया है और उस स्थान के उचित अधिकारी को इनके पास भेजूँगा।"

"ठीक है। इसने केंद्रीय सचिवालय में अरजी भेजी हुई है। हम वहाँ के उत्तर की प्रतीक्षा कर रहे हैं। एक कृष्णमूर्ति नायर हैं। वे यहाँ हमारे पड़ोस में ही रहते हैं। उन्होंने ही इसकी ऐप्लिकेशन कार्यालय में उचित अधिकारी के पास भेजी है।"

"जिस स्थान के विषय में मैं विचार कर रहा हूँ, वह सरकारी तो नहीं है। इस पर भी उससे घटिया नहीं हो सकता। परंतु जो वहाँ का अधिकारी है, वह ही बात करे तो ठीक रहेगा।"

इस पर सोम ने कहा, "अविनाशजी, कुछ मेरे लिये भी यत्न कर दीजिए। मैंने भी तो बी.ए. की परीक्षा उत्तीर्ण की हुई है।"

"परंतु तुम तो सेवा-कार्य पा चुकी हो।"

"उससे संतोष नहीं।"

"तो विवाह करा लो।"

"तो करा दीजिए।"

"यह तो माताजी सहायता करें, तभी हो सकता है। मुझे इसका अनुभव नहीं। मैंने स्वयं विवाह किया नहीं। इस कारण विवाह-कार्य के विषय में जानता नहीं। परंतु प्रायः लड़कियाँ इस कार्य को जीवन-कार्य बनाती हैं। कुछ हैं, जो इस कार्य के साथ-साथ किसी कार्यालय में सेवा-कार्य भी करती हैं, अर्थात् वह दुहरी 'सर्विस' करती हैं।"

"मैं दुहरी सेवा की बात कह रही हूँ। केवल सर्विस से जीवन नहीं भरता।"

बातों का विषय सूर्यदेवी ने बदल दिया। उसने कहा, "सोम! तुम्हारे पिता क्या करते हैं?"

"माताजी! मैं पिताजी के घर पर नहीं रहती।"

"तो कहाँ रहती हो?" सूर्यदेवी ने विस्मय में पूछ लिया।

"अपने भाई के साथ।"

सूर्यदेवी को यह वार्त्तालाप सुखद प्रतीत नहीं हुआ। इस कारण उसने वार्त्तालाप बदलकर पूछा, "देखिए, मैं राजकुमारी की ओर से आप सबको खुला निमंत्रण देती हूँ कि जब भी आपकी रुचि हो, आपका इस घर में स्वागत है।"

कॉफी समाप्त हो चुकी थी। सबसे पहले अविनाश ने अपना प्याला रखते हुए कहा, "राजजी, नमस्ते! अब मैं चल रहा हूँ। कदाचित् पिताजी के काम पर मेरी प्रतीक्षा हो रही होगी।"

सोम के प्याले में अभी भी कुछ कॉफी शेष थी। कारण यह कि उसने अधिक समय नमकीन खाने में व्यय किया था। दूसरों ने तो नमकीन केवल छुआ मात्र था।

अविनाश को उठते देख सोम ने भी प्याला सेंटर टेबल पर रख दिया और सबके साथ ही उठ खड़ी हुई।

अब रम्या की माँ ने कहा, "अविनाशजी, धन्यवाद है। मैं तो यहाँ ही ठहर रही हूँ।"

अविनाश और सोम हँस पड़े। अविनाश ने कहा, "ठीक है, मैं आपका अपहरण नहीं कर रहा था। यह तो आप स्वेच्छा से ही मेरे छकड़े की सवारी करने आई थीं।"

प्रथम परिच्छेद

"उसके लिए धन्यवाद है।" रम्या की माँ ने कहा, "कभी अवसर आया तो इसका प्रतिकार देने का यत्न करूँगी।"

"तो आप भी राजजी की भाँति एक दिन कॉफी पर निमंत्रण दे दें?"

"नहीं, भोज पर निमंत्रण करूँगी। रम्या के विवाह का आयोजन हो रहा है।"

"ओह, तब तो अवश्य आऊँगा।"

इतना कह उसने राजकुमारी की माता को नमस्ते कही। राजकुमारी घर से निकल मोटर तक अविनाश को छोड़ने चली आई। इस पर साथ चलती हुई सोम ने कहा, "आइए, आपको अपने नरक-कुंड के दर्शन करा दें।"

"माताजी कहीं जा रही हैं। मैं उनके साथ जा रही हूँ।"

बात समाप्त हो गई। अविनाश स्टीयरिंग पर बैठा तो उसके समीप अगली सीट पर सोम बैठ गई और अविनाश ने गाड़ी स्टार्ट कर दी।

जब गाड़ी मेन रोड पर आई तो सोम ने कहा, "आपने मेरे घर को नरक-कुंड किस कारण कहा था?"

"मैंने तुम्हारे घर को नरक-कुंड नहीं कहा था। यह तो मेरे कहे नरक-कुंड से तुम ही अपने घर का अभिप्राय बताने लगी थीं।

"देखो सोम! मैंने यह कहा था कि मैं तो तुम्हें नरक तक भी ले जाने के लिए तैयार हूँ। तब तुम्हें कहना चाहिए था कि नहीं, आप मुझे वहाँ नहीं ले जा रहे। आप तो अपने पिता के घर तक मुझे ले जा रहे हैं! तुम स्वयं ही अपने स्थान को नरक-कुंड समझने लगी थीं।"

"छोड़िए इस बात को। बताइए, फिर कब दर्शन होंगे?"

"बात यह है कि मैं अत्यंत व्यस्त व्यक्ति हूँ। इस समय पिताजी का काम तीन स्थानों पर चल रहा है। और सायंकाल फुटबॉल ग्राउंड में गए बिना मुझे खाना हज्म नहीं होता। इस कारण रात थककर चूर हो सोने के लिए घर पहुँच जाता हूँ।"

"तब तो बहुत कठिन है। मैं भी किसी स्थान पर दुहरी सर्विस पाने की इच्छा करती हूँ।"

"परंतु तुमने उस दूसरे काम के लिए अपने को 'अनफिट' कर रखा है।"

"मैं समझती हूँ कि मैं उस दूसरे काम के सर्वथा योग्य हूँ।"

"तो घर पर माताजी से क्यों नहीं कहतीं? कोई ऐसा व्यक्ति ढूँढ़ना पड़ेगा, जो तुमसे विवाह करे और तुम्हें सर्विस भी करने दे।"

"मैं सर्विस छोड़ भी सकती हूँ।"

"और पढ़ा-लिखा?"

"वह तो यह कागज का पुर्जा प्राप्त करने के लिए था। यह भी इस कारण कि

प्राय: अधिकारी वर्ग इसे हमारी योग्यता का मापदंड मानते हैं, उनकी इस मिथ्या दृष्टि को संतोष देने के लिए।"

इस समय वे सिंधिया हाउस के समीप जा पहुँचे। सोम ने कहा, "बस, मुझे यहाँ उतार दीजिए। मुझे यहाँ कुछ काम है। आगे मैं चली जाऊँगी।" अविनाश ने गाड़ी खड़ी की तो सोम ने बैठे-बैठे ही अविनाश का धन्यवाद किया और गाड़ी से उतर कनॉट प्लेस की ओर चल पड़ी।

अविनाश ने वहाँ से गाड़ी इंडिया गेट की ओर घुमा दी। उसका अपना घर तो सफदरजंग रोड की ओर था, परंतु वह शाहजहाँ रोड पर एक बन रही इमारत पर जा पहुँचा।

वहाँ 'को-ऑपरेटिव' विभाग के कार्यालय की पाँच मंजिली इमारत बन रही थी। बन रही इमारत के समीप ही एक टेंट लगा था। वहाँ टेंपरेरी कार्यालय था। उस टेंट के समीप कार खड़ी कर अविनाश टेंट में जा पहुँचा। टेंट में उसका पिता बैठा कुछ लोगों से बातें कर रहा था। शंकरदास ने अविनाश को देखा तो पूछ लिया, "घर गए हो अथवा नहीं?"

"नहीं, कन्वोकेशन हॉल में ही कुछ देरी हो गई थी, इस कारण सीधा इधर ही चला आया हूँ।"

"परंतु घर पर तुम्हारी माँ तुम्हारी प्रतीक्षा कर रही है।"

"कुछ काम है?"

"हाँ, वहाँ कुछ लोग तुमसे मिलने आए हैं।"

"तो वे प्रतीक्षा करते हुए थककर जा चुके होंगे?"

"ठहरो, मैं पता करता हूँ।"

शंकरदास ने टेलीफोन का अस्थायी कनेक्शन लिया हुआ था। उसने सामने मेज पर रखे टेलीफोन से घर का नंबर घुमाया और फिर दूसरी ओर से किसी के बोलने पर उसने पूछा, "जो लोग अविनाश को देखने आए थे, वे हैं अथवा चले गए हैं?"

दूसरी ओर से कुछ उत्तर आया तो शंकरदास ने कह दिया, "वह विश्वविद्यालय से सीधा यहीं आ गया है। मैं उसे अभी घर पर भेज देता हूँ। पंद्रह मिनट में पहुँच जाएगा।"

इतना कह शंकरदास ने टेलीफोन का चोंगा रखकर कहा, "तो भाग जाओ, मैं समझता हूँ कि तुम्हें अस्वीकार करने का तो प्रश्न ही उपस्थित नहीं होता। कदाचित् लड़की भी आई हुई है। जाओ और फिर वहाँ जो निश्चय हो, टेलीफोन पर सूचना देना।"

"परंतु पिताजी, मैं भी तो उसे अस्वीकार कर सकता हूँ?"

"किसे?"

"जो पत्नी बनने आई है।"

प्रथम परिच्छेद

"तुम आजकल के युवकों में 'शिवलरी' नहीं रही। हमारे जमाने में तो कोई भी लड़की अस्वीकार नहीं की जाती थी।"

"परंतु पिताजी, उस समय दूसरा विवाह भी तो किया जा सकता था। तलाक का भी झंझट नहीं था। अब वह बात नहीं है। अब तो दूसरा विवाह जुर्म है। उसका दंड दो वर्ष तक की कैद है। मैं यह पसंद नहीं करता। इस कारण पहले विवाह के समय ही सावधान रहना चाहता हूँ।"

"ठीक है। इस बदली परिस्थिति में जो चाहो करो।"

अविनाश वहाँ से निकलकर, अपनी मोटरगाड़ी में सवार होकर सफदरजंग रोड अपनी कोठी पर जा पहुँचा।

कोठी के बाहर पाँच-छह मोटरगाड़ियाँ खड़ी थीं। अविनाश समझ रहा था कि ये उसकी देखनी करने आए लोगों की गाड़ियाँ हैं। ऐसा लगता था कि कई लोग उसे पसंद करने आए हैं।

उसने गाड़ी कोठी में एक ओर खड़ी की और कोठी के ड्राइंग-रूम में जा पहुँचा।

ड्राइंग-रूम में बैठे लोग इतने नहीं थे, जितनों की वह गाड़ियों को देख अनुमान लगा रहा था। कदाचित् ये लोग भिन्न-भिन्न दिशाओं से आए थे। इस कारण जितनी बाहर गाड़ियाँ थीं, लगभग उतने ही लोग थे। पाँच गाड़ियाँ थीं और आगंतुक कुल छह थे।

अविनाश की माँ मालती देवी लड़के को आया देख उठी और लड़के को लेकर ड्राइंग-रूम से बाहर चली गईं। उसे अपने कमरे में ले जाकर बोली, "देखो! ये लोग तुम्हें देखने आए हुए हैं। मैंने लड़की पसंद कर ली है। परंतु यह 'सब्जेक्ट टु यूजर एप्रूवल है'।"

"तो माँ! यहाँ किसलिए लाई हो?" उसके कहने का आशय यह था कि यदि उसकी स्वीकृति हो चुकी है तो यहाँ अकेले में कहने क्यों लाई?

माँ ने लड़के के इस प्रश्न का अर्थ समझ कह दिया, "यह बताने के लिए कि मेरे दिए नंबर तुम अपने नंबरों में जमा कर निर्णय दोगे।"

"तो यह 'ज्वॉइंट एप्रूवल' होनी चाहिए?"

"हाँ, यह तो है ही।"

"तो माँ, एक मैंने भी देखी है। अंतिम निर्णय से पूर्व उसे भी देख लो। उसमें भी 'ज्वॉइंट एप्रूवल' विचारणीय है।"

"कब देखी है और कहाँ देखी है?"

"मैं अभी देखकर आ रहा हूँ।"

"कनॉट प्लेस में?"

"नहीं, विश्वविद्यालय के दीक्षांत भवन में और फिर उसकी माँ के घर पर।"

"अच्छा, इसे भी देख लो। अभी अंतिम निश्चय से पहले कुछ बहाना कर देना। वैसे ये लोग तो आज ही बात पक्की करने के विचार से आए हैं।"

"मैं इसे अपने साथ अन्याय मानता हूँ!"

"अच्छा, आओ। इससे इनको भारी निराशा होगी।"

अविनाश अब माँ के आगे-आगे ड्राइंग-रूम में आ पहुँचा।

वहाँ अविनाश ने आए हुओं को हाथ जोड़ नमस्कार की और उसके लिए खाली रखे स्थान पर वह जा बैठा।

एक सोफा पर लड़की बैठी थी और उसके समीप ही उसको बैठने के लिए कहा गया था। इसका अर्थ वह समझ गया। वह लड़की ही, जिसके समीप उसे बैठने के लिए कहा गया था, उससे विवाह करने की प्रत्याशी थी।

अविनाश की माँ ने स्वयं एक अन्य स्त्री के समीप एक अन्य सोफा पर बैठते हुए कहा, "अविनाश! ये बहनजी चंडीगढ़ से आई हैं। ये पंजाब के चीफ सेक्रेटरी के घर से हैं और वह शकुंतला, जो तुम्हारे साथ बैठी है, इनकी लड़की है। इस लड़की ने तुम्हें पिछले मास फुटबॉल के एक मैच में खेलते देखा है। और यहाँ अपनी माँ के साथ यह तुमसे परिचय बढ़ाने आई है।"

अविनाश ने हाथ जोड़ समीप बैठी लड़की की ओर घूमते हुए पूछ लिया, "पिछले महीने में मैंने तीन मैच खेले थे। आपने कौन सा मैच देखा था?"

"जो पंजाब विश्वविद्यालय की टीम के साथ खेला था। लगभग आधी ग्राउंड के अंतर पर से ही एक लंबी किक लगाकर आपने गोल किया था।"

"हाँ, याद आ गया। हम एक ही गोल से वह मैच जीते थे और वह गोल मैंने ही किया था। परंतु फुटबॉल का खेल तो लड़कियाँ प्रायः पसंद नहीं करतीं। मेरा अभिप्राय है शकुंतलाजी, आपकी इस खेल में रुचि कैसे हो गई है?"

"मैं भी अपने स्कूल की फुटबॉल टीम की सदस्या हूँ।"

"और आप किस स्कूल में पढ़ती हैं?"

"अब नहीं, जब पढ़ा करती थी, तब की बात कह रही हूँ। अब तो मैं वहाँ गवर्नमेंट कॉलिज में पढ़ती हूँ। इस वर्ष बी.ए. की परीक्षा दी है। वहाँ पढ़ती हुई मैच देखने गई थी और पूरे मैच में आपको खेलते देखती रही थी।"

"और मुझे पसंद कर लिया था?"

"उस समय तो आपके खेल और शरीर की प्रशंसक बनी थी, परंतु उसके कुछ दिन पीछे आपका उल्लेख एक सहेली से हुआ तो आपसे विवाह की इच्छा करने लगी थी।"

"किस सहेली से? क्या नाम है उसका और वह मुझे कैसे जानती है?"

प्रथम परिच्छेद

"उसका नाम है फाल्गुनी। वह आपकी सहपाठिन रही है।"

"ओह! मैं और वह चंडीगढ़ गवर्नमेंट हायर सेकेंडरी स्कूल में पढ़ते रहे हैं। मैं तो उसे भूल ही गया था। अब आपने नाम लिया है तो सब स्मरण हो आया है। उस देवीजी ने बताया है कि मेरी उनसे पहली भेंट कहाँ हुई थी?"

"उस भेंट के वर्णन ने ही तो मुझे आपके प्रति आकर्षित किया है।"

"और आपने ही अपने माता-पिता को प्रेरणा दे यहाँ का मार्ग दिखाया है?"

"मेरी अपने माता-पिता से इस विषय पर बात नहीं हुई। यह तो फाल्गुनी के घरवाले के द्वारा ही मैंने यत्न किया था।

"फाल्गुनी मेरी परम सखी है और उसका घरवाला मुझे अपनी छोटी बहन मानता है। मैं उसे राखी बाँधा करती हूँ।"

"तब तो आप मेरे विषय में बहुत कुछ जानती हैं। विशेष रूप में कुछ वह भी, जो पत्नी पति को कभी बताती नहीं।"

"परंतु उसको जानकर ही तो मैं आपमें रुचि लेने लगी हूँ!"

"आप हैं तो प्रेम करने योग्य ही। परंतु मैं आपके विषय में फाल्गुनी से ही कुछ जानना चाहूँगा। मैं समझता हूँ कि दो-चार दिन में चंडीगढ़ आऊँगा और आपके विषय में तथा आपके माता-पिता के विषय में पूछगछ करूँगा।"

"परंतु पिताजी तो आपके पिता से कुछ प्रस्ताव करने आए हैं।"

"और मेरे पिताजी तो काम पर हैं।"

"उनकी योजना यह थी कि यदि आप मेरी माताजी का प्रस्ताव स्वीकार करें तो वह आपके पिताजी से व्यापार संबंधी बातचीत करेंगे। कई करोड़ रुपए की योजना है। वे आपके पिता को उसमें सम्मिलित करना चाहेंगे।"

"अर्थात् आपके श्वसुर को?"

शकुंतला इस प्रश्न का अर्थ समझने के लिए अविनाश का मुख देखने लगी। अविनाश ने अपने कथन का अभिप्राय समझा दिया। उसने कहा, "शकुंतलाजी! आपने कहा है कि विवाह की बात निश्चय हो जाए तो आपके पिता मेरे पिता के साथ व्यापारिक बात करेंगे। इसका अर्थ है कि आपका श्वसुर पद प्राप्त करने के उपरांत ही उनको व्यापार में सम्मिलित होने का निमंत्रण दिया जाएगा।

"देखिए, शकुंतला देवी! आपके फाल्गुनी की सखी होने ने मेरे दिमाग पर बहुत प्रभाव उत्पन्न किया है। मैं तनिक आपकी परम सखी से मिलकर बात कर लूँ तो फिर विवाह की बात करूँगा और मैं समझता हूँ कि आपके पिताजी को भी मेरे पिताजी से व्यापार संबंधी बात पीछे ही करनी चाहिए।"

जब ये बातें कर रहे थे, घर का सेवक सबके सामने खाने-पीने का सामान ला-लाकर रख रहा था।

अविनाश ने चाय लेते हुए घोषणा कर दी, "मैं तीन-चार दिन में चंडीगढ़ जानेवाला हूँ और वहीं बात पक्की करना चाहूँगा।"

"देखो बेटा," अविनाश की माँ ने कहा, "मुझे लड़की पसंद है।"

"तो माँ, इसे अपने घर में लड़की बनाकर रख लो। यह निर्मला की छोटी बहन बनकर रहेगी और फिर निर्मला की भाँति इसका भी विवाह कर देना। मैं तो अगले सप्ताह तक ही अपना निश्चय बता सकूँगा।"

इस घोषणा के उपरांत सब चुपचाप जलपान करते रहे।

: तीन :

इसी रात माता और पुत्र में प्रातः के व्यवहार पर चर्चा हो गई। अविनाश के पिता शंकरदास माँ-पुत्र को युक्ति-प्रति-युक्ति करते देख मुस्कराते रहे।

माँ का कहना था, "घर आयों का अपमान एक पाप हो गया है।"

"पर माँ, ये लोग एक खोटी मुहर, किसी प्रकार की छलना कर चलाने आए थे। यह पाप उन्होंने किया था। मैंने तो पाप को पाप से ही काटा है।"

पुत्र की इस युक्ति पर पिता हँस पड़ा। वह पत्नी से बोला, "अविनाश ठीक कह रहा है। हमारा पूरा जीवन ही इस सिद्धांत पर चल रहा है।

"देखिए, श्रीमतीजी! सरकारी काम-काज पाने में हमें कई प्रकार के अव्यावहारिक, अशुद्ध और अन्यायपूर्ण नियमोपनियमों का पालन करना पड़ता है। वे नियमोपनियम सरकार का पापकर्म है। हम उस पापकर्म का अपने पापकर्म से निराकरण करते हैं। अतः पाप को काटने के लिए किए गए पाप को हम पाप नहीं मानते।

"यही बात अविनाश ने कही है। चंडीगढ़ वाले किसी प्रकार की छलना करने आए थे और अविनाश से ही पता चला है कि विवाह स्वीकार होने पर वे मुझे एक करोड़ के किसी कारोबार में सम्मिलित करने वाले थे। और इस छलना का प्रतिकार ही अविनाश ने छलना से निश्शेष किया है।

"यह बिल्कुल हमारे व्यवसाय के अनुसार ही है। परंतु मैं अविनाश से यह जानना चाहूँगा कि यह कैसे कहता है कि वे किसी प्रकार की छलना करने आए थे। क्या अविनाश को पता है कि कोई व्यवसाय था ही नहीं अथवा वह एक करोड़ का नहीं था? यह भी क्या इसने पता किया है कि इस व्यवसाय की चमक-दमक में किसी प्रकार का घटिया माल देने का यत्न कर रहे थे। जब तक यह सब पता न चले, तब तक उनको

पापी नहीं कहा जा सकता और उनके कथित पाप का प्रतिकार क्षम्य नहीं हो सकता।"

अविनाश कुछ कहने वाला था कि माँ ने उसके घुटने पर हाथ रख उसे रोकते हुए कहा, "मैं तो यह कह रही हूँ कि लड़की मोती की भाँति उज्ज्वल, पवित्र और अति सुंदर थी। साथ ही यह मानकर कि यह शरीर अवश्य पूर्व जन्म के महान् गुणों से मिला होगा, ऐसी पुण्य-आत्मा का मन तथा बुद्धि भी अति श्रेष्ठ होनी चाहिए। मेरी तो यह युक्ति है कि यह विवाह ठीक था।"

"हाँ, तुम बताओ बरखुरदार, तुम क्या चाहते हो?"

"पिताजी, सब बात तो बता नहीं सकता। किसी भले घर की लड़की और बहू को बदनाम करना हो जाएगा। इतना बता दूँ तो बात स्पष्ट हो जाएगी कि लड़की ने बहुत प्रशंसात्मक भाव में अपनी एक सहेली का नाम लिया था और मैं उसे प्रशंसा से दूर अति निंदनीय लड़की मानता हूँ। इससे मैं लड़की को एक खोटा सिक्का समझता हूँ। मैं उससे विवाह नहीं करूँगा।"

"और बरखुरदार! तुम दूध के धुले युवक हो क्या?"

"नहीं पिताजी! इसी कारण तो मैं कोई दूध की धुली लाना चाहता हूँ, जिससे उसकी मधुरता तथा पवित्रता में मिलकर मैं मैला प्राणी ठीक हो जाऊँगा।"

"और उस दूध की धुली को जो गँदला कर दोगे, यह पाप नहीं होगा क्या?"

"जो कमल-समान निर्लेप है, वह कीचड़ में भी गंदी नहीं होगी।"

"पर वह है कौन?"

"मैं उसकी माँ को कह आया हूँ कि लड़की के भविष्य को उज्ज्वल करने के लिए कोई उचित अधिकारी उससे बात करने आएगा। मेरा अभिप्राय है कि माँ को उसकी माँ से मिलकर प्रबंध करना चाहिए।"

"अविनाश की बात तो युक्तियुक्त है। मालती, तुम्हें जाना चाहिए और इस कमल को उखाड़कर अपनी बगिया में लगाने का यत्न करना चाहिए।"

"पर वह कमल है क्या?" मालती देवी का प्रश्न था।

"यह भी तो जाकर देखने और परीक्षा करने से पता चलेगा!"

मालती देवी निरुत्तर हुईं तो बोली, "अच्छा बताओ, वह कहाँ रहती है?"

"देखो माँ! वह अपनी माँ के साथ कश्मीरी गेट मदरसा रोड पर रहती है। उसके पिता का मोटर-एक्सीडेंट में देहांत हो चुका है। इसी वर्ष एम.कॉम. में 'रिकॉर्ड बीट' करने पर उसे स्वर्णपदक मिला है। नाम है—राजकुमारी। उसकी माँ का नाम है—सूर्यदेवी।"

अनिच्छा से ही मानते हुए मालती ने कहा, "अच्छी बात है, मैं एकाध दिन में जाऊँगी।"

"माँ! राजकुमारी की माताजी कह रही थीं कि अब लड़की ने परीक्षा पास की है तो यह किसी काम पर लग सकेगी और उनका हाथ खुला हो जाएगा। इस पर मैंने लड़की की माँ को कहा है कि इस दिशा में मैं उसकी सहायता कर सकता हूँ। मैं उसे किसी कार्यालय में सेवा-कार्य दिलाने के स्थान पर तुम्हारी सहायता के लिए तुम्हारी सहयोगिन बनाना चाहता हूँ।"

पिता खिलखिलाकर फिर हँसे। हँसते हुए बोले, "जाओ मालती, सहयोगिन को बरगलाकर ले जाओ।"

"क्यों अविनाश! यही कह रहे हो न?" माँ ने पूछा।

"नहीं पिताजी! बरगलाकर नहीं, उसको स्पष्ट मेरे विषय में जो कुछ माँ जानती है, बताकर पतोहू बनने का निमंत्रण दे आए।"

अगले दिन मध्याह्नोत्तर मालती मदरसा रोड पर अपनी मोटरगाड़ी में जा पहुँची। यह वह गाड़ी नहीं थी, जिसमें पिछले दिन अविनाश राजकुमारी को दीक्षांत समारोह से उसके घर लाया था। गाड़ी ड्राइवर चला रहा था।

जब मालती देवी ने द्वार पर लगा घंटी का बटन दबाया तो सेविका रामी बाहर आई। द्वार खोल एक स्त्री को द्वार पर खड़ी देखकर पूछने लगी, "किससे मिलने आई हैं?"

"सूर्यदेवीजी से।"

"माताजी का यही मकान है। भीतर आ जाइए, वे सो रही हैं। जगा देती हूँ।"

रामी देख रही थी कि घर के द्वार पर ड्राइवर मोटर लिये खड़ा है। मालती ने बैठकघर में सोफा पर बैठते हुए कहा, "कितनी देर तक सोती हैं?"

"आधा घंटा हो चुका है। पंद्रह-बीस मिनट और सोएँगी।"

"तो मैं बैठी हूँ। उनको पूरी नींद ले लेने दो।"

"तो आपके लिए चाय इत्यादि कुछ लाऊँ?"

"जल का एक गिलास ले आओ।"

रामी रसोईघर में गई और एक ट्रे में काँच के एक गिलास में जल रखकर ले आई।

मालती ने जल पिया और गिलास ट्रे में वापस रखते हुए सेविका से पूछ लिया, "तुम्हारा क्या नाम है?"

"जी, रामी! पूरा नाम है रामप्यारी। पर मैं इस घर में रामी ही हूँ।"

"राजकुमारी भी घर पर है?"

"जी नहीं, वे पड़ोस के एक मद्रासी बाबू कृष्णमूर्ति के साथ किसी दफ्तर में काम पाने के लिए गई हैं।"

"ओह! तो वह कब तक लौटेगी?"

"विचार था कि डेढ़ बजे तक आ जाएगी, परंतु अब तो ढाई बजने वाले हैं।"

"तो मुझे उसकी भी प्रतीक्षा करनी होगी।"

"बिटिया से क्या काम है आपको?"

"मैं भी उसको कहीं सेवा-कार्य दिलाने के लिए आई थी।"

रामी मुस्कराई और बोली, "जब भाग्य अनुकूल होता है, तब सब ओर से सहायता और सहानुभूति होने लगती है।"

"कल एक बाबू आए थे। वे भी कह गए थे कि बिटिया की इस दिशा में सहायता करेंगे। प्रात: कृष्णमूर्तिजी आए और उसे अपनी मोटरगाड़ी में ले गए। लड़की का सूर्य उच्च हो गया प्रतीत होता है।"

मालती ने मुस्कराते हुए कहा, "मुझे भी कुछ ऐसा ही प्रतीत हो रहा है। अब लड़की आ जाए तो देखें कि वह स्वयं किधर जाती है।"

बैठकघर में दो औरतों की बातों को सुनकर सूर्यदेवी जाग पड़ीं और बैठकघर में आ खड़ी हुईं। रामी को एक अपरिचित स्त्री से बातें करते हुए खड़े देखकर वह उस अपरिचित स्त्री के सम्मुख आ, हाथ जोड़ नमस्कार कर पूछने लगीं, "किसके दर्शन का सौभाग्य प्राप्त हो रहा है? मैं सूर्यदेवी हूँ।"

"ओह!" मालती ने उठकर नमस्ते का उत्तर नमस्ते में देकर, दोनों हाथों से सूर्यदेवी को पकड़कर अपने समीप सोफा पर बैठाते हुए कहा, "मैं मालती हूँ। मुझे किसी ने बताया था कि आपकी लड़की सेवा-कार्य की खोज में है। इस कारण मैं आई हूँ कि लड़की की इस दिशा में सहायता कर दूँ।"

सूर्यदेवी को पहले दिन की अविनाश चंद्र की बात स्मरण हो आई। उसने भी लगभग ऐसे ही शब्द प्रयोग किए थे। अत: उसने पूछा, "क्या मैं आपका परिचय प्राप्त कर सकती हूँ?"

"क्यों नहीं?" मालती ने मुस्कराते हुए कहा, "इसीलिए तो आई हूँ। मुझे मेरे पुत्र अविनाश चंद्र ने भेजा है। मैं देखने आई थी कि लड़की किस काम के योग्य है। वैसा ही काम उसको दिलाने का यत्न करूँगी।"

अब सूर्यदेवी ने आश्वस्त होकर रामी को, जो अभी भी वहाँ खड़ी थी, कहा, "चाय बना लाओ।"

वह गई तो सूर्यदेवी ने मालती की ओर देखकर कहा, "लगभग तीन मास पूर्व लड़की ने सरकारी निर्माण विभाग में एक याचिका सेवा-कार्य के लिए दी थी। उसकी याचिका पर आज सलेक्शन बोर्ड से 'इंटरव्यू' निश्चय हुआ तो वह 'इंटरव्यू' के लिए गई है। 'इंटरव्यू' बारह बजे था। विचार था कि वह डेढ़ बजे तक लौट आएगी। परंतु अब तो पौने तीन का समय हो रहा है। मैं उसकी किसी भी समय लौटने की आशा कर रही हूँ।"

"तब तो मैं उसके आने तक यहाँ ठहरूँगी।"

"आपको कष्ट होगा?"

"इस कष्ट का कुछ फल निकल सके तो मुझे बहुत प्रसन्नता होगी।"

अब सूर्यदेवी ने अपने जीवन की दुर्घटना का वर्णन कर दिया। उसके बाद उसने अपने माता-पिता का परिचय दे दिया। उसने बताया, "मेरे पिता दिल्ली म्यूनिसिपल कमेटी के चीफ इंजीनियर थे। उनका अब देहांत हो चुका है। मेरे भाई ठेकेदारी करते थे। पीछे स्वराज्य सरकार ने उनका नाम ठेकेदारों की सूची से निकाल दिया, परिणामस्वरूप वे अब प्राइवेट काम करते हैं।

"यह मकान पिताजी ने मेरे जीवन काल के लिए मुझे रहने को दिया है। पिताजी के देहांत के उपरांत भी भाइयों ने मकान से निकाला नहीं। वैसे हमारा निर्वाह राजकुमारी के पिता के बीमा से प्राप्त धनराशि की आय से होता है। वह लगभग तीन सहस्त्र रुपए वार्षिक है। यह आजकल की महँगाई के काल में एक अति न्यून आय है, परंतु ईश्वर की कृपा से हम किसी-न-किसी भाँति जीवन की गाड़ी चला रहे हैं।"

"हाँ," मालती देवी ने बताया, "अविनाश कह रहा था कि राजकुमारी को तुरंत कार्य मिलना चाहिए। मेरा परिवार आपसे कुछ ही बड़ा है। अविनाश के पिता ईश्वर की कृपा से अभी जीवित हैं। शेष तो बस उतने ही हैं, जितने आप हैं। मेरा अभिप्राय यह है कि आप घर के दो प्राणी हैं और हम तीन हैं। परंतु हमारे घर का मासिक व्यय तीन हजार रुपया से सदा ऊपर ही रहता है। इस कारण मैं आपकी कठिनाई का अनुमान लगा रही हूँ।

"एक बात···।" मालती ने अपनी बात समाप्त नहीं की थी कि राजकुमारी सोम के साथ वहाँ आ पहुँची।

सोम को अविनाश की माताजी को वहाँ बैठे देख विस्मय हुआ और मालती को भी सोम को वहाँ आते देखकर अटपटा अनुभव हुआ। दोनों एक-दूसरे को जानती थीं। अतः सोम को राजकुमारी के साथ देखकर मालती के मन में राजकुमारी के विषय में कुछ अच्छा प्रभाव नहीं बना। जो कुछ श्रेष्ठता सूर्यदेवी तथा उसकी लड़की में वह अनुभव कर रही थी, वह विलीन होती समझ में आने लगी थी।

सूर्यदेवी विस्मय में राजकुमारी से पूछने लगी, "तो तुम्हारी यह सखी भी 'इंटरव्यू' के लिए गई थी?"

"नहीं माताजी! यह वहाँ पहले से ही सेवा-कार्य कर रही है, जहाँ मुझे काम मिलने की संभावना है।"

"तो इंटरव्यू हुआ है?"

"जी!" अब तक दोनों लड़कियाँ कुरसियों पर बैठ गईं। राजकुमारी ने आगे कहा,

"बोर्ड ने कुछ निर्णय किया है, जिसकी मुझे सूचना नहीं है। परंतु चाचा कृष्णमूर्ति कहते हैं कि निर्णय मेरे अनुकूल ही है। वह मुझे दो-चार दिन में मिल जाएगा। इंटरव्यू निर्माण भवन के एक कक्ष में ही हुआ था और वहाँ से चाचाजी मुझे कार्यालय में ले गए थे। वहाँ सोमजी मिल गई हैं।

"कल ही तो इनके प्रथम दर्शन हुए थे। इन्होंने पहचान लिया और फिर यहाँ चाय इत्यादि होने लगी। इसमें एक घंटे से ऊपर लग गया। तदनंतर मैं आने लगी तो ये भी मेरे साथ चली आई हैं। ये मुझे वहाँ के साथियों और मित्रों का परिचय दे रही थीं।"

इस समय रामी ट्रे में चाय का सामान लगाए हुए ले आई। उसने किचन में ही राजकुमारी के आने और बातों की आवाज सुन ली थी। इस कारण वह उसके लिए भी प्याला लगा लाई थी। अब एक अन्य लड़की को देखकर बोली, "इन बहनजी के लिए भी प्याला लाती हूँ।"

"नहीं!" सोम ने कह दिया, "मैं राज के साथ पेट भर चाय पी आई हूँ।"

इस पर रामी राजकुमारी का मुख देखती रह गई। राजकुमारी ने कह दिया, "मौसी, कोल्ड ड्रिंक ले आओ। मेरे लिए और सोमजी के लिए भी।"

रामी गई तो सूर्यदेवी ने मालती का परिचय करा दिया—"कल जो अविनाशजी आए थे, ये उनकी माताजी हैं। कल उन्होंने कहा था कि वे भी तुम्हारे सेवा पाने की दिशा में सहायता कर सकते हैं। उसी के संबंध में ये बहनजी आई हैं।"

"ओह! तो आज का दिन मेरे जीवन में विशेष है। दो-दो प्रस्ताव सेवा के लिए एक ही दिन में। ईश्वर का धन्यवाद ही कर सकती हूँ।"

"वहाँ किस ग्रेड में सेवा पाने की आशा कर रही हो?" मालती ने पूछ लिया।

"चाचा कृष्णमूर्ति कह रहे थे कि अपर डिविजन ग्रेड मिलना चाहिए, परंतु अभी लोअर डिविजन में ही नियुक्ति होगी। छह मास बाद अपर ग्रेड मिल जाएगा।"

"अभिप्राय यह कि अधिक-से-अधिक सात सौ रुपया प्रतिमास मिल जाएगा।"

"जी! यही चाचाजी कह रहे थे।"

"हाँ, यदि मिल जाए तो कुछ तो प्रतिकार है तुम्हारे और तुम्हारी माताजी के परिश्रम का। परंतु बेटी राज! मैं तुम्हें इससे ऊँची स्थिति में पहुँचाने का प्रस्ताव लेकर आई हूँ।"

"तो आप भी बता दीजिए। फिर माताजी जैसा कहेंगी, वैसा करूँगी।"

"मैं तो एक प्रस्ताव लेकर आई हूँ। वह यदि तुम एक कागज और कलम ले आओ तो उस पर लिखकर देना चाहूँगी।"

इसका अर्थ तीनों अन्य बैठी नहीं समझीं। कुछ न समझते हुए भी राजकुमारी उठी। वह अपने पढ़ने के कमरे में गई और वहाँ से एक राइटिंग पैड तथा एक बॉलपेन ले आई।

मालती ने कागज-कलम लेकर कुछ लिखा और कागज को तह कर सूर्यदेवी को दे दिया।

सूर्यदेवी ने कागज खोल पढ़ा। उस पर लिखा था—

"मैं श्रीमती सूर्यदेवी और उनकी लड़की राजकुमारी को आज रात साढ़े आठ बजे इंपीरियल होटल में डिनर पर आमंत्रित करती हूँ।

"मेरा नम्र निवेदन है कि अवश्य आएँ। वहाँ जो कुछ सरकारी सेवा में मिलनेवाला है, उससे कुछ श्रेष्ठ ही प्राप्ति की आशा करनी चाहिए।"

नीचे मालती ने अपने हस्ताक्षर किए थे।

सूर्यदेवी ने निमंत्रण पढ़ा और कुछ-कुछ इस निमंत्रण का अर्थ समझकर उसने कागज को पुन: लपेटा और अपनी ब्लाउज की जेब में रखकर कहा, "मैं समझती हूँ कि राजकुमारी को इस निमंत्रण को अस्वीकार करने में कुछ भी कारण नहीं हो सकता। मैं राजकुमारी को राय दूँगी कि वह निमंत्रण अवश्य स्वीकार करे।"

"हाँ! हम समय की पाबंदी को पसंद करते हैं। तो अब मैं चली। देखो बेटी राज, अविनाश ने तुम्हारी बहुत प्रशंसा की है और उससे प्रेरित होकर ही मैं यहाँ आई थी। मैं अपने मन पर यहाँ की प्रतिक्रिया तुमसे अगली भेंट के समय बताऊँगी।"

इतना कहकर वह उठ खड़ी हुई और माँ-बेटी दोनों उठकर मालती देवी को विदा करने द्वार तक आईं।

: चार :

सूर्यदेवी जब घर के द्वार में से लौटने लगी तो राजकुमारी ने पूछ लिया, "माताजी! क्या लिखा है उस कागज पर?"

"फिर बताऊँगी, पहले इस लड़की को विदा करो।"

इस समय दोनों बैठकघर में आ गईं। उनके आते ही सोम ने कहा, "मैं सब समझ गई हूँ।"

"क्या?" राजकुमारी ने पूछ लिया।

"अविनाशजी ने राज बहन से विवाह का प्रस्ताव भेजा है।"

"सूर्यदेवी ने मुस्कराते हुए राज के कुछ कहने से पहले ही कह दिया, "तो यह प्रस्ताव तुमसे किया जा चुका है?"

"जी नहीं! मैं तो अविनाशजी को भाई मान चुकी हूँ। मैं उनको टीका लगाया करती हूँ।"

"ओह! परंतु तुम विवाह की बात किसलिए करने लगी हो?" अभी भी सूर्यदेवी ने बात की।

इस पर राजकुमारी ने कहा, "सोमजी! अब मेरे स्वाध्याय का समय हो गया है।"

"किस विषय पर स्वाध्याय कर रही हो?"

"जब से परीक्षा दी है, माताजी ने एक अन्य विषय पर अध्ययन करने की प्रेरणा दी है। पिछले छह मास से उस विषय का निरंतर अध्ययन कर रही हूँ।"

"तो मैं उस विषय में झाँक नहीं सकती।"

"तुम्हें रस नहीं आएगा। वह विषय है अध्यात्म का।"

"वह क्या होता है?"

"इसी से कह रही थी कि तुमको उसमें रस नहीं आएगा। अभी तो तुम्हें विषय के नाम का अर्थ भी ज्ञात नहीं।"

"मेरा आज सिनेमा देखने का दिन था और मैं समझ रही थी कि आज तुम्हें साथी बनाऊँगी।"

"पिक्चर देखने में मेरी रुचि नहीं है।"

"तो आज रुचि पैदा कर लो।"

"इसमें कोई कारण प्रतीत नहीं हुआ।"

"कारण तो है? आज तुम्हें सेवा-कार्य मिला है। तुम्हारा नया जीवन आरंभ हुआ है।"

"न तो अभी आरंभ हुआ है, न ही इस नए जीवन में सिनेमा देखने का कार्यक्रम बनाने की योजना है।"

"तो जीवन भर सिनेमा नहीं देखोगी?"

"कम-से-कम अभी तक यही विचार है।"

"तब तो सब व्यर्थ हुआ।"

"क्या व्यर्थ हुआ है?"

"तुम्हारे पीछे-पीछे यहाँ तक आना।"

"मुझे इसका खेद है। परंतु सोम बहन, मैंने तो कार्यालय में ही कहा था कि तुम्हें कष्ट करने की आवश्यकता नहीं। मैं घर पहुँच जाऊँगी।"

"अच्छा, तो मैं चलती हूँ।" इतना कहकर सोम चल पड़ी।

जब वह मकान से निकल गई तो माँ ने लड़की से पूछा, "तुम इसे किसलिए साथ ले आई थी? मैं समझती हूँ कि वह औरत, मेरा अभिप्राय है अविनाश की माँ इसे जानती है और उसके मन में इसका कुछ अच्छा चित्र नहीं बन रहा था।"

"माँ! यह मेरे पीछे-पीछे स्वेच्छा से और मेरे मना करने पर भी चली आई थी। परंतु क्या यह स्त्री विवाह का प्रस्ताव लेकर आई है? क्या लिखा है इसने उस पत्र में?"

"मुझे और तुम्हें आज रात का खाना उसके साथ इंपीरियल में लेने का निमंत्रण है। इस निमंत्रण से मैं भी यही समझी हूँ कि वह कुछ ऐसा ही प्रस्ताव लेकर आई थी, जिसका उल्लेख सोम ने किया है।"

"परंतु उसका सर्विस के साथ क्या संबंध है?"

"यह उससे ही पूछ लेना। वास्तव में मुझे भी तुम्हारा किसी कार्यालय में जाकर नित्य सात घंटे किसी अफसर की आज्ञाओं का पालन करते रहना भला प्रतीत नहीं हो रहा। परंतु मेरी विवशता है, जो मैंने तुम्हें अरजी करने के लिए कहा था। शेयरों पर मिलनेवाला लाभ उतना ही है, जबकि महँगाई बढ़ती जा रही है। यदि आय का कुछ अन्य प्रबंध न हुआ तो निर्वाह में कठिनाई अनुभव होने लगेगी।

"देखो राज! जब तुम्हारे पिता का देहांत हुआ था तो तुम्हारे पिता का वेतन साढ़े चार सौ रुपए मासिक था, अर्थात् पाँच हजार चार सौ रुपए वार्षिक। उस समय वे सब खर्चे निकालकर भी दो सौ रुपए महीना बचा लेते थे। उन्होंने दस वर्ष सेवा-कार्य किया और बीस हजार मेरे लिए छोड़ गए थे। अब उस पद पर नियुक्त व्यक्ति का वेतन बारह सौ रुपया मासिक होगा, अर्थात् अठारह हजार रुपए वार्षिक। और उसी पद पर नियुक्त व्यक्ति कृष्णमूर्ति है। वह रिश्वत भी लेता है, फिर भी उसकी पत्नी कभी-कभी मुझसे दस-बीस रुपए माँगने भी आती रहती है।

"यह काल की गति है। मैंने एक दिन मिसेज मूर्ति से कहा भी था कि उसका घरवाला घूस भी लेता है और फिर भी तुम्हें उधार लेने की आवश्यकता पड़ती है। तो उसने कहा था कि आज अपने देश में कामनाएँ बढ़ती जाती हैं और यदि लक्ष्मी के पिता के पास कुबेर का खजाना भी आ जाए तो भी उसके अभाव की पूर्ति नहीं हो सकती।

"वह शराब पीता है और उसे देशी शराब पसंद नहीं आती। वह फ्रांस की बनी डेढ़-दो सौ रुपए की बोतल पसंद करता है। पीछे वह अपने देवर के विवाह पर मद्रास गई थी तो मिस्टर मूर्ति परिवार को हवाई जहाज में ले गया और हवाई जहाज में सबको यहाँ लाया। भाई और भाई की पत्नी को हवाई जहाज में कश्मीर में हनीमून के लिए भेजा था। सब मिल-मिलाकर चौदह हजार खर्च हो गया। बताओ, इसमें घूस बेचारी क्या करेगी?"

"परंतु ये सब लोग अपनी चादर से बाहर पाँव फैलाते क्यों हैं?" राज का प्रश्न था।

"इसका अनुमान हम नहीं लगा सकते। हमने तो अपनी कामनाओं को नियंत्रण में रखा हुआ है, परंतु सब ऐसा नहीं कर सकते।"

"हाँ माँ! हमारे अर्थशास्त्र में भी कुछ ऐसा लिखा है कि नागरिकों के मन में

वस्तुओं की माँग बढ़ानी चाहिए, अन्यथा देश के कारखाने बंद हो जाएँगे।

"उदाहरण के रूप में जो नवीनतम कपड़ा मिलें हैं, वे इतना अधिक कपड़ा बनाती हैं कि उनका बिकना आवश्यक है और मशीनों की कीमत और घिसाई इतनी अधिक होती है कि कपड़ा महँगा बनता है। इस कारण जनता में महँगा कपड़ा खरीदने की क्षमता उत्पन्न करनी चाहिए। इससे वेतनों में वृद्धि की जाती है। उससे वस्तुओं का दाम और बढ़ता है एवं फिर और अधिक वेतन-वृद्धि की माँग होने लगती है।"

"तब तो इस महँगाई के मूल में मशीनें ही हुईं?"

"हाँ, परंतु माँ! ये मशीनें भी तो अधिक-से-अधिक माल उत्पादन करने वाली इस कारण बनाई जा रही हैं कि सब नागरिकों तक बना माल पहुँच सके। एक मोची हाथ से जूता बहुत कठिनाई से एक दिन में एक बना सकता है और मशीन से एक मोची दस-बीस बना लेता है। परंतु प्रति जूता लागत अधिक पड़ती है। मशीन का दाम, उसकी घिसाई और मरम्मत और फिर उसको चलाने की योग्यता वाला व्यक्ति, सब बहुत मूल्यवान होते हैं।"

"मैं तो यह समझती हूँ कि वस्तुओं की माँग कम करने के लिए सरल व सादा जीवन व्यतीत करने का ढंग सीखना चाहिए, तब वस्तुएँ सस्ती हो जाएँगी।"

"और लाखों-करोड़ों की मशीनें बेकार हो जाएँगी। कारीगर बेकार हो जाएँगे।"

माँ अर्थशास्त्र की यह समस्या सुन भौचक्क लड़की का मुख देखती रह गई।

एकाएक राजकुमारी ने कहा, "आज बातों में ही दिन व्यतीत हो रहा है। मेरा स्वाध्याय भी छूट रहा है।"

"हाँ देखो, अब चार बज रहे हैं। पाँच बजे एक प्याला चाय भेज दूँगी। तुम निश्चिंत होकर अपना स्वाध्याय आठ बजे तक करो। ठीक आठ बजे हम यहाँ से चलेंगी और साढ़े आठ बजे तक इंपीरियल के द्वार पर पहुँच जाएँगी।"

"और यदि मालतीजी वहाँ न मिलीं तो?"

"अब इतना भय तो मोल लेना ही पड़ेगा। मैं विचार करती हूँ कि उस औरत की बात सुन लेनी चाहिए।"

राजकुमारी अपने स्वाध्याय-कक्ष में चली गई और भगवद्गीता की प्रति अलमारी में से निकालकर पढ़ने लगी।

रात साढ़े आठ बजे माँ-बेटी इंपीरियल होटल में जा पहुँचीं। मालती होटल के द्वारा पर खड़ी थी। उसने माँ-बेटी को पैदल ही आते देखा तो आगे बढ़कर हाथ, जोड़कर नमस्ते कर पूछने लगी, "तो घर से पैदल आई हैं?"

"जी नहीं।" उत्तर राजकुमारी ने दिया, "हम सिंधिया हाउस तक तो बस में आई हैं और वहाँ से पैदल आ रही हैं।"

"आइए," मालती ने कहा, "अविनाश भीतर आपकी प्रतीक्षा कर रहा है। वह स्वयं ही बात करना चाहता है।"

इसका उत्तर किसी ने नहीं दिया और तीनों डाइनिंग हॉल में उस मेज पर जा पहुँचीं, जहाँ अविनाश उनकी प्रतीक्षा कर रहा था।

अविनाश ने सूर्यदेवी को हाथ जोड़ नमस्कार कर, बैठने का संकेत कर राजकुमारी से कहा, "माताजी ने बताया है कि सोम के वहाँ होने के कारण वे अपनी बात आपको नहीं कह सकीं। इस कारण आपको यहाँ आने का कष्ट दिया गया है।"

"तो बहनजी उसको जानती हैं?" सूर्यदेवी ने पूछ लिया।

"हाँ।" इस समय तक मेज के चारों ओर सब बैठ चुके थे। मालती देवी ने संक्षेप में सोम का परिचय दे दिया। उसने कहा, "वह अविनाश की सहपाठिन थी। हायर सेकेंडरी पास करने के उपरांत कनॉट प्लेस में एक दुकानदार के पास सेल्स-गर्ल का काम करती थी। पीछे इस लड़की का मेलजोल उससे बढ़ा तो इसने उसकी बी.ए. की पढ़ाई में सहायता कर दी। वह अविनाश से दो वर्ष पीछे रह गई। इस वर्ष उसने बी.ए. की परीक्षा पास की है और अविनाश की सहायता से ही सरकारी निर्माण-विभाग में सेवा-कार्य पा गई है।

"यह आजकल अविनाश को भाईदूज के दिन टीका लगाती है और रक्षाबधंन के दिन राखी बाँधा करती है। मैं इसे जानती हूँ।"

राज ने बता दिया, "मेरा इससे परिचय तो कल अविनाशजी के साथ मोटर में आते समय ही हुआ था। आज जब मैं मिस्टर कृष्णमूर्ति के साथ कार्यालय में गई तो यह वहाँ बैठी मिल गई। कृष्णमूर्ति ने मेरे लिए वहाँ चाय मँगवाई तो यह भी समीप आ बैठी और चाय लेने लगी। इसका अर्थ मैं यह समझी हूँ कि सोम का कृष्णमूर्ति से बहुत मेलजोल है।

"जब मैं कार्यालय से आने लगी तो यह वहाँ से छुट्टी लेकर मेरे साथ घर तक आई थी। और वहाँ से आपके चले आने के उपरांत बताती थी कि मुझे अपने साथ सिनेमा देखने ले चलने की इच्छा से आई थी।"

इस समय बेयरा 'मेनू' कार्ड लेकर गया। अविनाश ने पूछा, "आप वेजिटेरियन हैं अथवा दोनों—वेजिटेरियन और नॉन-वेजिटेरियन भी?"

उत्तर सूर्यदेवी ने दिया, "मैं तो साग-भाजी ही लेती हूँ। लड़की अंडा इत्यादि ले तो लेती है, परंतु यह नहीं कि हम एक प्रकार के भोजन का दूसरे पर उपमा देते हैं।"

"ठीक है।" अविनाश ने बेयरा को चारों के लिए लिखा दिया।

बेयरा के जाने पर मालती देवी मतलब की बात करने लगी, "अविनाश ने जब कल बहनजी को यह कहते सुना था कि राजकुमारी सर्विस ढूँढ़ रही है, अपनी आर्थिक स्थिति सुधारने के लिए तो हमने इस दिशा में इसकी सहायता की योजना

बनाई है। कल अविनाश की सगाई के लिए चंडीगढ़ से कुछ लोग आए हुए थे तो इसने उनसे निर्णयात्मक बात करने से पहले मुझे आपसे बात करने के लिए भेज दिया। अविनाश का कहना था कि यदि राज हमारे घर में आना चाहे तो वह चंडीगढ़ वालों के प्रस्ताव की अपेक्षा यह संबंध पसंद करेगा। मैं भी यह समझी हूँ कि किसी कार्यालय में सेवा-कार्य से किसी घर में मालकिन बन कार्य करना अधिक शोभायुक्त होगा।

"वैसे मुझे अविनाश के इस निर्वाचन पर संतोष ही हुआ है। वे चंडीगढ़ वाले मेरे जाने-पहचाने हैं। वह लड़की भी चिरपरिचित है। अविनाश ने जब उस पर राज को उपमा दी तो मुझे कुछ ठीक प्रतीत नहीं हुआ था, परंतु आज इसे देख मैं अविनाश का इसे चंडीगढ़ वाली लड़की पर उपमा देना समझ गई हूँ। देखते ही दोनों में अंतर स्पष्ट हो गया है। मैं समझी हूँ कि अविनाश ठीक कह रहा है कि राज उससे श्रेष्ठ है।"

उत्तर देने के स्थान सूर्यदेवी राजकुमारी के मुख पर देखने लगी। अविनाश और मालती भी उसका मुख देखने लगे थे।

सबको उसके कहने की आशा करते हुए देखकर राज ने नपी-तुली बात कह दी। उसने कहा, "मैं आज के इस भोज का यह अर्थ नहीं समझी थी। इस कारण इस प्रस्ताव से मैं अभी एक ही बात विचार कर सकी हूँ कि माताजी के प्रश्न का उत्तर देने के लिए मेरे पास 'डाटा', मेरा अभिप्राय है कि इनके पुत्र का विवरण पर्याप्त नहीं। इस कारण मैं चाहूँगी कि कुछ अधिक जानकारी प्राप्त होने पर ही स्वीकृति अथवा अस्वीकृति देनी चाहिए। यदि इनको बहुत जल्दी है तो मैं इनको राय दूँगी कि चंडीगढ़ वाली बहन को कुछ रियायती अंक देकर उत्तीर्ण घोषित कर सकते हैं।"

"और वह 'डाटा' कैसे और कब तक प्राप्त कर सकेंगी?" अविनाश ने पूछ लिया।

"प्राप्त तो आपसे ही होगा, परंतु इसमें कुछ समय तो लगेगा ही। दो-तीन भेंट आपसे करनी ही पड़ेंगी। शेष रहा कि मैं कैसे विवरण प्राप्त करूँगी और उस विवरण पर क्या प्रतिक्रिया मेरे मन में होगी, यह अभी बताना अति कठिन है।"

इस समय बेयरा प्लेटें लगाने चला आया। जब तक वह प्लेटें लगाता रहा, तब तक सब चुप रहे।

बेयरा के चले जाने पर मालती देवी ने कहा, "और राज बेटी, जो दूसरों को रियायती अंक देकर पास करने की बात कह रही है, क्या स्वयं भी रियायती अंक देने में विश्वास रखती है अथवा नहीं?"

"हाँ, दुर्बल-हीनों को आश्रय देकर अपनी टाँगों पर खड़ा करने में तो विश्वास रखती हूँ, परंतु यह तो पहले देखना ही होता है कि कोई स्वयं चल और भाग सकता है

अथवा नहीं। अविनाशजी अपनी योग्यता से कई मैडल प्राप्त कर चुके हैं। कदाचित् यह किसी से रियायती अंक माँगना अपमान मानेंगे।"

इस पर मालती और सूर्यदेवी दोनों हँस पड़ीं। बात सूर्यदेवी ने ही आगे चलाई, "मैं समझती हूँ कि अविनाशजी को इतना तो अपने में आत्म-विश्वास होना ही चाहिए कि यह बिना रियायती अंकों के ही उत्तीर्ण हो सकेंगे?"

अब अविनाश ने कह दिया, "माताजी! विश्वास तो शत-प्रति-शत है। परंतु परीक्षा में बैठने का अवसर भी तो मिलना चाहिए। अभी तो परीक्षा में बैठने का फॉर्म ही भर रहा हूँ।"

"ठीक है, मैं आपके परीक्षा-भवन में आने का प्रवेश-पत्र देती हूँ।"

"और परीक्षा-भवन किधर है?"

"कल 'स्टैंडर्ड' में चाय के समय ठीक रहेगा। किस समय आ सकेंगे?" राज ने पूछ लिया।

"जो समय परीक्षक निश्चय करे?"

"मैं समझती हूँ कि पाँच बजे का समय ठीक रहेगा। मैं वहाँ नीचे ही मिलूँगी।"

इस समय बेयरा खाना परोसने लगा था। अविनाश बता रहा था, क्या-क्या कहाँ-कहाँ रखना चाहिए।

भोजन करते हुए अविनाश ने कहा, "मुझे माताजी ने बताया है कि राजजी का आज इंटरव्यू हुआ है। यह सेवा-कार्य तो पा जाएँगी, इसमें संदेह ही नहीं। परंतु मेरा आग्रह है कि यह उसे स्वीकार करने से पूर्व मेरे प्रस्ताव पर निश्चय कर लें तो बहुत ठीक रहेगा। मेरी तुच्छ बुद्धि में मालिक का पद सेवक के पद से अच्छा होता है, यद्यपि दोनों पद मानयुक्त हैं।"

इसका किसी ने उत्तर नहीं दिया। मालती ने कह दिया, "अविनाश के पिता अपने कार्य से रिटायर हो रहे हैं। वे चाहते हैं कि अविनाश कार्य सँभाल ले। वे ऋषिकेश में जाकर रहने लगेंगे। वे समझते हैं कि जीवन में बहुत पाप-पुण्य किया है, अब निर्गुण जीवन व्यतीत करना चाहिए।"

अविनाश ने अपनी माँ के कथन पर संशोधन कर दिया, "निर्गुण से गुणहीन का अभिप्राय नहीं है। गुणवान और सगुण में अंतर होता है। निर्गुण से अभिप्राय गुणों से रहित नहीं, वरन् गुण रखते हुए उनका प्रयोग न करना है। इस प्रकार पिताजी गुणवान होना चाहते हैं, परंतु उन गुणों से अपना ही हित साधते रहने को वह गुणी होना मानते हैं।"

"इसे भगवद्गीता में," सूर्यदेवी ने कह दिया, "यज्ञ-रूप गुणों का प्रयोग करना माना है। उसे निष्काम भाव से कर्म करना भी कहते हैं।"

"हाँ, वे कुछ वैसा ही कह रहे थे।" अविनाश ने कहा, "परंतु उनके ऐसे विचार सुन मैं अपने विषय में विचार कर रहा हूँ कि मैं भी निर्गुण हूँ अथवा गुणविहीन हूँ। अभी मैं समझ नहीं सका।"

इस प्रकार विवाह के प्रस्ताव के उपरांत अध्यात्म पर चर्चा चलने लगी। जब यह चर्चा चल ही रही थी तो राजकुमारी ने अपने मन की बात बता दी, "मुझे गीता का अध्ययन करते हुए छह मास के लगभग हो गए हैं और गीता के अनुवाद एवं भाष्य भी तीन-चार पढ़ डाले हैं। परंतु मुझे तो वह सबकुछ अर्थहीन ही समझ में आ रहा है।

"उसके पढ़ने से कई समस्याएँ सम्मुख आई हैं, परंतु एक स्नातकोत्तर शिक्षा-प्राप्त युवक-मस्तिष्क को केवल वक्तव्य ही संतोष नहीं देते। गीता में व्यवहार की बात तो कुछ दिखाई दी नहीं।"

सूर्यदेवी मुस्करा रही थीं। अविनाश हँस पड़ा और बोला, "प्राचीन और अर्वाचीन का संयोग अथवा भावना और भाव का संयोग या यों कहो कि श्रद्धा एवं बुद्धि का मेल जब और जहाँ होता है, वहाँ इसी प्रकार का परिणाम होता है। इसमें मेरा यह सुझाव है कि किक लगा दो, चाहे वह बॉल किसी की आँख पर लगे। इसका विचार करना असफलता का सूचक है।"

"और यदि गेंद अपने ही गोल में आ गिरे तो?" सूर्यदेवी का प्रश्न था।

"उधर तो किक लगाने वाला पीठ किए रहता है।"

"और यह पीठ किस तरफ हो, इसका तो विचार करना ही पड़ता है। अथवा जिधर भी पीठ हो गई, वह अपना गोल हो गया।"

अब मालती हँस पड़ी। हँसकर बोली, "अब बताओ, किक लगाने के पहले विचार की आवश्यकता है अथवा नहीं? देखो बेटा, राज ने यही तो कहा है कि वह तुम्हारा विवरण प्राप्त कर उस पर विचार कर ही किक लगाएगी।"

"तो प्रत्येक कर्म के पहले विचार करना होता है? परंतु इसके लिए तो समय ही नहीं होता?"

अब फिर राजकुमारी ने कहा, "मेरे स्वाध्याय के ग्रंथ में कर्म तीन प्रकार के बताए हैं—कर्म, विकर्म और अकर्म। मैं समझी हूँ कि प्रत्येक कर्म करने के पूर्व इन तीनों में भेद कर ही वह कर्म स्वीकार अथवा अस्वीकार करना चाहिए। परंतु मेरी परेशानी यह नहीं है। मैं तो यह विचार कर रही हूँ कि भला विवाह अथवा सर्विस निष्काम भाव से कैसे हो सकेगी? दोनों में महा स्वार्थ भरा पड़ा है।"

"नहीं बेटा, ऐसा नहीं है।" उत्तर सूर्यदेवी ने दिया, "इस पर भी मेरा कहना है कि तुम स्वार्थ को लक्ष्य रखकर ही निर्णय करो। इस स्वार्थ में निस्स्वार्थता कैसे स्वयमेव

आएगी, यह मैं तुम्हें पीछे बता दूँगी। उसके लिए कुछ करने की आवश्यकता नहीं होगी। केवल विचार की दिशा बदलनी होगी।"

"तो यह पहले बताने की बात नहीं है?" राज ने पूछ लिया।

"पहले बताना व्यर्थ है। मैं तो यह कहती हूँ कि जब कार्य आरंभ होता है तो धीरे-धीरे स्वार्थ स्वत: विलुप्त होता जाता है और परमार्थ घुसता जाता है। केवल चित्त की सरलता की आवश्यकता होती है।"

"और वह कैसे आ सकती है?" अविनाश ने पूछ लिया।

"ईश्वर-कृपा से आती है।"

"अब ईश्वर को बीच में ले आई हैं, माताजी! सब आस्तिक लोग जब निरुत्तर होने लगते हैं तो परमात्मा की ओट में खड़े हो जाते हैं।"

राज का कहना था, "यही मैं समझी हूँ गीता के अध्ययन से। गीता में शरीर, मन और बुद्धि के विषय में कहा है। वहाँ जीवात्मा और परमात्मा के विषय में भी कहा है। परंतु इनकी वैज्ञानिक परीक्षा के विषय में नहीं बताया। इसी से मैं छह मास के अध्ययन के उपरांत अभी वही हूँ, जहाँ पहले थी।"

भोजन समाप्त हुआ तो मालती ने राजकुमारी की पीठ पर हाथ फेर प्यार देकर कहा, "मैं तुम्हारे विचार करने की दिशा को बहुत पसंद करती हूँ। मुझे तुम्हारी संगत और जीवन में तुम्हारा सहयोग प्राप्त कर बहुत प्रसन्नता होगी।"

होटल से निकलते हुए अविनाश ने कहा, "कल सायं पाँच बजे मैं रीगल के नीचे आपके दर्शन करने की आशा करता हूँ।"

"मैं वहाँ उपस्थित होने का पूर्ण यत्न करूँगी।"

: पाँच :

अविनाशचंद्र ने अपनी कोठी को जाते हुए मोटर में अपनी माँ से पूछ लिया, "क्या समझी हो, माँ?"

"लड़की को परीक्षा में उत्तीर्ण तो मैं सायं उसके घर पर ही कर आई थी। केवल तुम्हारी सोम ने मन में कुछ संदेह उत्पन्न कर दिया था।

"इस पर भी अभी पचास प्रतिशत से ऊपर अंक नहीं दे सकी। आशा करती हूँ कि अभी यह और अधिक अंक प्राप्त करने की कोशिश करेगी।"

"मैं प्रसन्न हूँ कि मेरा कल का क्षणिक निरीक्षण ऐसा ही ठीक हुआ है, जैसे कभी अविचारित 'किक' गेंद को प्रतिपक्षी के गोल में पहुँचा देती है।"

इसके विपरीत सूर्यदेवी ने जब राज से पूछा, "अब क्या समझती हो?" तो राज का

कहना था, "यदि सेवा-कार्य होता तो अभी स्वीकार कर आती। परंतु इन श्रीमानजी की माँग तो सेवा-कार्य से कुछ अधिक है। इसी कारण मैंने विचार के अभी परिपक्व होने के लिए समय प्राप्त कर लिया है।"

"यह तो ठीक ही किया है, परंतु किस प्रकार वस्तु-स्थिति तक पहुँचने का यत्न करोगी?"

"माँ, अभी तो विचार करूँगी कि क्या जानना आवश्यक है। लक्ष्य निश्चय हो जाए तो उसकी प्राप्ति का साधन समझने का यत्न करूँगी।"

"देखो बेटा! मैं तुम्हें एक घटना सुनाती हूँ। तुम्हारे पिता ने मुझे एक दुकान पर सब्जी-भाजी खरीदते हुए पसंद किया था। एक दिन मैंने उनसे पूछा था कि उन्होंने उस थोड़े से समय में क्या देखा था, जो मुझे अपने घर में ले जाने का विचार बना बैठे थे? उन्होंने कहा था कि दुकान पर मैं उनके बाद पहुँची थी और एक मिनट तक दुकान पर सब वस्तुओं को देखती रही थी।

"तुम्हारे पिताजी मुझे पहले खरीद लेने का अवसर देने के लिए एक ओर खड़े हो गए। वे बताने लगे कि तब तीन-चार सेकेंड में मैंने निर्वाचित वस्तुओं का नाम और परिमाण बना दिया। दुकानदार ने देनी आरंभ कीं तो मैं एक-एक को अपनी टोकरी में रखने से पहले देख रही थी। सबकुछ एक मिनट में समाप्त हुआ और मैं दाम देकर वहाँ से चल पड़ी।

"तुम्हारे पिताजी ने कहा कि बस मेरे इस प्रकार मतलब की बात तीन मिनट में समाप्त कर लौटने पर उन्होंने मुझे अपनी गृहिणी बनाने का निश्चय किया था। वे कहने लगे कि यह है एक काम पर अपना पूर्ण ध्यान केंद्रित करने का परिणाम। मैं समझती हूँ कि यह गुण अविनाश में है। इसी कारण उसने एक भी व्यर्थ की बात नहीं कही।"

"और परमात्मा पर संदेह तथा आस्तिकों पर आक्षेप कि वह परमात्मा की ओट के पीछे छुपते रहते हैं, का क्या अर्थ समझी हो?" राजकुमारी ने मुस्कराते हुए पूछ लिया।

दोनों कश्मीरी गेट बस-स्टैंड से घर को जाती हुई बात करने लगी थीं। सूर्यदेवी ने कहा, "यह आज के युवकों का स्वाभाविक रूप है। वह सर्वथा वर्तमान का जीव तो है, परंतु विचारशील भी है। इससे तुम भगवद्गीता पढ़ती हुई उसे सन्मार्ग दिखा सकोगी।"

"पर माँ! मुझे तो स्वयं अभी विश्वास नहीं आया। वहाँ कहा है शरीर-रूपी क्षरित होने वाले पुरुष में एक जीवात्मा, अविनाशी पुरुष है और सब स्थान पर उपस्थित पुरुषोत्तम है।"

"यह जान तो गई हूँ, परंतु समझी नहीं। यह मन पर तो अंकित हो गया है, परंतु यह क्यों माना जाए और इसमें क्या प्रमाण है, यह नहीं समझ सकी।"

"यह इस कारण कि भगवद्गीता में क्यों का उत्तर नहीं है। इसके लिए तुम्हें एक दूसरी पुस्तक का अध्ययन करना पड़ेगा। भगवद्गीता में तो समस्याओं का वर्णन है। उन समस्याओं का युक्तियुक्त समाधान सांख्य-दर्शन में किया है। कुछ वेदांत दर्शन में भी है। तुम्हें भी अविनाश का सांख्य और वेदांत अभी पढ़ना होगा।"

राजकुमारी हँस पड़ी और पूछने लगी, "तो जीवन की सब समस्याएँ अध्यात्म में ही आ जाती हैं?"

"नहीं, सब समस्याएँ वैसे ही सुलझ जाती हैं, जैसे अध्यात्म की सुलझ जाती हैं। यह इस कारण कि समस्याओं को सुलझाने वाला यंत्र एक ही है। उसका प्रयोग भी एक ही प्रकार से किया जाता है। अत: वह यंत्र जैसे अध्यात्म की समस्याओं को सुलझाता है, वैसे ही अन्य सांसारिक समस्याओं को भी सुलझाता है। वह यंत्र है—बुद्धि। और भगवद्गीता में कहा है कि कार्य, जो बुद्धि से विचार कर किया जाता है, वह बहुत फल देता है। बुद्धि से विचारे बिना किया गया कर्म तो फल में अति हीन होता है।"

राज घर पहुँची तो यह विचार कर रही थी कि बुद्धि तो है। तभी तो एम.ए. में इतने अधिक अंक लेकर उत्तीर्ण हुई हूँ। परंतु इससे अध्यात्म और प्रकृति की समस्याएँ कैसे सुलझेंगी?

बात यह थी कि अर्थशास्त्र में तो बड़े-बड़े अर्थशास्त्रियों ने नियम बता रखे हैं। उन नियमों की पटरी पर अपने विचार की रेलगाड़ी चलाई जा सकती है। परंतु पति पाने के नियमों की कहीं व्याख्या नहीं है। इससे वह परेशान थी कि किस बात की जाँच-पड़ताल वह अपने पति-पद के प्रत्याशी से करने अगले दिन जाए और फिर किस प्रकार जाँच-पड़ताल करे? माँ-बेटी दोनों बैठकघर में जाकर बैठीं तो रामी भी वहाँ आ खड़ी हो गई।

सूर्यदेवी ने सेविका की ओर देखकर पूछ लिया, "भोजन हुआ है अथवा नहीं?"

"जी, कर लिया है। मैं इसलिए नहीं आई। मैं तो यह कहने खड़ी थी कि भाई साहब कृष्णमूर्ति दो बार बिटिया को पूछने आ चुके हैं।"

"ठीक है, काम होगा तो फिर आ जाएगा।"

"माताजी, वह अच्छा व्यक्ति नहीं है।"

"क्यों? क्या खराबी देखी है उसमें?"

"वह शराब पिए हुए था।"

"यह मैं जानती हूँ कि वह पीता है।"

"परंतु आज कुछ नित्य से अधिक पिए हुए था।"

इतना कहते-कहते रामी का मुख क्रोध से लाल हो गया और उसके होंठ फड़कने लगे थे।

सूर्यदेवी को कुछ संदेह हुआ तो उसने राज को कहा, "अब सोना चाहिए।"

इसका अभिप्राय था कि वह सोने के कमरे में चली आए।

राजकुमारी उठी और अपने कमरे में जाने लगी तो सूर्यदेवी ने रामी से कह दिया, "द्वार बंद कर दो। और देखो, अब कोई भी आए तो मत खोलना।"

रामी इस आज्ञा से प्रसन्न होकर घर का द्वार बंद करने चली गई।

सूर्यदेवी अपने सोने के कमरे में पहुँच कपड़े बदलने लगी थी कि रामी आई और बोली, "वह मेरा बलात्कार करनेवाला था।"

"कैसे कहती हो?"

"मुझे कसकर आलिंगन कर मेरा मुख चूमने लगा तो मैंने उसका मुक्के और दाँतों से सत्कार करना आरंभ कर दिया। उसका पाँव फिसला तो मैं उसकी बाँहों से छूट गई और अपने कमरे में भाग गई। वह जब चला गया तो मैंने बाहर आकर द्वार बंद कर लिया।"

"तुम्हें रात के समय द्वार नहीं खोलना चाहिए था।"

"मुझे ज्ञात नहीं था कि वह पशु है।"

"पशु तो नहीं कह सकती, हाँ, असुर अवश्य है।"

रामी इसका अर्थ नहीं समझी। इस पर सूर्यदेवी ने कहा, "देखो रामी! यह संसार अति विकट है। इसमें बहुत सावधानी से रहना चाहिए। जाओ, अब सो जाओ।"

रामी गई तो सूर्यदेवी का मुख क्रोध से तमतमा उठा। उसे यह समझ आया कि कदाचित् कृष्णमूर्ति राज के लिए जो कुछ भी प्रयत्न कर रहा था, वह अपने स्वार्थ के लिए ही कर रहा था। तब तो ऐसे व्यक्ति के नीचे दबना ठीक नहीं।

वह इसका अर्थ यह समझी थी कि सेवा-कार्य स्वीकार नहीं करना चाहिए और तब? वह विचार कर रही थी, तब लड़की को अविनाश से विवाह स्वीकार कर लेना चाहिए।

एक बात उसे अविनाश में भी खटकी थी। वह उसका आस्तिकों की हँसी उड़ाना था और परमात्मा के अस्तित्व को अस्वीकार करना था।

वह इस बात पर विचार करती हुई बिस्तर में घुस गई कि क्या धर्मयुक्त व्यवहार के लिए ईश्वर को मानना आवश्यक है? अविनाश के कथन का अर्थ यही था कि वह आँखें मूँदकर भी किक लगाएँ तो गेंद विपक्षी के गोल की ओर ही जाती है।

वह विचार कर रही थी कि क्या स्वभाव से किया कर्म ठीक दिशा में नहीं हो सकता? प्राय: होता है। यदि होता है तो फिर ईश्वर का आश्रय लेने की आवश्यकता निरर्थक हो जाती है। भले व्यवहार का स्वभाव डालना चाहिए। क्या अविनाश का ऐसा स्वभाव है?

अभी तक का उसका व्यवहार और उसके विषय में ज्ञान उसके भले स्वभाव का ही पता दे रहे थे। इससे ही वह कुछ निश्चिंत होकर सो गई।

राजकुमारी के विचार की दिशा दूसरी थी। वह विचार कर रही थी कि कृष्णमूर्ति भला किस कारण मद्य का सेवन करता है? वह सुन चुकी थी कि मद्य कड़वी और कुछ अरुचिकर गंध वाली होती है। फिर भी वह क्यों पीता है?

वह विचार करने लगी कि मद्य पीने से मुख में कड़वाहट एकाध मिनट के लिए ही होती होगी, परंतु कुछ अन्य गुण अपने स्वाद पीछे चिरकाल तक देते रहते होंगे। क्या स्वाद आता होगा? वह यही विचार करती हुई सो गई।

माँ-बेटी दोनों प्रात: चार बजे जागीं और अपने-अपने नित्य कर्म में लग गईं। माँ तो स्नानादि के उपरांत पूजा-पाठ के लिए जाया करती थी और लड़की गीता पर मनन और टिप्पणियाँ लिखा करती थी। वह सायंकाल के समय एक-दो श्लोकों पर विवेचना उनके विभिन्न भाष्यों में देख लिया करती थी। प्रात:काल उन विवेचनाओं पर मनन कर अपने मन की प्रतिक्रिया लिख देती थी।

आज वह कर्म, अकर्म और विकर्म के विषय में विचार करने लगी। इस पर उसका ध्यान अपने पिछले दो दिन के व्यवहार पर चला गया।

उसके मन में प्रश्न उठा था कि क्या अविनाश का व्यवहार कर्म है, अकर्म है अथवा विकर्म है?

वह समझती थी कि किसी के व्यवहार से तटस्थ होकर बैठे रहना अकर्म है। और किसी के व्यवहार से अवांछित दिशा में चल पड़ना विकर्म है।

तब वांछित दिशा में कर्म करने का क्या हुआ? उसे ध्यान हो आया कि स्वामी शंकराचार्य का तो यह कहना था कि कर्म कभी वांछित दिशा में होता ही नहीं। कर्म तो सदा संसार में लिप्त करनेवाला होता है।

जिसे हम धर्म कहते हैं, वह भी तो एक प्रकार का व्यवहार ही है। वह भी मन में कर्म के फल से मोह उत्पन्न करता है। मोह ही सब पापों का मूल है। अभिप्राय यह हुआ कि कर्म सदा अवांछनीय है।

इतना विचार कर और अपने विचारों को अपनी नोटबुक पर लिखकर वह आगे विचार करने लगी। विवाह किसी से भी किया जाए, अवांछनीय है। यह मोह उत्पन्न करता है, पहले पति से, फिर संतान से। यह बंधन है।

जब मन की यह प्रतिक्रिया उसने लिखी तो उसका ध्यान बालगंगाधर तिलक के एक कथन पर चला गया। तिलक ने अपने भगवद्गीता के भाष्य में यह लिखा था कि तू चाहे कितना भी घोर कर्म क्यों न करे, परंतु जब कामनारहित होकर, स्पृहा छोड़कर और लोककल्याण के भाव से उसको करेगा तो तुझे पाप नहीं छुएगा।

परंतु प्रश्न था कि कामनारहित होकर विवाह और फिर विवाह-कर्म कैसे हो

प्रथम परिच्छेद

सकेगा ? वह इस कर्म का अनुभव न रखती हुई भी इसके रस का अनुमान लगा रही थी। उसे ध्यान हो आया कि रात स्वप्न में वह अविनाश की संगत में भटकती रही थी। संगत का वास्तविक स्वरूप न जानती हुई और उसकी अनुभूति न रखती हुई भी वह स्वप्न में उसकी संगत का रस अनुभव करती थी।

इस अनुभव से वह स्वामी शंकराचार्य के कथन की सत्यता को समझ रही थी कि यह संसार वास्तव में एक लंबा स्वप्न है। परंतु तिलक इससे उलटी बात कहते थे।

दोनों के भावों को जैसा उसने समझा, वैसा नोटबुक पर लिखकर वह विचार करने लगी कि अपने मन की प्रतिक्रिया क्या लिखे ?

इस पर उसे झोंक आ गई। रात चिंतित मन के कारण वह पूरी नींद ले नहीं सकी थी। प्रात: स्वभाववश वह समय पर जाग तो पड़ी थी, परंतु रात का उनींदापन था और चिंतन का मस्तिष्क पर दबाव पड़ने से वह ऊँघने लगती थी।

जब तीन-चार बार ऐसा हुआ तो वह अपनी कुरसी से उठी और बिस्तर पर जाकर लेट गई। परंतु सो नहीं सकी। वहीं रात वाली चित्त की अवस्था अभी भी थी।

घड़ी ने आठ बजाए तो वह आलस्य में अँगड़ाइयाँ लेती हुई उठी और मुख-हाथ धोने बाथरूम में चली गई।

वह मुख-हाथ धोकर अभी अपनी पढ़ाई करने की कुरसी पर आकर बैठी ही थी कि माँ आई और उसके समीप बैठकर पूछने लगी, "आज नींद नहीं खुली। मैं छह बजे के लगभग तुमसे बात करने आई थी। तब तुम सो रही थीं।"

"माँ! रात भर सोती-जागती रही हूँ। इस कारण पूरी नींद तो अभी भी नहीं ली। यह विचार कर कि रामी अल्पाहार के लिए आती होगी, उठकर, हाथ-मुख धोकर तैयार हो गई हूँ। वास्तव में नींद अभी भी आ रही है।"

"मुझे तो सदा की भाँति गहरी नींद आई थी। प्रात: चित्त रात से अधिक स्थिर था और मैं इस परिणाम पर पहुँची हूँ कि तुम्हें प्रेरणा दूँ कि यदि अविनाश के प्रति अरुचि नहीं है तो उसे स्वीकार कर लो।"

"माँ! उसके प्रति अरुचि तो नहीं है। इस पर भी विचार यह कर रही थी कि क्या रुचि किसी कर्म के करने में निर्णायक स्थिति है ?"

"परंतु मैंने रुचि के अनुसार कर्म करने की बात तो कही नहीं। विवाह करना तो एक स्वाभाविक कर्म है। यह तो तुम करोगी ही। सब लड़कियाँ करती हैं। स्वाभाविक वासना की भूख की तृप्ति के लिए यह होगा ही। प्राय: लड़कियाँ ढोल-नगाड़े बजाते हुए विवाह करती हैं और कुछ सोम जैसी चोरी-चोरी, बिना किसी को बताए करती हैं। मैं तो यह कह रही हूँ कि यदि अविनाश के लिए विशेष अरुचि न हो तो उससे ही कर लो।"

समस्या के इस प्रकार उपस्थित होने पर उसको बात सरल प्रतीत हुई। वह देख रही थी कि रूप-रंग, शरीर का गठन और वार्त्तालाप करने में वह अरुचिकर नहीं था। इसके विपरीत आकर्षक ही था। माँ कह रही है कि विवाह तो करना ही है तो अविनाश कोई बुरा व्यक्ति नहीं।

इस समय उसके मन में माँ का सोम के विषय में वक्तव्य उपस्थित हो गया। माँ उसके विषय में रात-रात में कहाँ से जान गई है, जो कह रही है कि सोम की भाँति बिना किसी को बताए विवाह भी किया जाता है। इस कारण उसने पूछ लिया, "माँ! यह तुम्हें किसने बताया है कि सोम ने चोरी-छुपे विवाह किया है?"

"यह तो उसके मुख पर लिखा है। कदाचित् एक से नहीं, कइयों से कर चुकी है। यह उसकी आँखों को देखकर पता चलता है।"

"माँ, मैं सोम के विषय में कुछ नहीं जानती और यदि विवाह करूँगी तो ढोल-नगाड़े बजाते हुए करूँगी। मुझे चोरी-चोरी विवाह करने में रुचि नहीं।"

"तो ठीक है। अविनाश के विषय में क्या विचार किया है?"

"मुझे कुछ ऐसा समझ में आ रहा है कि उससे विवाह होगा; परंतु मैं भीख माँगने नहीं जाऊँगी?"

"परंतु वह तो स्वयं कुछ देने तुम्हें ढूँढ़ता आया है।"

"तो माँ, आने दो। मैं स्वीकार कर लूँगी।"

"यह तो बहुत ठीक है, परंतु तुम इस परिणाम पर किस प्रकार पहुँची हो?"

"मैं स्वप्न में उसे देखती-देखती इस निश्चय पर पहुँची हूँ।"

माँ मुस्कराई और बोली, "यह प्रकृति सबमें समान रूप से कार्य करती है। मैंने तुम्हें रात बताया था कि तुम्हारे पिता ने अपने लिए पत्नी का चयन कैसे किया था। इस चयन के उपरांत श्रीमान मेरे पीछे-पीछे मेरे घर पर पहुँच गए। मेरे पिताजी तुम्हारे पिताजी को पहले से ही जानते थे। वे पिताजी से बैठक में मिले और पूछने लगे, 'अभी-अभी एक लड़की सब्जी खरीदकर घर में आई है। वह आपकी क्या लगती है?'

"मेरे पिताजी ने बताया, 'मेरी सबसे छोटी लड़की है।'

"'उसकी सगाई कहीं हुई है अथवा नहीं?'

"'नहीं, क्या बात है?'

"'मैं उससे विवाह की इच्छा करता हूँ।'

"पिताजी ने संशयात्मक भाव में पूछा, 'उसे कब से जानते हो?'

"'पाँच मिनट से।'

"'और उसके इतने ज्ञान से अंधे कुएँ में छलाँग लगाने चले आए हो?'

"'इंजीनियर साहब,' तुम्हारे पिता ने कहा, 'मैंने दो मिनट में अंधे कुएँ की गहराई को देख लिया है।'

"बहुत बातें हुईं और मेरा विवाह तुम्हारे पिता से हो गया। तुम्हारे पिता ने बताया था, 'मैंने एक मापदंड से तुम्हारी परीक्षा की तो बस समझ गया कि दूसरी दिशा में भी तुम विचारशील होगी।'

"इसी से मैं कहती हूँ कि एक विचार से अविनाश ठीक प्रतीत हुआ तो अन्य विचारों से भी ठीक ही होगा।"

"माँ! मैं आज पाँच बजे उससे मिलने जाऊँगी और यदि कोई नई अरुचिकर बात का पता न चला तो उसके प्रस्ताव को स्वीकार कर आऊँगी।"

: छह :

माँ-बेटी अल्पाहार ले रही थीं कि कृष्णमूर्ति आया। सूर्यदेवी के कहने पर वह खाने की मेज के पास एक कुरसी खिसकाकर बैठ गया। बात सूर्यदेवी ने ही आरंभ की। उसने पूछा, "भाई साहब! आप रात आए थे?"

"हाँ! आप कहाँ गई हुई थीं?"

"एक व्यक्ति ने रात के खाने पर आमंत्रित किया हुआ था।"

"मैं यह कहने आया था कि राज को कार्यालय आज से ही जाना आरंभ कर देना चाहिए। मैं समझता हूँ कि आज वहीं इसे नियुक्ति-पत्र मिल जाएगा। कल नियुक्ति-पत्र तैयार हो चुका था। केवल सेक्रेटरी साहब के हस्ताक्षर होने रह गए थे। वह मैं आज जाते ही करवा लूँगा।"

राज चुप रही। सूर्यदेवी ने बात बदल दी। उसने कहा, "आप रात जब आए थे तो मद्य पिए हुए थे?"

"कुछ अधिक नहीं। वह तो मैं नित्य रात को भोजन के पूर्व लेता हूँ।"

"परंतु रात तो आप इतनी पिए हुए थे कि आपको हमारी रामी और अपनी पत्नी में अंतर ही दिखाई नहीं दे रहा था।"

"तो उसने कुछ कहा है?"

"हाँ! वह कह रही थी कि यदि आपने इस घर में आना है तो वह हमारी सेवा छोड़ जाएगी।"

"तो वह डर गई है? बहुत ही भोली है। मैं तो बच्चों की भाँति केवल कलोल कर रहा था।"

"भाई साहब! राज के जन्म से भी पहले की वह हमारे घर में काम करती है। उसके भाग जाने से हमें कष्ट और दु:ख दोनों होंगे।"

"मैं अब मद्य पीकर यहाँ नहीं आऊँगा।"

"आप रात को यहाँ न आया करिए। उस समय आप अपने आप में नहीं होते।"

कृष्णमूर्ति ने बात बदल दी। उसने राजकुमारी से पूछ लिया, "तो आप तैयार रहिएगा। मैं भोजन कर पौने दस बजे अपनी मोटरगाड़ी में आऊँगा और आपको ले जाऊँगा।"

राज ने उत्तर में कहा, "मैं आज तो अपने कॉलेज की सहेलियों की एक पार्टी में जा रही हूँ। यहाँ से ग्यारह बजे जाऊँगी और वहाँ से दो बजे तक लौटूँगी।"

"वहाँ क्या है?"

"मुझे मेडल मिलने के उपलक्ष्य में कुछ पुराने और कुछ नए विद्यार्थियों ने मुझे सम्मानित करने का आयोजन किया है।"

"तो फिर मैं आपका नियुक्ति-पत्र घर पर ले आऊँगा।"

"आप क्यों लाएँगे? इसे 'प्रोपर चैनल' से आने दीजिए।"

"इसमें दो दिन की देरी हो जाएगी।"

"तो क्या हुआ?" सूर्यदेवी ने कहा, "लड़की को जरा जीवन में यश का भोग करने दें तो कुछ हानि नहीं होगी।"

कृष्णमूर्ति ने निराशा अनुभव करते हुए कहा, "ठीक है, अपना भला-बुरा आप विचार कर लीजिए। मैं तो आपकी सेवा के लिए तैयार हूँ।"

कृष्णमूर्ति गया तो राज ने कह दिया, "मैं यहाँ नौकरी नहीं करूँगी।"

"अभी चुप रहो। पहले दूसरे कार्य के विषय में निश्चय होने दो।"

"माँ, वहाँ कुछ भी निश्चय हो, उसका इस सर्विस के साथ संबंध नहीं। यहाँ सर्विस नहीं करूँगी। मैं चाचा के एहसान को सहन नहीं कर सकूँगी।"

माँ मुख देखती रह गई। लड़की ने आगे कहा, "माँ! मैं यह अनुभव करती हूँ कि अब मुझे तुम पर बोझा नहीं बनना चाहिए। इस विषय में मैं विचार करूँगी। इस पर भी यह निश्चय है कि सरकारी कार्यालय में सेवा स्वीकार नहीं करूँगी!"

"परंतु संसार तो कृष्णमूर्तियों से भरा पड़ा है। इसे छोड़ कहाँ भाग सकोगी?"

"मैं सरकारी सेवा-कार्य छोड़कर संसार से भाग नहीं रही। यह तो कृष्णमूर्तियों को डाँट-डपट सिखाने की स्थिति प्राप्त करने का यत्न करना चाहती हूँ। वह किसी कृष्णमूर्ति के एहसान में दबकर नहीं हो सकेगा।"

"ठीक है, यत्न करो और याद रखो, मैं माँ हूँ। माँ अपनी संतान का साथ किसी भी

अवस्था में छोड़ नहीं सकती। निपट निर्धनता में भी सहायता के लिए मुझसे निस्संकोच हाथ बढ़ा सकोगी और विश्वास रखो कि कभी भी निराश नहीं होना पड़ेगा।"

राजकुमारी को अनेक ऐसे अवसर स्मरण थे, जब उसकी पढ़ाई में सुविधा के लिए घर-गृहस्थी की सुविधाएँ कम की जाती रही थीं। विश्वविद्यालय में पाँच वर्ष की पढ़ाई का काल घर पर अकिंचनता का काल ही रहा था।

ग्यारह बजे के लगभग राज तैयार होकर अपने प्राध्यापक डॉ. सुधन्वा मिश्र से मिलने जाने लगी तो माँ ने पूछा, "किधर जा रही हो ?"

"डॉ. मिश्र से मिलने जा रही हूँ। एक बार उन्होंने कहा था कि योग्य विद्यार्थियों को ज्ञान-विज्ञान की उन्नति में अपना जीवन लगाना चाहिए। उस समय मैंने कहा था कि जीवन चलाने का साधन भी तो होना चाहिए। उनका कहना था कि संसार में साधन बहुत हैं। उनको प्राप्त करने का ढंग आना चाहिए। बस इसी के विषय में उनसे बात करने जा रही हूँ। साढ़े ग्यारह बजे वे अपने पढ़ाई का कार्य समाप्त कर कार्यालय का कार्य किया करते हैं। मैं उस समय उनसे मिलना चाहती हूँ।"

"डॉक्टर के किसी प्रस्ताव को स्वीकार करने से पूर्व मुझसे राय कर लेना।"

"यह तो होगा ही, माँ! बाईस वर्ष से तुम्हारी उँगली पकड़ चली आ रही हूँ, उसे छोड़ नहीं रही।"

माँ मुस्कराई और समझ गई कि रात कृष्णमूर्ति के रामी से व्यवहार ने इसके मस्तिष्क में हलचल उत्पन्न कर दी है। वह इस हलचल के परिणाम पर पहुँचने में लड़की की सहायता करना चाहती थी।

लड़की की मानसिक अवस्था का अनुमान लगाकर वह भी कुछ चंचलता अपने मन में अनुभव करने लगी थी तथा उस पर नियंत्रण प्राप्त करने के लिए वह अपने कमरे में पूजा की चौकी पर जा बैठी और विष्णु-सहस्त्र स्तोत्र पढ़ने लगी।

मध्याह्न के भोजन के समय राजकुमारी विश्वविद्यालय से लौटी। भोजन करते हुए माँ ने पूछ लिया, "डॉ. मिश्र से क्या बातचीत हुई है ?"

"मैंने डॉ. साहब को पूर्व की बात स्मरण कराकर पूछा था कि वह मुझे इस दिशा में क्या सम्मति देते हैं ? उन्होंने एक क्षण तक विचार किया और कहा कि अभी आज ही मेरे मस्तिष्क में एक विचार 'क्रिएशन ऑफ वेल्थ' (धन-निर्माण) के विषय में हलचल मचा रहा है। यदि तुम चाहो तो उस पर एक 'थीसिस' तैयार करने के लिए कार्य आरंभ कर दो। मैंने अपनी आर्थिक कठिनाई बताई तो उन्होंने कह दिया कि इसका प्रबंध होना कठिन नहीं। मुझे कल से ही पुस्तकालय में तीन-चार घंटे नित्य लगाने आरंभ कर देने चाहिए। कल जब मैं जाऊँगी तो मेरे लिए एक प्रश्न-पत्र तैयार कर रखेंगे। वह प्रश्न-

पत्र मेरा पथ-प्रदर्शन करेगा। मैं उनको वचन दे आई हूँ कि मैं कल से कार्य आरंभ कर दूँगी।"

"मैं तुम्हारी आज की ढूँढ़ी दिशा पर प्रसन्न हूँ। यद्यपि यह खोज का विषय अति संकीर्ण और टेढ़े-मेढ़े मार्गों से होकर जाता है, परंतु मैं समझती हूँ कि यह तुम्हारे जीवन को रसमय बना देगा।"

राज कुछ अन्य विचार कर रही थी। वह देख रही थी कि जीवन में विवाह कर घर-गृहस्थी चलाने का आह्वान भी है और अब बौद्धिक कार्य में जीवन व्यतीत करने का अवसर भी उपलब्ध हो रहा है। अत: वह जीवन के चौराहे पर पहुँच गई है। तो अब कौन सी राह पर चले? प्रत्यक्ष रूप में एक मार्ग है संपन्नता, सुख-सुविधा तथा पारिवारिक जीवन का। इसका चिंतन करती हुई वह मन में एक विशेष प्रकार की गुदगुदी अनुभव करती थी। साथ ही दूसरे मार्ग का भी द्वार खुला दिखाई देने लगा था। यह मार्ग था वीरान जांगल्य और कंटकाकीर्ण, इस पर भी रसपूर्ण तथा आत्मा को संतोष देनेवाला।

भोजन समाप्त हुआ तो माँ ने मेज पर से उठते हुए पूछ लिया, "तो अविनाश से मिलने चाय पर किस समय जाना चाहती हो?"

"माँ! यहाँ से सवा चार बजे चलूँगी। सायंकाल का समय है। बस पर सुगमता से स्थान मिलने की संभावना नहीं। इस कारण स्कूटर से जाने का विचार है और वहाँ समय से दो-चार मिनट पहले ही पहुँचना चाहती हूँ।"

"ठीक है, कुछ आराम कर लो।"

राजकुमारी 'स्टैंडर्ड' रेस्तराँ के द्वार पर निश्चित समय से पाँच मिनट पहले ही पहुँची थी। परंतु अविनाश वहाँ पहले से ही खड़ा था। उसने राज को आते देखकर पूछ लिया, "तो आप आ गई हैं?"

"परंतु आप यहाँ मेरी राह देख रहे थे अथवा किसी अन्य की?"

अविनाश ने मुस्कराते हुए कहा, "और किसकी प्रतीक्षा हो सकती है?"

"मैं समय से पूर्व यहाँ आई हूँ। परंतु आप तो मुझसे भी पहले आ पहुँचे हैं। इसी से विचार आया है कि कदाचित् आप जैसे कामकाजी व्यक्ति को कुछ और भी काम हो सकता है।"

"नहीं जी! आज तो मैं आपके साथ बैठकर चाय लेने के लिए ही आया हूँ। इस चाय के अतिरिक्त अभी अन्य किसी कार्य-साधन का विचार नहीं है।"

"तो आइए।" राज ने कहा और दोनों ऊपर जाकर हॉल के एक कोने में बैठ गए। यह हॉल उतना बड़ा तो नहीं था, जितना बड़ा इंपीरियल होटल का था और यहाँ उस प्रकार बातचीत नहीं हो सकती थी, जैसी पहली रात खाने के समय हो सकी थी। परंतु

अविनाश ने उपलब्ध समय का अधिकाधिक लाभ उठाने के लिए मौन रहकर राजकुमारी के मुख पर देखना ही उचित समझा।

"आप क्या लेंगे?"

"जो आप खिलाना चाहें।"

"परंतु आपकी रुचि और पेट की माँग का अनुमान तो आप ही बता सकते हैं?"

"यह मैं यहाँ से घर जाकर विचार कर लूँगा। यदि यहाँ कुछ कसर रह गई तो उसे घर जाकर पूरी कर लूँगा।"

"तब ठीक है। मेरा मतलब है कि इस दुर्बल प्राणी के अतिरिक्त भी आपका आश्रय स्थान है न?"

"हाँ, माताजी हैं, जो घर पर प्रतीक्षा कर रही हैं।"

इस समय बेयरा आया तो राज ने कुछ केक पेस्टरी, फ्राइड-फिश और कॉफी लाने को कह दिया।

बेयरा गया तो राजकुमारी ने अपनी उस दिन की कारगुजारी वर्णन कर दी। उसने कहा, "मैं आज डॉ. एस. मिश्र से मिलने गई थी और उन्होंने मुझे यह सम्मति दी है कि मुझ जैसी योग्य स्नातिका को ज्ञानवर्धन के कार्य में लग जाना चाहिए। उनका अभिप्राय था कि मुझे शोध-कार्य करना चाहिए। उन्होंने जीवन चलाने योग्य साधन उपलब्ध कराने का भी आश्वासन दिया है।"

"यह तो बहुत ही प्रसन्नता की बात है। शर्त केवल यह है कि आपकी रुचि इस विषय में हो तो?"

"उन्होंने एक विषय का सुझाव दिया है। विषय है 'क्रीएशन ऑफ वेल्थ'। वैसे यह भी कहा है कि मैं किसी अन्य विषय का सुझाव भी दे सकती हूँ।"

"तो फिर उनसे मिलने के लिए कब जा रही हैं?"

"उन्होंने कल मिलने के लिए कहा है। वे कुलपति से राय करके बताएँगे।"

"इसमें कुलपति क्या करेगा? मैं समझता हूँ कि यह कार्य इतना उपकारी है कि यदि कोई अधिकारी स्वीकृति नहीं भी दे तो भी आप इस पर कार्य कर सकती हैं और आपके कार्य से लाभ भी होगा।"

"किसको?"

"आजकल के विद्वानों को। देखिए राजजी! हम ढेरों धन-उपार्जन कर रहे हैं। इसी कारण आधे से अधिक वर्तमान युग के विद्वान् हमको गालियाँ देते हैं। शेष उनकी गालियों को सुन चकाचौंध हो रहे हैं। कारण यह कि वे जो गाली देते हैं और वे जो गाली नहीं देते, दोनों स्वयं धनवान बनने की उत्कट लालसा रखते हैं।

"मैं तो यह समझा हूँ कि वे जो हमें गालियाँ देते हैं, धनवान बनने की इच्छा तो रखते हैं, परंतु बनने की योग्यता नहीं रखते और वे जो कुछ न समझते हुए चकाचौंध हो रहे हैं, अपनी योग्यता से हम तक पहुँचने का यत्न कर रहे हैं।"

राजकुमारी इस कथन का अभिप्राय समझ ही रही थी कि बेयरा एक ट्रे में प्लेटें ले आया और मेज पर लगा गया। इस समय में राजकुमारी को बात समझ में आ गई और वह बोली, "हाँ, आप लोगों को शोषणकर्ता का नाम दिया जाता है।"

"मैं भी यही कह रहा हूँ। अर्थशास्त्र के प्रायः विद्वान् यह कहते हैं कि हम 'बुर्जुआ' हैं, जो अकिंचनों की मेहनत को क्रय कर स्वयं मुटिया रहे हैं। 'बुर्जुआ' उनकी भाषा में गाली है।"

"और आप क्या समझते हैं?"

"मैं तो अपने को शोषणकर्ता नहीं समझता। हम अपनी योग्यता से इस समय पाँच सौ कर्मचारियों की जीविका का प्रबंध कर रहे हैं। इस प्रकार देश के बेकारों की संख्या में पाँच सौ की कमी कर रहे हैं। वे कहते हैं कि हम उन पाँच सौ का खून चूस रहे हैं और मैं समझता हूँ कि हम उन पाँच सौ की जीने में सहायता कर रहे हैं।"

"परंतु क्या यह सत्य नहीं कि आप सबकी मजदूरी में अकारण भागीदार बनकर कोठियाँ पर कोठियाँ बना रहे हैं?"

"इतनी तो नहीं, जितनी आप कहती हैं। इस पर भी दिल्ली में हमारे दस मकान हैं। उनमें से तीस के लगभग परिवार रहते हैं। मैं समझता हूँ कि इतने परिवारों को सड़कों पर झुग्गी-झोंपड़ियों में से निकालकर दो-दो कमरे वाले क्वार्टर उपलब्ध करा रहा हूँ। इस प्रकार दिल्ली के सहस्रों झुग्गी-झोंपड़ियों में रहनेवालों में तीस की कमी कर रहा हूँ। अतः मैं अपने को और अपने पिताजी को ऐसा करते हुए एक महान् पुण्यात्मा मानता हूँ।

"कुछ दिन पूर्व मैं पिताजी को कह रहा था कि हम औसतन पाँच सौ व्यक्तियों को काम दे रहे हैं। क्या यह ठीक नहीं होगा कि हम अपने सब काम करनेवालों को रहने के मकान की सुविधा भी दें।

"पिताजी को मेरी बात पसंद आई थी और उन्होंने मुझे इस योजना के पक्ष-विपक्ष में विचार करने के लिए कहा था। मैं योजना अभी तक नहीं बना सका। जानती हैं क्यों?"

"क्यों?"

"सरकार ने मकान-मालिक और किराएदारों के संबंध में ऐसे नियम-उपनियम बनाए हैं कि मेरी योजना बन नहीं सकी।"

"मैं समझी नहीं?"

"इसीलिए मैंने कहा है कि आप धन-निर्माण पर जब शोध-कार्य करेंगी तो आपको पता चल जाएगा।"

बेयरा खाने का सामान रख गया और दोनों खाने लगे।

राजकुमारी ने फ्राइड-फिश को छुरी से काट, एक टुकड़ा काँटे से उठा, मुख में डालते हुए पूछ लिया, "तो आप मेरे इस काम को पसंद करते हैं?"

"हाँ, बहुत; मगर मैं एक बात पसंद नहीं करता।"

"क्या?"

"यह कि शोध-कार्य करनेवाला आर्थिक रूप में किसी के सामने हाथ पसारे।"

"इसमें क्या हानि है?"

"हानि है डॉ. मिश्र के स्थिर विचार, जिनके हाथ में आपके खाने-पीने के साधन होंगे। यदि आप कुछ उनके विचारों का कहीं भी उल्लंघन करने लगेंगी, बस वहीं वे आपकी छात्रवृत्ति बंद करवा देने की बात कहेंगे।

"एक बात और है। वह यह कि यह छात्रवृत्ति दो वर्ष के लिए होगी और यदि इस काल में आप किसी परिणाम पर न पहुँचीं तो आपको अधर में लटकता छोड़ छात्रवृत्ति बंद करने की धमकी हो जाएगी। इससे आपको अपने अधूरे शोध-कार्य को समेटना पड़ेगा और अधूरा कार्य दृष्टिविभ्रम भी उत्पन्न कर सकता है।"

"परंतु क्या किया जाए?"

अविनाश ने इस बात का उत्तर नहीं दिया। वह मुसकराता हुआ राजकुमारी का मुख देखता रहा।

"डॉ. मिश्र ने एक बात का संकेत किया है," राजकुमारी ने गंभीर भाव में कहा, "पहले के प्राय: रिसर्च-स्कॉलर अपने स्कॉलरशिप का काल व्यतीत होने से पहले किसी-न-किसी विश्वविद्यालय में प्राध्यापक के काम पर नियुक्त हो गए हैं और तब उस काम पर रहते हुए वे अपने शोध-कार्य जारी रख सके हैं।"

"परंतु में इसकी एक अन्य योजना पर विचार कर रहा हूँ।"

"क्या?"

"किसी टाटा अथवा डालमिया ट्रस्ट को आपके कार्य में सहायतार्थ कहा जाए।"

"यह तो डॉ. मिश्रजी के प्रस्ताव से भी घटिया होगा। मिश्रजी ने स्वत: प्रस्ताव किया है और इसमें याचना करनी पड़ेगी।"

"हाँ, यह तो है। इसका एक इलाज मैं कर रहा हूँ।"

"क्या?"

"एक शोध-कार्य मैं कर रहा हूँ और वह भी बिना किसी से छात्रवृत्ति अथवा सहायतार्थ मासिक सहायता माँगकर।"

"सच ? किस विषय पर शोध-कार्य कर रहे हैं ?"

"वर्तमान युग की चंचलता के कारणों पर।"

"कब से ?"

"जब से मैं अपने निर्वाह के लिए उपार्जन का प्रबंध कर पाया हूँ।"

"परंतु आपके निर्वाह का प्रबंध तो आपके जन्मकाल से ही था ?"

"वह तो आपका भी है। मैं समझता हूँ कि उत्पन्न होने वाले प्राय: बालक-बालिकाओं का हो जाता है। यह प्रबंध प्रकृति ने माता-पिता के हृदय में अपनी संतान के लिए मोह उत्पन्न कर संपन्न किया है।

"परंतु यह मानव-प्रकृति का प्रबंध समय पाकर ढीला हो जाता है और माता-पिता भी अपनी संतान से कहने लगते हैं कि जीविकोपार्जन का स्वतंत्र प्रबंध करना चाहिए।"

"यह तो ठीक है। मेरी माताजी ने भी संकेत से ऐसा कहा प्रतीत होता है, परंतु अंतर यह है कि आपके पिताजी ने आपके लिए जीवन-कार्य भी निर्माण कर दिया है और मेरी माताजी ऐसा नहीं कर सकीं। इसे ही हम पूर्व जन्मों का कर्मफल मानते हैं।"

"परंतु प्रकृति ने आपको भी तो सात सौ रुपए महीने का कार्य उपलब्ध करा दिया है।"

"तो यह सोम ने आपको बताया है ?"

"हाँ, वह प्राय: प्रात: के अल्पाहार के समय हमें मिलने आया करती है। आज आई और बता गई थी कि आज आप कार्यालय में काम पर जाएँगी।"

"परंतु मैं नहीं गई। मैं विश्वविद्यालय में डॉ. मिश्र से भेंट करने गई थी और वहाँ से यह प्रस्ताव लेकर आई हूँ। यहाँ चाय पर आने के समय तक मैं विश्वविद्यालय में कार्यारंभ की योजना पर विचार कर रही थी और अब चाय लेते हुए मेरे संकल्प-विकल्प की दिशा वह नहीं रही।"

"तो अब किस दिशा में विचार करने लगी हैं। सरकारी निर्माण-विभाग की ओर है क्या ?"

"उस दिशा में जाने का विचार तो कल रात ही त्याग दिया था। हमारे इंपीरियल से घर पहुँचने पर हमें पता चला कि कृष्णमूर्ति मद्य के नशे में धुत्त मुझे ढूँढ़ता हुआ हमारे घर पहुँचा था। मुझे वहाँ न देख वह बेचारी रामी को तंग करने लगा था।

"बस, इसने मेरे विचार की दिशा का कोण बदल दिया। उसके स्थान पर डॉ. मिश्र का प्रस्ताव मस्तिष्क में आ बैठा था। अब विचार करती हूँ कि शोध-कार्य का संबंध जीविकोपार्जन से पृथक् होना चाहिए।"

"ठीक है, विचार करिए। एक मार्ग मेरी माताजी ने भी आपके सम्मुख प्रस्तुत किया था।"

"हाँ, वह मार्ग तो मेरे मस्तिष्क में कल उस समय से ही उपस्थित है, जब आपकी माताजी ने कल के डिनर का निमंत्रण मेरी माँ को दे आई थीं।"

"तो उस मार्ग पर कुछ प्रगति हुई है अथवा नहीं?"

"प्रगति तो हुई है और मेरा अनुमान है कि बहुत दूर तक मार्गदर्शन हुआ है, परंतु उस मार्ग का मैं शोध-कार्य के मार्ग से विरोध नहीं समझी।"

"हाँ, विरोध तो नहीं," अविनाश ने कुछ झिझकते हुए कहा, "परंतु क्या सहचारिता नहीं है दोनों में? मेरा अभिप्राय है कि जो एक में कमी थी, वह दूसरा मार्ग पूरी नहीं कर रहा क्या?"

"मैं विचार के एक चक्रजाल में फँस गई अनुभव करती हूँ। वह यह कि विवाह क्या जीविकोपार्जन का साधन है क्या?"

"और अभी तक इस दिशा में कहाँ तक पहुँची हैं?"

"इस पर विचार करती हुई विश्वविद्यालय में पहुँची थी। मेरा आशय तो था किसी प्रकार प्राध्यापक पद का मार्ग पा जाऊँ और वहाँ शोध-कार्य के लिए छात्रवृत्ति का मार्ग पा गई।

"और अब विवाह की भाँति यह कार्य भी जीविकोपार्जन के लिए उपयुक्त प्रतीत नहीं हो रहा।"

"इस पर भी दोनों में अंतर है। एक में गाइड मिलेगा और दूसरे में पति-पत्नी का सहयोग होगा। गाइड आपके विचारों को दिशा देगा और पति-पत्नी दोनों एक-दूसरे के विचारों में सहयोग देंगे।"

"यह सहयोग की भावना तो सब स्थान पर नहीं होती। प्रायः झगड़े और अरुचिकर व्यवहार की सृष्टि होती दिखाई देती है।"

"आपका इस दिशा में कितनों का अनुभव है?" अविनाश ने मुस्कराकर पूछा।

"अनुभव तो अभी एक का भी नहीं, परंतु सुनने में आता है।"

"कुछ एक बिगड़े मस्तिष्क से लिखे उपन्यासों के पढ़ने से?"

"तो आप उपन्यास भी पढ़ते हैं?"

"हाँ, रात सोने से पहले।"

चाय समाप्त हो चुकी थी। बेयरा बिल लेकर सामने आ खड़ा हुआ था।

अविनाश ने बिल देने के लिए अपना पर्स निकाला तो राजकुमारी ने झपटकर पर्स छीन लिया और अपने ब्लाउज की जेब में रखा अपना पर्स निकाल, बिल की रकम पर

दो दस-दस के नोट निकालकर दे दिए।

अविनाश मुसकराता हुआ उसको यह सब करते हुए देख रहा था। जब बेयरा प्लेट पर दो दस-दस के नोट लिये चला गया तो अविनाशचंद्र ने कहा, "अब ठीक है।"

"क्या ठीक है?"

"यही कि आप इस गरीब जंतु के पर्स पर अधिकार जमा बैठी हैं।"

"यह अधिकार नहीं, यह तो इसको दिशा दिखाने के लिए है।"

"एक ही बात है। दिशा-दर्शन ही तो अधिकार होता है।"

"नहीं साहब! मेरा अभिप्राय यह नहीं है।" इतना कहते-कहते राजकुमारी ने अविनाश का पर्स उसके सामने रख दिया।

"तनिक देखिए भी कि इसमें कुछ है भी अथवा नहीं। इसमें यदि कुछ होगा तो उसको दिशा-दर्शन करा सकेंगी और यदि कुछ नहीं तो दिशा-दर्शन का प्रयास विफल जाएगा।"

"मैं बिना देखे भी तो इस समूचे को आपकी जेब का मार्ग दिखा सकती हूँ।"

"परंतु यह तो आपकी लूट का माल है।"

"मैं चोर-डाकू नहीं हूँ।"

"परंतु झपटी तो आप वैसे ही थीं।"

"जी नहीं, चोर-डाकू की भाँति नहीं, प्रत्युत किसी को मिथ्या मार्ग पर चलते देख उसे रोकने के लिए झपटी थी।"

"परंतु मैंने तो आपके दिखाए मार्ग को स्वीकार कर लिया है।"

"तब इसे जेब में रखिए।"

बेयरा चार रुपए पचास पैसे प्लेट में रखे हुए लेकर आया तो दोनों मेज से उठ खड़े हुए। बेयरा ने वह शेष धन जेब में डालते हुए सलाम कर दी।

सीढ़ियाँ उतरते हुए अविनाश ने कहा, "आप अब किधर चलेंगी? चलिए, मैं मोटर में छोड़ आऊँ।"

"तब मैं आपका धन्यवाद कर दूँगी।"

"तो चलिए।"

दोनों सड़क पार कर मोटर खड़ी करने के स्थान पर जा पहुँचे। अविनाश ने मोटर का द्वार खोल राजकुमारी को अगली सीट पर बैठा, स्वयं चालक के स्थान पर बैठ पूछने लगा, "तो किधर ले चलूँ?"

"जहाँ इस समय आपकी माताजी हों।"

"धन्यवाद। मैं आपको स्मगल कर वहाँ ले जाने का ही विचार कर रहा था।"

"तो आप लड़कियों को स्मगल करने का काम भी करते हैं?"
"आज पहली बार करने का विचार किया था, परंतु बात उलट हो रही प्रतीत होती है।"
गाड़ी चल पड़ी थी। राजकुमारी ने पूछ लिया, "क्या उलट हो गई है?"
"स्मगलर स्मगल्ड हो रहा प्रतीत होता है।"

: सात :

अपने पिता की कोठी पर गाड़ी पार्क कर अविनाश राजकुमारी को लेकर माँ के बैठने के कमरे में जा पहुँचा।

मालती देवी वहाँ बैठी चाय ले रही थीं। एक छोटी सी मेज पर चाय का एक प्याला सामने रखा था।

"तो तुम आ गए हो?" मालती ने दोनों को आते देखकर पूछ लिया।
बात अविनाश चंद्र ने की, "ये आपसे मिलने आई हैं।"
"तो बैठो।"

राजकुमारी मालती देवी के समीप सोफा पर बैठी तो अविनाश एक कुरसी लेकर सामने बैठने लगा।

इस पर राजकुमारी ने कहा, "मैं आपसे पृथक् में माताजी से मिलने आई हूँ।"

अविनाश खिलखिलाकर हँस पड़ा और बैठता-बैठता रुककर कमरे से बाहर निकल गया।

जब अविनाश चला गया तो राजकुमारी ने झुककर मालती के चरण स्पर्श कर कहा, "बस, यही काम था।"

मालती ने उसके गले में बाँह डाल, उसे अपने समीप कर, उसका माथा चूमकर कहा, "मैं कल तुम्हारी माताजी से मिलने आऊँगी।"

"किस समय?"

"प्रात: के अल्पाहार के समय, पर तुम्हारे यहाँ एक प्याला चाय पीते हुए बात करूँगी।"

"माँ से कह दूँगी।"
"हाँ।"
"तो अब मैं जाऊँ?"
"कैसे जाओगी?"
"आपके सुपुत्र से कहूँगी कि जैसे लाए हैं, वैसे ही छोड़ आएँ।"
"तुम मत कहो, अब मैं कहती हूँ।"

मालती ने आवाज दे दी, "अविनाश, ए अविनाश!"

अविनाश आया तो उसने कह दिया, "देखो, राज को इसकी माँ के घर छोड़ आओ और सीधे घर लौटना। तुम्हारे पिताजी तुम्हें कुछ बताने वाले हैं।"

"कहाँ हैं पिताजी?"

"काम से अभी आए थे और किसी के साथ चाय लेने चले गए हैं। इसीलिए तो चाय अकेली ले रही थी।"

"चलिए।" अविनाश ने राजकुमारी की ओर देखकर कहा।

जब मोटर भागती हुई कश्मीरी गेट की ओर जा रही थी, तब अविनाश ने कह ही दिया, "बहुत जल्दी ही माताजी से अवकाश पा गई हैं?"

"हाँ, बस इतना सा ही काम था। असली काम में तो एक सेकेंड ही लगा है।"

"क्या काम था, जो इस प्रकार समाप्त हो गया है?"

"यह मेरा और माताजी का प्राइवेट काम था। आपके जानने का नहीं है।"

"तो माताजी से पूछूँगा।"

"हाँ, यदि वे चाहें तो बता सकती हैं।"

मदरसा रोड पर सूर्यदेवी लड़की की प्रतीक्षा उत्सुकता से कर रही थीं। वह समझ रही थी कि लड़की के जीवन का निर्णयात्मक समय आ गया है और वह किधर जाती है, इससे उसके अपने जीवन में भी परिवर्तन आनेवाला था। इस बदलते काल में ही वह भविष्य को चिंता की दृष्टि से देख रही थी।

पाँच बजे चाय का समय था। वह राज के छह-सवा छह बजे तक लौट आने की आशा कर रही थी और अब सात बज चुके थे। इस समय चिंता का यही विषय था।

आखिर सवा सात बजे वह अविनाश की मोटर में लौटी। एक दृष्टि में उसने देख लिया कि लड़की प्रसन्न और संतुष्ट है। अविनाश भी उसके साथ भीतर आया था। अर्थात् दोनों में अभी तक यदि पहले से श्रेष्ठ नहीं तो पूर्ववत् संबंध तो है ही। इससे उसने भी संतोष अनुभव करते हुए अविनाश का अभिवादन किया, "आओ बेटा! क्या लोगे, चाय अथवा कॉफी?"

"माताजी! कॉफी राजजी ने पिलाई है और खूब तेज, मद्रासियों जैसी। हाँ, अब केवल जल लेने की इच्छा हो रही है। वह भी इनके मछली खिलाने के कारण हुई है।"

"ए रामी!" सूर्यदेवी ने आवाज दे दी। रामी आई तो बोली, "ताजा जल पीने के लिए ले आओ।"

रामी गई तो राजकुमारी ने अविनाश को बैठने का निमंत्रण दे दिया। दोनों बैठे तो राज ने अपनी माँ को बताया, "माताजी, इन्होंने मेरी शोध-कार्य की योजना पसंद की

है। उसमें एक थोड़ा सा संशोधन उपस्थित किया है। वह यह कि शोध-जैसा पुण्य कार्य किसी प्रकार का मूल्य लिये बिना करना चाहिए। मैं इस संशोधन को मान आई हूँ। मैं छात्रवृत्ति स्वीकार नहीं करूँगी।"

"तो कार्यालय में काम करोगी? परंतु वहाँ तो इतना समय देना पड़ेगा कि शोध-कार्य के लिए अवकाश ही नहीं पाओगी।"

"हाँ, इसी कारण उस कार्य को भी अस्वीकार करने का विचार बना लिया है।"

"तब तो ठीक है।"

"इनकी माताजी ने एक काम बताया है। उस विषय में अपनी अनुमति दे आई हूँ।"

"देखो राज! अब तुम देश के कानून से वयस्क हो गई हो। इस कारण अपना भला-बुरा विचार करने में स्वतंत्र हो और मैंने तो तुम्हें तब से ही स्वतंत्र कर रखा है, जब से तुम विश्वविद्यालय में प्रवेश पा गई थी। इससे मैं समझती हूँ कि तुम अपना जीवन-मार्ग बनाने में स्वतंत्र हो। इस पर भी मैं इतना तो जानने में रुचि रखती ही हूँ कि कहीं तुम किसी पापमय कार्य को स्वीकार न कर लो।"

"और वह क्या होता है?" अविनाश ने मुस्कराते हुए पूछ लिया, "माताजी, मैं भी इसी चक्कर में परेशान हो रहा हूँ। पाप और पुष्य की समस्या तो मेरे सम्मुख भी उपस्थित है। पिताजी एक बात बताते हैं। माताजी दूसरी बात कहती हैं और कुछ मित्र हैं, वे एक तीसरा मार्ग बताते हैं।

"इस कारण आप भी पापमय मार्ग को समझा दें तो मुझे अपना मार्ग ढूँढ़ने में सुविधा हो जाएगी।"

"इसकी चर्चा तो सरल ही है। प्राचीन नीतिशास्त्र के एक विद्वान् ने कहा है कि जो व्यवहार तुम अपने साथ पसंद नहीं करते, वह व्यवहार दूसरों के साथ प्रयोग न करो।"

अविनाश ने मुस्कराते हुए कहा, "यही बात मेरी माताजी ने भी कही थी, परंतु जब इसके संबंध में मैंने अपनी समस्या बता दी तो वे उस समस्या का सुझाव नहीं बता सकीं। मैं किसी की भी नौकरी पसंद नहीं करता। तो क्या मैं किसी को भी सेवा-कार्य न दूँ?"

"पर तुम सेवा तो करते हो। कैसे कहते हो कि तुम सेवा-कार्य पसंद नहीं करते?"

"नहीं माताजी! मैं किसी की सेवा नहीं करता।"

इस समय रामी आई और 'ट्रे' में तीन गिलास जल ले आई। उसने सबसे पहले अविनाश के सामने 'ट्रे' की तो अविनाश ने एक गिलास उठाकर जल पीने से पहले कह दिया, "मैं काम तो करता हूँ, पर वैसे ही, जैसे स्नान, भोजन इत्यादि करता हूँ। ठीक वैसे ही अपने ठेकेदारी का कार्य करता हूँ, जैसे सायं की चाय और रात का डिनर लेता हूँ, वैसे ही रात को नित्य आय-व्यय का मिलान कर लेता हूँ। मैं इसे सेवा नहीं समझता।"

"तो इसे क्या समझते हो? मेरे शब्दकोश में तो इस कार्य को भी सेवा ही कहते हैं, परंतु तुम इसे क्या समझते हो?"

"नित्य कर्म, जिसे अंग्रेजी में 'रुटीन' कहते हैं।"

"यदि किसी दिन तुम्हारा चित्त काम करने को न करे तो क्या करते हो?"

"पिताजी को बता देता हूँ और वे मेरी इच्छा को स्वीकार कर छुट्टी दे देते हैं। अभी दो सप्ताह हुए मैं उदयपुर सैर करने गया था। पिताजी ने जाने की स्वीकृति दे दी थी।"

"और यदि तुम्हारा कोई सेवक एक सप्ताह की छुट्टी अपने किसी संबंधी के विवाह पर जाने की माँगे तो क्या करते हो?"

"विवश हूँ। छुट्टी देनी पड़ती है, यद्यपि कार्य में बाधा पड़ जाने से दुःख और कठिनाई अनुभव होती है।"

"और तुम्हारे पिताजी ने तुम्हारे उदयपुर जाने पर काम में रुकावट एवं कठिनाई अनुभव नहीं की थी?"

"की होगी, परंतु मैंने राजस्थान से लौटकर कुछ दिन ओवरटाइम लगाकर काम पूरा करा दिया था। और वे कर्मचारी ऐसा नहीं कर सकते। कदाचित् करना नहीं चाहते। साथ ही पिताजी ने मेरा वेतन मेरी अनुपस्थिति के दिनों का काटा नहीं।"

"और तुमने आकर ओवरटाइम लगाकर उस न काटे वेतन का प्रतिकार दे दिया है।"

"हाँ।"

"और तुम्हारे कर्मचारी ऐसा करना नहीं चाहते, कदाचित् वे ऐसा कर नहीं सकते। इसमें कारण कुछ भी रहा हो, परंतु वे छुट्टी के दिनों का काम पीछे आकर नहीं करते?"

"नहीं।"

"और तुम उन्हें उन दिनों का वेतन नहीं देते।"

"जी।"

"तो इसमें मेरे कहे सिद्धांत का विरोध तो नहीं हुआ। यदि तुम भी छुट्टी के दिनों का रुका काम न करो और तुम्हारे पिता को कोई नवीन कर्मचारी रखकर करना पड़े तो वह तुम्हारा भी छुट्टी के दिनों का वेतन न देने का अधिकार रखते हैं।"

"यही तुम कहते हो। मैं इसे यही कहती हूँ कि जैसा तुम अपने साथ व्यवहार पसंद करते हो, वैसा ही तुम दूसरों के साथ करते जाओ।"

"परंतु माताजी, मैं तो अपना काम समझकर उसे कर देता हूँ और दूसरे हमारे काम को अपना समझकर नहीं करते।"

"और तुम उसका प्रतिकार मेरा अभिप्राय है कि उन दिनों की छुट्टी का वेतन नहीं

देते। इसमें धर्म का विरोध नहीं होता। कर्मचारी भी यह अधिकार नहीं रखते कि जैसे तुम्हें पिताजी ने छुट्टी के दिनों का वेतन दिया है, वैसे ही तुमसे भी छुट्टी का वेतन माँगें। देखो, मैंने जितनी अंग्रेजी पढ़ी है, उसके अनुसार इस व्यवहार को 'टिट फॉर टैट' कहते हैं। यह धर्म ही है।"

जल पीते हुए अविनाश को स्मरण हो आया कि माताजी ने कहा था कि पिताजी कुछ काम बताने वाले हैं, उसे जल्दी लौट आना चाहिए। अत: उसने उठते हुए कहा, "आपकी बात पर विचार करूँगा। अभी तो मुझे जल्दी घर लौटना है।"

"ठीक है, परंतु अविनाश! तुम वही कर रहे हो, जो मैंने कहा है। कारण यह कि बुद्धि से विचार कर किया कर्म धर्म ही होता है।"

अविनाश ने गिलास सामने सेंटर टेबल पर रखा और हाथ जोड़ माँ-बेटी को नमस्कार कर चल दिया।

: आठ :

अविनाश गया तो सूर्यदेवी ने पूछा, "हाँ, अब बताओ। क्या कर आई हो?"

"अपने विचार से ठीक ही कर आई हूँ। ये श्रीमान कहते थे कि जीविकोपार्जन और ज्ञानवर्धन के कार्य एक-दूसरे से स्वतंत्र होने चाहिए। इस कारण मैं रेस्तराँ से इनकी माताजी को मिलने चली गई थी और वहाँ उनसे जीविका की गारंटी ले आई हूँ।"

"कैसे ले आई हो?"

"उनके चरण-स्पर्श करके।"

"और वह चरण-स्पर्श का अर्थ समझ गई हैं क्या?"

"मुझे तो यही समझ में आया है। वह कह रही थीं कि कल प्रात: के अल्पाहार के समय आपसे मिलने आएँगी। परंतु यह श्रीमानजी कहते थे और मैं भी अब यही समझती हूँ कि विवाह सेवा-कार्य नहीं है। इस पर भी जीविका की गारंटी है। इस कारण यह प्रबंध कर आई हूँ और शोध-कार्य भी करूँगी। मैं कल से ही वहाँ भी कार्य आरंभ कर दूँगी।"

"और छात्रवृत्ति?"

"वह और सरकारी निर्माण विभाग की सेवा दोनों अस्वीकार कर दूँगी। दोनों में बंधन प्रतीत हुआ है।"

"भला छात्रवृत्ति लेने में क्या बंधन है?"

"यह इन्होंने ही बताया है कि छात्रवृत्ति में यह शर्त होती है कि डॉ. मिश्र के मार्गदर्शन में शोध-कार्य के लिए डेढ़ सौ रुपए मासिक छात्रवृत्ति मिलेगी। इसका अभिप्राय यह है कि यदि मुझमें और डॉ. मिश्र में किसी विषय पर मतभेद हो गया तो मेरा शोध-कार्य रुक

जाएगा और छात्रवृत्ति भी बंद हो जाएगी। मुझे इनके इस कथन में सच्चाई अनुभव हुई है। वैसी कोई बात अपनी सास के साथ मिलकर कार्य करने में नहीं होगी।"

सूर्यदेवी समझ गई कि यह एक मस्तिष्क की विचारित बात है। वह लड़की के अभी तक किए कार्य से प्रसन्न और संतुष्ट थी।

अगले दिन अल्पाहार के समय मालती आई और माँ-बेटी के साथ अल्पाहार लेती हुई बोली, "कल राज वहाँ कोठी पर आई थी। यह अविनाश से विवाह की स्वीकृति दे आई है। क्यों राज! मैं ठीक समझी हूँ न? तुम्हारे व्यवहार का यही अर्थ था न?"

"माताजी, आप ठीक समझी हैं और मैं भी आपके यहाँ आज आने का अर्थ यही समझी हूँ कि आप मुझे आशीर्वाद देने आई हैं।"

"हाँ, मैं यह जानने आई हूँ कि तुम्हारी माताजी का भी तुम्हारी इस स्वीकृति को आशीर्वाद प्राप्त है अथवा नहीं।"

दोनों सूर्यदेवी का मुख देखने लगीं। सूर्यदेवी कुछ भी कहने के स्थान पर उठी और भीतर जाकर एक रेशमी रूमाल में नारियल और छुआरे बाँधकर ले आईं। इसके साथ उसने एक सौ एक रुपया शकुन के रूप में मालती के समक्ष रखकर हाथ जोड़ दिए।

मालती ने शकुन माथे से लगा, अपने सामने रखकर कह दिया, "मैंने रात अविनाश के पिताजी से इस विषय पर विचार कर लिया है। किसी सार्वजनिक स्थान पर आप और हमारे संबंधी एकत्र होकर विवाह की रस्म पूरी कर लेंगे और वहाँ से हम इंपीरियल होटल के रिसेप्शन हॉल में चले जाएँगे। वहाँ अविनाश के पिता मित्रों और संबंधियों को भोज देंगे।

"बस, विवाह के रीति-रिवाज समाप्त हो जाएँगे। तदनंतर पति-पत्नी अपना स्वतंत्र जीवन चलाएँगे।"

"एक छोटा सा भोज मैं भी देना चाहती हूँ।"

"यदि आप चाहें तो भोज जब दंपती हनीमून से लौटकर आएँगे तो यहाँ घर पर अथवा जहाँ आप चाहें, दे सकेंगी।"

"और विवाह की रस्म?"

"वह जहाँ आप चाहें, हमें स्वीकार होगा। इस पर भी हम, मेरा अभिप्राय है कि अविनाश के माता-पिता यह पसंद करेंगे कि किसी मंदिर अथवा सार्वजनिक स्थान पर हो तो ठीक है।"

"तब ठीक है। दिन आप बताइए और मैं विवाह-संस्कार के लिए कोई सार्वजनिक स्थान निश्चय कर बता दूँगी।"

"हाँ, वहाँ से ही हम लड़की को रिसेप्शन के लिए ले जाएँगे।"

"तो दिन निश्चय कर सूचित कर दीजिए। मैं यत्न करूँगी कि होटल इंपीरियल के समीप ही कोई स्थान विवाह-संस्कार के लिए मिल जाए।"

मालती देवी अभी गई ही थी कि डाकिया दस बजे की डाक में भारत सरकार के निर्माण विभाग के मुख्य सचिव का पत्र दे गया।

इसमें नियुक्ति-पत्र था। राजकुमारी ने पत्र खोलकर पढ़ा और फिर अपनी माताजी को दिखा दिया। सूर्यदेवी ने पत्र पढ़ा और बिना किसी प्रकार की सम्मति प्रकट किए लड़की को दे दिया। लड़की ने ही कहा, "मैं कल इस विषय में अपनी अस्वीकृति लिख भेज दूँगी।"

"हाँ, मैं भी यही ठीक समझती हूँ।"

"और मैं आज पुन: विश्वविद्यालय में जाकर डॉ. मिश्रजी से कह आना चाहती हूँ कि मैं बिना छात्रवृत्ति के शोध-कार्य करूँगी।"

"मैं समझती हूँ कि अभी कुछ दिन ठहरो। वहाँ से शोध-कार्य की स्वीकृति आने दो।"

"माँ! शोध-कार्य की स्वीकृति की आवश्यकता नहीं। स्वीकृति चाहिए दो बातों की। एक गाइड की और दूसरे छात्रवृत्ति की। मैं चाहती हूँ कि छात्रवृत्ति के अतिरिक्त गाइड की सहायता मिलती रहे और यदि यह मिल गई तो कार्य आरंभ कर दूँगी। यदि मेरा डॉ. मिश्र के विचारों से सामंजस्य रहा, तब मैं अपने प्रबंध पी-एच.डी. के लिए दे दूँगी, अन्यथा शोध-कार्य को ग्रंथ के रूप में स्वयं छपवा दूँगी।

"और यदि इस बीच में विश्वविद्यालय में प्राध्यापक का कार्य मिल गया तो?"

"तो उसे भी स्वीकार करूँगी, परंतु अवैतनिक रूप में। मैंने यह निश्चय कर लिया है कि बौद्धिक कार्य और सेवा, संबद्ध परस्पर नहीं होंगे।"

मालती देवी चौदह छुहारे एवं नारियल लिये घर पर पहुँची तो अविनाश और उसका पिता तथा सोम भी अल्पाहार की मेज पर बैठे बातचीत कर रहे थे। अल्पाहार तो समाप्त हो गया था, परंतु सोम से गरम-गरम विवाद चल रहा था।

सोम अल्पाहार के समय प्राय: इनकी कोठी पर आया करती थी। आज भी आई थी और पिता-पुत्र को मालती देवी के बिना बैठे देख पूछने लगी, "माताजी कहाँ हैं?"

"उनको उनकी किसी सहेली ने अल्पाहार का निमंत्रण दिया हुआ है।" शंकरदास ने बताया।

"यह होना ही चाहिए। बड़ी मछलियों को पकड़ने के लिए बड़े-बड़े जाल बिछाए जाते हैं।"

"किस मछली को पकड़ने के लिए जाल बिछाया जा रहा है?"

"एक हैं श्रीमान शंकरदासजी के सुपुत्र श्री अविनाशजी। उस दिन चंडीगढ़ वाले आए थे तो आज ये कोई और हैं। भाई साहब, ये कौन हैं?"

"नहीं बताऊँगा। ननद भाभी की निंदा करने लगेगी।"

"तो चंडीगढ़ वाली की मैंने निंदा की है?"

इस पर दोनों पिता-पुत्र हँस पड़े। सोम कुछ न समझती हुई हँस पड़ी।

"सोम बहन, किसलिए हँसी हो?" अविनाश ने पूछा।

"इसलिए कि एक चंडीगढ़ वाली शकुंतला है। दूसरे मदरसा रोड वाली राजकुमारी और अब यह तीसरी है। भाई साहब, यह कौन है?"

"यह तो माताजी आएँगी तो बताएँगी। मेरा तो मन मदरसा रोड वाली पर रीझ चुका है।"

"वहाँ से टका सा जवाब मिलनेवाला है।"

"तो तुम उससे मिली हो?"

"परसों मिली थी अपने कार्यालय में। वहाँ से उसके साथ ही उसके घर पहुँची थी। माताजी वहाँ पहले पहुँची हुई थीं। माताजी ने बताया होगा कि वहाँ क्या हुआ था?"

"नहीं, उन्होंने तो कुछ नहीं बताया।" उत्तर अभी भी अविनाश ने ही दिया।

"तो मैं बताती हूँ। उसे उस दिन सेक्रेटेरिएट में हमारे ही विभाग में सेवा-कार्य मिल गया था। कृष्णमूर्ति को तो आप जानते हैं। उसने बहुत भाग-दौड़ कर उसका नियुक्ति-पत्र बनवाया। सेक्रेटरी के हस्ताक्षर से पहले सेक्रेटरी साहब मिनिस्टर से मिलने चले गए थे। इस कारण नियुक्ति-पत्र पूर्ण नहीं हो सका।

"कल कृष्णमूर्ति लड़की को लेने गया कि यदि वह कार्यालय में आए तो नियुक्ति-पत्र वहाँ ही मिल जाएगा। लड़की नहीं आई और उसने कह दिया कि नियुक्ति-पत्र डाक से आएगा, तब ही वह उसे स्वीकार करेगी। मुझे कल सायंकाल पता चला है कि वह डॉ. मिश्र से मिलने गई थी और डॉ. मिश्र ने भाग-दौड़ कर उसको एक सौ पचास रुपए की छात्रवृत्ति के साथ शोध-कार्य के लिए स्वीकृति दिलवा दी है। भाई माहब, मैं यह समझी हूँ कि वह सरकारी सेवा को अस्वीकार कर शोध-कार्य करने लगेगी।"

"कैसे कहती हो यह?"

"उन माँ-बेटी की विशेष मानसिक दशा समझकर मैं समझती हूँ कि चंडीगढ़ वाली भी नाराज लौटी है। मदरसा रोड वाली से आप निराश होंगे और अब यह तीसरी है।"

"पर मैं तो एक ही 'किक' में गोल करने का स्वभाव रखता हूँ।"

"यह ठीक है। फुटबॉल के ग्राउंड में आप बैल-बुद्धि दिखा सकते हैं, परंतु इन लड़कियों के उद्यान में बहुत प्लेयर हैं, जो तीखे डंक रखते हैं।"

"तब तो बचकर रहना चाहिए। तुम भी तो उसी उद्यान का फूल हो।"

"मुझे कौन पूछता है?"

अविनाश कुछ बताने ही वाला था कि मालती देवी आ गईं। वह हाथ में लाल रूमाल में नारियल इत्यादि पकड़े हुए थीं।

"तो यह ले आई हो?" ठेकेदार साहब ने पत्नी के हाथ में पोटली देखकर पूछ लिया।

मालती ने पोटली और एक सौ एक रुपया पति के सामने रख दिया।

सोम ने कह दिया, "बस?"

"बस क्या?"

"यही कुछ? यह नारियल और एक सौ एक रुपए?"

"नहीं, इतना ही नहीं। इसके साथ लड़की भी तो है।"

"और वह कितने फुट ऊँची है?"

"तुमसे कुछ ऊँची ही है?" अविनाश ने मुस्कराते हुए कहा।

"कुछ नहीं, बहुत ऊँची है।" मालती देवी ने कह दिया।

"परंतु भाई साहब! आपने तो कहा था कि आप उसे नहीं जानते?"

"नहीं, मैंने यह नहीं कहा था। मेरा कहना था कि मैं नहीं बताऊँगा, नहीं तो ननद भाभी की निंदा करने लगेगी।"

"मतलब यह कि मैं भी उसे जानती हूँ।"

"परंतु निंदा तो जानने के पहले ही आरंभ कर दी है।"

"मैंने निंदा उन रुपयों की की है। लड़की के विषय में तो माताजी ने कहा है कि वह कुतुब की लाट है। नंगी नहाएगी क्या और निचोड़ेगी क्या? मैं तो इसकी चर्चा कर रही थी।"

"और तुम मुझे नंगी कब से समझने लगी हो?" मालती ने घूरकर सोम की ओर देखते हुए पूछ लिया।

सोम समझ गई कि उसने कहावत गलत कही है। कारण यह कि वह अविनाश की माताजी की उदारता का सुख-स्वाद कई बार ले चुकी थी। इससे वह अपने कथन में सफाई देने लगी, "माताजी, यह देनेवाले के विषय में कहा है। उसे कुछ तो ज्ञान होना चाहिए कि भैया की बहनें भी हैं।"

"अविनाश!" मालती ने आज्ञा के भाव में कहा, "इस भूखी बहन को पाँच सौ एक रुपए अपनी सगाई के उपलक्ष्य में दे दो।"

अविनाश वहाँ से उठा और अपने स्टडी-रूम में चला गया। इस समय सोम ने कहा, "तो राजकुमारी की माँ से शकुन लाई हैं?"

"हाँ।"

"यह तो ठीक नहीं हुआ।"

"तभी अविनाश तुम्हें बताना नहीं चाहता था। उसने ठीक ही समझा था कि तुम अपनी भाभी की निंदा करने लगोगी।"

"माताजी! मैं तो बनाई हुई बहन हूँ, अविनाशजी की जन्म की बहन से पूछ लीजिए।"

"वह कलकत्ता में है। उसे भी आज इतनी ही रकम का चेक भिजवा देती हूँ। उसकी चिट्ठी आएगी तो वह तुम्हें दिखाऊँगी।"

"और माताजी! यह भी लिखेंगी कि यह पाँच सौ रुपया अपने पास से भेज रही हैं?"

"तो ऐसा न लिखना पाप होगा?"

"ठीक है, तब जो उत्तर आएगा, बताइएगा। परंतु मैं तो कुछ और कह रही हूँ।"

"क्या?"

इस समय अविनाश हाथ में पाँच सौ एक रुपए का एक क्रॉस चेक लिये हुए आ गया।

"तो यह नंबर एक के रुपए में से दिया है?"

"हाँ, हम परिवार वाले अपने प्रयोग में नंबर दो का रुपया नहीं लाते।"

"और वे किनको देने में प्रयोग करते हैं?"

"कृष्णमूर्ति ऐंड कंपनी को देने के लिए।"

"परंतु मुझे भी तो अपने इनकम टैक्स वालों को बताना पड़ेगा कि धन कहाँ से आया है?"

"बता देना और लिख देना कि एक भाई की गिफ्ट-मनी है।"

"मैं तो समझ रही थी कि यह कोठी की शान-शौकत ब्लैक मनी से हो रही है?"

"नहीं सोम! उस धन को हम अपने प्रयोग में नहीं लाते। हम उसका प्रयोग पाप मानते हैं।"

"तो आप भी पाप-पुण्य के झगड़े में फँसे हैं?"

"सब संसार फँसा हुआ है। आज किस देश में व्हाइट और ब्लैक नहीं है।"

"रूस और चीन में नहीं है।"

"उनकी बात हम नहीं जानते। इस कारण मैं उनकी निंदा-प्रशंसा कभी नहीं करता। इतना तो कहता हूँ कि वे जो सब दुनिया से अपने मुख छुपाकर रखते हैं, अवश्य उनका मुख अति कुरूप होगा, अन्यथा छुपाने की क्या आवश्यकता है? इस पर भी मैं कभी यह नहीं कहता कि मैं जानता हूँ कि वे कुरूप हैं।"

"तो कितना खर्चा बैठ जाता होगा इतनी बड़ी कोठी और तीन-तीन मोटर-गाड़ियाँ रखने का?"

प्रथम परिच्छेद 61

"दिल्ली के किसी मंत्री की कोठी के खर्चे से कम ही है और यह खर्चा आयकर से क्षम्य नहीं, जैसा मंत्रियों का होता है।"

"आपका अभिप्राय है कि वे सब पापी हैं?"

"मैंने यह नहीं कहा। मैंने तो यह कहा है कि मैं अपनी कोठी पर खर्च किया धन आयकर वालों को दिखाता हूँ और उस धन का स्रोत भी बताता हूँ।"

"और उस धन को किस प्रकार दिखाते हैं, जो कृष्णमूर्ति ऐंड कंपनी को देते हैं?"

"उसे उसी प्रकार दिखाता हूँ, जिस प्रकार वे सरकारी अफसर अपने आय-व्यय के ब्योरे में दिखाते हैं।"

"और यह पाप नहीं?"

"कम-से-कम मेरे पेट में मरोड़ उत्पन्न नहीं करता। और सोम बहन, यह पाँच सौ एक तुम्हारे पेट में पीड़ा नहीं करेगा। तुम इसे अपने एकाउंट में जमा करा लो।"

सोम ने चेक अपने पर्स में रखा और उठ खड़ी हुई। उसने कहा, "मेरे कार्यालय जाने का समय हो गया है।"

अविनाश ने घड़ी में समय देखा तो शंकरदास ने कह दिया, "मालती! आज सायं ठीक पाँच बजे अपने 'सर्कल' नंबर एक को चाय पर आमंत्रित कर लो। सबको टेलीफोन कर देना। और देखो, अब नंबर एक के सर्कल में राजकुमारी एवं उसकी माँ भी प्रवेश पा गई हैं।"

"निर्मला नहीं आ सकेगी?"

"उसे टेलीफोन में सूचना तो भेज दो। आना चाहे तो समय है।"

सब उठे और अपने-अपने कार्य पर चल दिए।

मालती ड्राइंग-रूम में टेलीफोन के समीप बैठकर कलकत्ता निर्मला का नंबर मिलाने लगी।

शंकरदास की लड़की निर्मला अविनाश से दो वर्ष छोटी थी, परंतु उसने विवाह अपनी इच्छा से किया था। उसने हायर सेकेंडरी उत्तीर्ण कर कॉलेज की प्रथम श्रेणी में प्रवेश करते ही विवाह कर लिया था।

असम में चाय के बागों के ठेकेदार हरिचरण चक्रवर्ती के लड़के रामचरण से विवाह किए दो वर्ष हो चुके थे और निर्मला को एक लड़का हो चुका था।

जब टेलीफोन मिला तो रामचरण बोला। मालती ने अपना नाम बताकर कहा, "मैं अभी-अभी अविनाश की सगाई का शकुन लेकर आई हूँ और हम उसके उपलक्ष्य में पारिवारिक टी-पार्टी कर रहे हैं। हम आप दंपती को तथा मास्टर चक्रवर्ती को आमंत्रित कर रहे हैं।"

"और पिताजी को नहीं?"

"उनको विवाह के समय आमंत्रित करेंगे। तुम पर हमारा विशेष दावा है। इसीलिए तुम्हें दोनों बार का निमंत्रण होगा।"

"माताजी! हम आएँगे।"

"पाँच बजे से पहले पहुँचने का यत्न करना।"

"मैं हवाई जहाज से जिस भी फ्लाइट में स्थान मिला, चला आऊँगा।"

मालती ने अपने अत्यंत निकट के संबंधियों को टेलीफोन किया। परंतु सूर्यदेवी के टेलीफोन नहीं था। इस कारण घर के सेवक भगवती को पत्र लिखकर मोटरगाड़ी में भेज दिया। ड्राइवर को कह दिया, "जहाँ से मैं आई हूँ, वहाँ भगवती को ले जाओ और फिर जैसा यह कहे, वैसा करो।"

: नौ :

सोम कार्यालय में पौने ग्यारह बजे पहुँची। वह अपने आने का समय हाजिरी के रजिस्टर पर लिख अपनी सीट पर बैठी ही थी कि उसका एक सहयोगी मिस्टर रामलुभाया अपनी सीट से उठकर उसके सामने आ बैठा। सोम अविनाश चंद्र द्वारा दिया चेक डिपॉजिट फॉर्म पर लिख रही थी।

"यह क्या है?" रामलुभाया ने पूछ लिया।

"किसी ने गिफ्ट में यह रकम दी है।"

"ओह! तो तुम दूसरों से गिफ्ट भी स्वीकार किया करती हो और वह थी चेक में?"

"हाँ, देनेवाले ने चेक के द्वारा दी है, अर्थात् वह इसे अपने एकाउंट में दिखा देगा।"

"और क्या बताएगा अपने हिसाब में?"

"वह क्या लिखेगा और क्या नहीं लिखेगा, मैं नहीं जानती; परंतु मैं इसे गिफ्ट के रूप में लिख रही हूँ।"

"यह तो बहुत बड़ा 'स्कैंडल' बन जाएगा। किसी ने तुम्हें गिफ्ट में रकम दी है। उसने क्यों दी है?"

"मेरा एक भाई बना हुआ है। वह अपनी बहन को अपनी सगाई पर यह गिफ्ट दे रहा है।"

रामलुभाया चेक और डिपॉजिट फॉर्म उठाकर पढ़ने लगा। चेक पर नाम पढ़कर वह खिलखिलाकर हँस पड़ा।

सोम ने रामलुभाया के मुख पर देखते हुए चेक उसके हाथ से ले लिया और डिपॉजिट स्लिप लेकर पिन लगाकर मेज पर रखी घंटी का बटन दबा दिया। चपरासी द्वार पर कमरे के भीतर बैठा था। वह उठकर आया और सलाम कर मुख देखने लगा।

"भगवती! यह बैंक में जमा करा आओ।"

चपरासी ने चेक लिया और कमरे से निकल गया। उसके जाने के उपरांत रामलुभाया ने कहा, "इसके पिता के खिलाफ जाँच हो रही है।"

"किस बात की?"

"यही कि यह कार्यालय के अधिकारियों को धन बाँटता रहता है।"

"और यह किसी प्रकार का गुनाह है क्या?"

"बिना मतलब के धन बाँटना किसी गुनाह की प्रेरणा के लिए ही होता है।"

"यही तो पूछ रही हूँ कि किस पापकर्म की प्रेरणा देता है?"

"उसके कई काम इस कार्यालय से रहते हैं, उनको तेल देकर कामों की गति तीव्र कराने के लिए।"

"तो यह पाप है? हम सो रहे कर्मचारियों के सामने दाना डालकर हमारे काम की गति को तीव्र करना पाप है क्या?"

"अब अफसर लोग जो कुछ भी समझें।"

"वे परमात्मा हैं क्या?"

"तो तुम अब परमात्मा को मानने लगी हो?"

"नहीं, मेरे कहने का मतलब यह है कि पाप-पुण्य तो परमात्मा के घर में ही नापा-तौला जा सकता है। अब सरकार के घर में इसका नाप-तौल होगा तो वह भी परमात्मा का घर हो जाएगा।"

"ये दलीलें वहाँ नहीं चलेंगी। मैं यह कह रहा हूँ कि तुम मेरे नाम का एक चेक काटकर मुझे दो। मैं निकलवा लूँगा। यह कहकर कि तुमने मुझसे कभी उधार लिया था, वह लौटाया है और तुम अपना ऋण उतारने के लिए अविनाश से उधार माँगकर लाई हो, जो तुम प्रतिमास किस्तों में वेतन में से उतारोगी।"

सोम हँस पड़ी और बोली, "तुम्हें रुपए की आवश्यकता है क्या?"

"हाँ, यही तो कह रहा हूँ।"

"किस काम के लिए चाहिए?"

"मेरे मन में आज रात जश्न मनाने की इच्छा हो रही है। उसमें तुम्हें भी बुलाऊँगा।"

"और कौन-कौन लोग आएँगे?"

"दस प्राणी होंगे। पाँच लड़के और पाँच लड़कियाँ। जश्न का स्थान मेरा क्वार्टर होगा।"

"और तुम्हारी पत्नी उसमें सम्मिलित होगी?"

"नहीं, वह आज गाँव को गई है और तीन दिन की छुट्टी पर है।"

इस पर सोम ने कहा, "नहीं भाई राम! इस काम के लिए यह रुपया नहीं है। और मैं आज सायंकाल एक अन्य चाय-पार्टी पर आमंत्रित हूँ।"

"कहाँ?"

"जहाँ से चेक लाई हूँ।"

"वहाँ क्या है?"

"ठेकेदार शंकरदास के लड़के अविनाश चंद्र की सगाई हुई है और उसमें उनके परिवार के लोग ही सम्मिलित हो रहे हैं।"

"और तुम उनके परिवार में हो?"

"मैं अविनाशजी की बहन बनी हुई हूँ।"

"तब ठीक है। उनकी नौका तुम जैसे पत्थर से डूबेगी ही।"

इतना कह रामलुभाया उठकर अपनी मेज पर चला गया और सामने रखी फाइलों को ऊपर-नीचे करने लगा।

सोम के सामने भी फाइलों के ढेर लगे थे और वह सबसे ऊपर की फाइल खोलकर देखने ही लगी थी कि चपरासी एक चिट लेकर उसके सामने आ खड़ा हुआ। सोम ने चिट पढ़ी और चपरासी को कह दिया, "ठीक है। मैं आ रही हूँ।"

उसने वह फाइल जो खोली थी, पुनः बाँध दी और उठकर सेक्रेटरी के कमरे में चली गई। हाथ जोड़ नमस्कार कर वह सामने खड़ी हो गई। सेक्रेटरी ने बैठने को कहा। सोम बैठी तो सेक्रेटरी अपने सामने रखी फाइल में से पढ़-पढ़कर पूछने लगा।

"देखो सोम! सी.बी.आई. की ओर से कुछ जाँच-पड़ताल हो रही है। उन्होंने मुझसे कुछ पूछा है और मुझसे इसका उत्तर आज ही माँगा है।"

"श्रीमान! आप सी.बी.आई. के अधीन हैं क्या?"

सेक्रेटरी विचार करने लगा। आखिर बोला, "नहीं, मैं उस महकमे के अधीन तो नहीं, परंतु मैं अपने मिनिस्टर साहब के अधीन तो हूँ ही। उनके प्रश्नों का ही उत्तर देना है। इनमें से कुछ तुम्हारे विषय में हैं?"

"हाँ, पता करिए।"

"तुमने सन् 1974 में गर्भपात कराया था?"

"हाँ।"

"तुम्हारा विवाह नहीं हुआ तो वह गर्भ किसका था?"

"गर्भ बिना विवाह के नहीं ठहर सकता। इस कारण गर्भ-स्थिति के समय में विवाह हो चुका था। मैं अपने उस समय के पति का नाम नहीं बताना चाहती।"

"किसलिए?"

"इसलिए कि पूछनेवाला अपने अधिकार से कुछ अधिक पूछ रहा है। मैं इस बात के जानने का उसका अधिकार नहीं समझती।"

"तुमने अपने सेवा-कार्य की याचिका में अपने को अविवाहित लिखा है?"

"जी! उस समय हमारा विवाह-बंधन टूट चुका था।"

"गर्भपात में तुम्हारा अस्पताल का बिल एक हजार चालीस रुपए बना था। यह तुमने कहाँ से दिया था?"

इस प्रश्न पर सोम एक क्षण झिझकी। फिर बोली, "मेरे एक सहपाठी थे। उनका नाम अविनाश चंद्र है। वे मेरे भाई बने हुए हैं। उन्होंने वे रुपए दिए थे।"

"तो यह गर्भ अविनाश चंद्र का था?"

"मैंने यह नहीं कहा। न ही मेरे कहने का यह अर्थ निकलता है।"

"अब तुम्हारा बैंक-बैलेंस क्या है?"

"वह आप बैंक के मैनेजर को लिखकर पूछ सकते हैं। मुझे ठीक-ठीक स्मरण नहीं। मैं अभी अपनी पास-बुक बैंक में भेज देती हूँ और आने पर आपको बता दूँगी। यदि बहुत जल्दी है तो सीधे मैनेजर को लिखकर मँगवा लीजिए।"

"तुम्हें आपत्ति नहीं?"

"जी नहीं।"

"तो ठीक है। इस कागज पर हस्ताक्षर कर दो और हम बैंक के मैनेजर को लिख देंगे।"

"पहले लिख दीजिए। पीछे हस्ताक्षर करूँगी।"

विवश सेक्रेटरी ने अपने स्टेनो को बुलाकर बैंक के मैनेजर के नाम एक पत्र लिखवाया और फिर नीचे लिखवा दिया—"मुझे आपत्ति नहीं।" फिर उसके नीचे सोम को हस्ताक्षर करने को कहा। जब सोम ने हस्ताक्षर कर दिए तो सेक्रेटरी ने कहा, "तुम जा सकती हो।"

सोम यह विचार करती हुई कि यह क्या है और क्यों है, आई और अपनी मेज पर आकर बैठ गई। इस समय चपरासी वह डिपॉजिट फॉर्म, जिस पर बैंक की मुहर लगी थी, ले आया। सोम ने रसीद देखी और अपने पर्स में रख ली।

उसे समझ आया कि रामलुभाया किसी प्रकार की जाँच की बात कर रहा था। उससे ही शेष जानकारी प्राप्त करनी चाहिए।

वह जाकर रामलुभाया की मेज पर जा बैठी। जब रामलुभाया ने उसके मुख पर प्रश्न-सूचक दृष्टि से देखा तो सोम ने पूछा, "तुम अभी किसी जाँच के विषय में कह रहे थे न?"

"हाँ, मैं देख रहा था कि तुम सेक्रेटरी साहब के कमरे में गई थीं। क्या पूछा है तुमसे?"

"बताती हूँ। पहले तुम बताओ कि क्या तुमसे भी पूछगछ हुई है?"

"हाँ, तभी तो तुमको कह रहा था।"

"क्या पूछा था?"

"तब ही बताऊँगा, जब तुम आज की मेरी चाय-पार्टी में आने का वचन दो।"

"आज नहीं। किसी अन्य दिन आऊँगी। आज अविनाशजी की सगाई पर निमंत्रण है।"

"तो बात पक्की रही?"

"हाँ।"

"दस की पार्टी होगी और खर्चा उस पाँच सौ में से होगा।"

"चाय-पार्टी, कॉकटेल पार्टी नहीं?"

"कॉकटेल पर तो दस का खर्चा एक हजार हो जाएगा।"

"इसीलिए तो कह रही हूँ कि पाँच सौ के भीतर ही होनी चाहिए।"

"तो सुनो, आज मैं जब यहाँ पहुँचा, तो चपरासी ने बताया था कि साहब कई बार मेरे विषय में पूछ चुके हैं।

"मैं बैठा नहीं, खड़ा-खड़ा ही सेक्रेटरी साहब के कमरे में जा पहुँचा। उन्होंने शंकरदास का नाम लेकर पूछा, 'इस व्यक्ति को जानते हो?'

"मैंने कहा, 'जी, वे यहाँ के विख्यात ठेकेदारों में से हैं।'

"इस पर सेक्रेटरी साहब ने आगे पूछा, 'सुना है, उनका लड़का कार्यालय में बहुत आता-जाता है?'

"मेरा उत्तर था, 'काम से सब ठेकेदार आते हैं। वह भी बिना काम के कभी देखा नहीं गया।'

"'क्या रिश्वत की रकम देने आना भी काम है?'

"मैंने कह दिया, 'यह तो साहब, लेनेवाला जाने और देनेवाला जाने। वैसे शंकरदास का लड़का अविनाश जब भी आता है, सीधा आपसे मिलता है। वह हम लोगों से तो बात भी नहीं करता।'

"इस पर सेक्रेटरी साहब ने कहा, 'मैं सबके बैंक खाते देखूँगा कि उनके खातों में कितना-कितना रुपया है।'

"'ठीक है, देखिए।' मैंने कहा।

"तब वह मुझसे पूछने लगा, 'तुम्हारा किस बैंक में हिसाब है?'

"मैंने बता दिया, 'मेरी बीवी के बैंक में। तनख्वाह के दिन वह मुझसे सब रुपया ले लेती है और दो रुपए रोज प्रातः दे देती है।'

"इस पर श्रीमान पूछने लगे, 'तुम्हारी पत्नी का खाता किस बैंक में है?'

"जहाँ तक मुझे ज्ञात है, किसी में भी नहीं। वह कहती है कि मेरा वेतन पच्चीस तारीख को समाप्त हो जाता है।'

"'कितना वेतन मिलता है?'

"मैंने बताया, 'बोनस इत्यादि कटकर साढ़े छह सौ मिलते हैं, जिसमें से दो सौ रुपए मकान का भाड़ा देता हूँ।'

"इस पर सेक्रेटरी ने कहा, 'जाओ, काम करो।'

"मैं बाहर आया तो तुम आ गई थीं। इस कारण मैं तुम्हें बताने गया था और तुम पाँच सौ का चेक जमा कराने भेज रही थी। इसी से मैंने कहा था कि जाँच हो रही है।"

सोम अभी भी इस जाँच का कारण नहीं समझ सकी। वह उठकर अपनी मेज पर काम करने लगी। मध्य-अवकाश के समय कृष्णमूर्ति आया। इसके अधीन कुछ स्थानों पर कुछ निर्माण-कार्य चल रहा था। वह अपनी मोटरगाड़ी में उन सब स्थानों पर चक्कर काटकर कार्यालय में आया था। उस समय सोम कैंटीन में चाय लेने गई हुई थी। कृष्णमूर्ति वहीं आ गया। बेयरा को अपने लिए भी चाय और बिस्कुट लाने के लिए कहकर वह सोम के पास बैठ गया। उसने आते ही पूछा, "राजकुमारी आई है अथवा नहीं?"

"कार्यालय में तो नहीं आई।"

"उसे आज नियुक्ति-पत्र तो मिल गया है। पहले तो यह लड़की और इसकी माँ सेवा-कार्य की बहुत लालसा कर रही थीं और जब मिली तो वे दोनों इससे कुछ उदासीन प्रतीत होती हैं।"

"मैं समझती हूँ कि वह सरकारी नौकरी अस्वीकार कर देगी।" सोम ने मुस्कराते हुए कहा।

"माँ-बेटी दोनों मूर्ख होती जा रही हैं।"

"मैं समझती हूँ कि उसे इस कार्यालय से बढ़िया काम मिल गया है।"

"क्या?"

"मुझे आज ही पता चला है कि उसकी सगाई शंकरदास के सुपुत्र अविनाश से हो गई है।"

"ओह!"

"परंतु वहाँ वह सगाई रह सकेगी क्या, कहना कठिन है। लड़की की माँ निपट निर्धन है। मैं जानती हूँ कि अविनाश वासनाभिभूत हो रहा है। उसकी माँ भावुक प्रकृति

की है। वह समझती है कि एक निर्धन परिवार की लड़की को घर लाएगी तो वह उसकी सेवा-शुश्रूषा बहुत भलीभाँति करेगी।

"और मैं अविनाश चंद्र की बहन, बहनोई और अन्य संबंधियों को जानती हूँ। वे इस निर्धन की लड़की से संबंध पसंद नहीं करेंगे। आज सायंकाल ही झगड़े की आशंका कर रही हूँ। सगाई के उपलक्ष्य में सायंकाल चाय-पार्टी है, जिसमें शंकरदास के संबंधी आनेवाले हैं। कदाचित् लड़की और लड़की की माँ भी वहाँ आएँगी।"

कृष्णमूर्ति को इस सुंदर लड़की को कार्यालय में लाने की योजना असफल होती दिखाई दी तो वह कुछ निराशा अनुभव करने लगा।

सोम ने बात बदल दी। इस समय तक चाय आ गई थी और अब कृष्णमूर्ति भी चाय की चुस्कियाँ ले रहा था। सोम ने पूछा, "मैंने सुना है कि शंकरदास के विरुद्ध किसी प्रकार की जाँच हो रही है?"

"हाँ, मुझे विदित है। मेरी अभी सेक्रेटरी साहब से बातचीत हुई है। मैंने तो उसे कह दिया है कि इस ठेकेदार का रिकॉर्ड इतना साफ है कि किसी प्रकार का केस बन नहीं सकेगा। परंतु आज वह मुझसे पूछ रहा था कि अविनाश से मुझे मासिक क्या मिलता है?"

"वह मूर्ख है। मैं समझता हूँ कि उसके विरुद्ध कुछ भी केस नहीं बन सकता। यदि उसने कुछ जाँच चलाई तो वह जाँच हम लोगों के विपरीत हो जाएगी। ठेकेदार के विपरीत नहीं हो सकेगी।"

बात यहीं समाप्त हो गई।

सायंकाल चार बजे सोम बस पर सवार होकर सफदरजंग रोड पर अविनाश चंद्र के पिता की कोठी पर जा पहुँची। उसके विस्मय का ठिकाना नहीं रहा, जब उसने निर्मला और उसके पति रामचरण को कोठी के बरामदे में बैठे अविनाश से बातें करते देखा।

"ओह!" सोम ने कहा, "तो आप माताजी के बुलाने पर आए हैं अथवा पहले ही आने का कार्यक्रम बना हुआ था?"

"प्रात: साढ़े नौ बजे के लगभग माताजी का टेलीफोन आया था। उसी समय मैं हवाई जहाज के दफ्तर जाकर दो बजे के प्लेन से सीटें रिजर्व करवा आया था। अब हम यहाँ हैं।" निर्मला के पति ने बताया।

अब निर्मला ने पूछ लिया, "परंतु सोम बहन! तुम्हारी डोली कब जाएगी?"

"जब माताजी किसी डोली ले जानेवाले का प्रबंध करेंगी। बहनजी, आप तो जानती हैं कि मेरे माता-पिता सबकुछ यही हैं।"

"तो ऐसा करो, दो दिन के लिए कलकत्ता आ जाओ और मैं तुम्हारे हाथ रंगीन कर यहाँ वापस भेज दूँगी।"

"परंतु," अविनाश चंद्र ने बातों में हस्तक्षेप करते हुए कहा, "माताजी कहा करती हैं कि सोम का विवाह, पति को कामरेड मिलने के अतिरिक्त अन्य किसी प्रयोजन से नहीं हो सकता। इसने संतान-निरोध के लिए ऑपरेशन करा रखा है।"

"तब तो कठिन है। कोई किसी भी कारण से विवाह करे, वह इसका संतान-फल तो चाहता ही है। अपने जीजाजी से पूछो कि गुल्लू के होने पर इनको कितनी प्रसन्नता हुई थी?"

गुल्लू निर्मला के लड़के का नाम था। वह इस समय एक वर्ष का था। सोम ने पूछ लिया, "तो उसे भी लाई हो?"

"हाँ, माताजी ने उसे भी निमंत्रण दिया था।"

इस समय शंकरदास के दोनों भाई और उनकी पत्नियाँ तथा चार बच्चों को लादे हुए मोटरगाड़ी आ गई। वे निर्मला और रामचरण से मिलने लगे तो सोम और अविनाश में पृथक् बातें करने का अवसर मिल गया।

सोम ने कहा, "भाई साहब! आज एक बुरी खबर लेकर आई हूँ।"

"क्या?"

"पिताजी के कारोबार के विषय में जाँच आरंभ हो गई है।"

"मुझे ज्ञात है।"

"क्या हुआ है?"

"हमारे डेढ़ लाख से ऊपर के बिल दो महीने से पेंडिंग पड़े हैं। आपका सेक्रेटरी मिस्टर सरकार उसके लिए तीस हजार रुपए माँगता है। मैंने उसे कहा था कि जो आपके कार्यालय द्वारा नियत है, वह जब चेक मिलेगा, उसी समय दे दिया जाएगा। वह पंद्रह हजार बनता है। उसने कहा है कि इमरजेंसी में नियम बदल गए हैं।"

"वाह!" सोम के मुख से निकल गया।

अविनाश मुस्कराया और बोला, "यह जो कुछ हो रहा है, उस पाप में हम भागीदार नहीं बनेंगे।"

"और आप सब पुण्य ही करते हैं क्या?"

इस पर अविनाश हँस पड़ा। वह हँसते हुए कहने लगा, "पाप-पुण्य का हमारा अपना मापदंड है। परंतु यहाँ पाप-पुण्य का विवाद नहीं है। उस क्षेत्र में हम सब कानूनी और गैर-कानूनी उलझन में फँस गए हैं।"

"वह उलझन क्या है?"

"देखो, राज आ गई है। उसकी माँ भी है। फिर किसी समय बताऊँगा।"

"मुझे तो वहाँ की बात जानकर चिंता लग रही थी।"

"अब फिर काम करेंगे। चिंता मत करो। अंत में विजय मेरी होगी। मैं जब भी ग्राउंड में पहुँचता हूँ। यह ठेकेदारी भी मेरे लिए प्ले-ग्राउंड ही है। मैं विपक्षियों को हराऊँगा, विश्वास जानो।"

बातें करते हुए दोनों मोटरगाड़ी से उतरती हुई राजकुमारी और सूर्यदेवी की ओर चल पड़े थे। वे दोनों भी मोटरगाड़ी से उतरकर कोठी के बरामदे की ओर आ रही थीं।

मालतीदेवी कोठी के दूसरे कक्ष में थीं। उधर चाय-पार्टी का प्रबंध हो रहा था। आनेवाले मेहमान इधर बरामदे में बैठे थे।

प्रात: लगभग दस बजे घर के सेवक भगवती को मालती ने सूर्यदेवी के नाम एक पत्र देकर घर की गाड़ी में भेजा था। भगवती को यह आदेश था कि वह मोटर के साथ सूर्यदेवी की सेवा में रहे और सायंकाल पाँच बजे से पूर्व उनको यहाँ ले आए।

इसी आदेश को लेकर भगवती मदरसा रोड वाले मकान में पहुँचा था। उस समय तक राजकुमारी विश्वविद्यालय में डॉ. मिश्र से मिलने जा चुकी थी।

सूर्यदेवी ने भगवती की दी गई चिट्ठी पढ़ी। उसमें लिखा था—

"अविनाश के पिता अपने लड़के की सगाई की सूचना अपने निकटस्थ संबंधियों को देने के लिए उनको चाय-पार्टी दे रहे हैं। साथ ही वे उनसे लड़की का परिचय कराने के लिए आप और राजकुमारी को भी इस पार्टी में सम्मिलित होने का निमंत्रण दे रहे हैं।

"आपको आने में कष्ट न हो, इस कारण यह मोटर दिन भर आपकी सेवा में रहने के लिए भेज रही हूँ। इसी में आप ठीक पाँच बजे राजकुमारी सहित यहाँ आने का कष्ट करें।"

इस निमंत्रण के मिलने पर सूर्यदेवी ने एक क्षण तक ही मन में विचार किया और फिर सेवक से पूछ लिया, "तुम्हारा नाम क्या है?"

"माताजी, भगवतीप्रसाद।"

"कहाँ के रहनेवाले हो?"

"उत्तर प्रदेश, जिला गोंडा के किशनगंज गाँव का।"

"अच्छा, भोजन अभी करोगे अथवा एक बजे? क्या नियम है तुम लोगों का? मैं अभी गाड़ी में बाजार और विश्वविद्यालय जा रही हूँ। तुम्हारी सुविधानुसार ही कार्यक्रम बनाना चाहती हूँ।"

"माताजी! भोजन का प्रबंध हमारा है। आप काम बताइए।"

सूर्यदेवी ने कहा, "तब ठीक है। तुम लोग यहाँ बैठो, मैं अभी तैयार होकर तुम्हारे साथ चलने के लिए आती हूँ।"

: दस :

विश्वविद्यालय में राजकुमारी डॉ. मिश्र से मिलने गई थी। डॉ. साहब श्रेणी को पढ़ा रहे थे, इस कारण वह उनकी प्रतीक्षा में उनके कमरे में ही बैठ गई। वहाँ उसे बैठाकर चपरासी ने कहा, "डॉक्टर साहब आपके विषय में क्लास में जाने से पूर्व पूछ रहे थे।"

"मुझे उन्होंने बताया नहीं था कि किस समय उनसे मिलने आऊँ, इस कारण कुछ देरी हो गई है। वैसे मैं अपने विचार में समय से पहले आ गई हूँ।"

"तो आप बैठिए।"

आधा घंटा प्रतीक्षा करनी पड़ी। पीरियड समाप्त हुआ तो डॉक्टर साहब अपने नोट्स की फाइल बगल में दबाए हुए, वहाँ आ पहुँचे।

"तो तुम आ गई हो? मैं तुम्हारी पौने दस बजे तक प्रतीक्षा करता रहा था। तुम्हारे इस निर्णय पर कि तुमने 'डॉक्टरेट' करने का निश्चय किया है, मुझे बहुत प्रसन्नता हुई थी। मैं कल ही उपकुलपतिजी से मिला था और उन्होंने कहा है कि प्रतिवर्ष छह तक छात्रवृत्तियाँ मेरे अधिकार में हैं। इस वर्ष अभी एक भी नहीं दी।

"इस कारण उन्होंने तुम्हारे नाम की आज्ञा लिख दी है।"

इतना कह मिश्रजी ने अपनी मेज की दराज में से एक लिफाफा निकालकर राजकुमारी के सामने रख दिया। लिफाफा खुला ही था। राजकुमारी ने पत्र निकालकर उसी समय पढ़ लिया। उस पत्र में राजकुमारी को दिल्ली विश्वविद्यालय में सोशियोलॉजी के किसी विषय पर, जो वह अपने गाइड से निश्चय करे, शोध-कार्य करने की अनुमति थी। साथ ही दो वर्ष के लिए एक सौ पचास रुपए मासिक की छात्रवृत्ति मिलने की स्वीकृति थी।

पत्र को लिफाफे में डाल, अपने पर्स में रखते हुए राजकुमारी ने कहा, "मैं इस पत्र का उत्तर, मेरा अभिप्राय है कि आपको तथा उपकुलपतिजी को धन्यवाद तो लिखकर भेजूँगी। परंतु एक बात, जो मैं विशेष निवेदन करना चाहती हूँ, वह मैं अभी आपको बता देना चाहती हूँ।

"मैं शोध-कार्य तो करना स्वीकार कर रही हूँ, परंतु डेढ़ सौ रुपए की छात्रवृत्ति स्वीकार नहीं करूँगी।"

"क्यों?"

"केवल इसलिए कि इस ज्ञानवर्धन के कार्य में माँ कुछ भी प्रतिकार लेना पसंद नहीं करती।"

"परंतु इसका तुम्हारी माँ से क्या संबंध है?"

"डॉक्टर साहब! संबंध तो मुझसे है। इस शोध-कार्य से कोई संबंध नहीं। वह नहीं चाहती कि इस कार्य के प्रतिकार में एक भी पैसा किसी से लिया जाए।"

"तो तुमने जो कल जीविका की बात कही थी, वह गलत थी क्या?"

"नहीं डॉक्टर साहब! वह ठीक थी, परंतु माँ ने कहा है कि उसके लिए कुछ अन्य प्रबंध किया जाएगा। इस काम के लिए मैं छात्रवृत्ति अस्वीकार कर दूँ।"

"तो क्या कोई दूसरा प्रबंध कर लिया है?"

"वह माँ कर रही है।"

"देखो राजकुमारी! यदि शोध-कार्य के लिए कहीं पढ़ाने इत्यादि का कार्य स्वीकार किया तो शोध-कार्य में बाधा पड़ेगी।"

"माँ को भय है कि कहीं शोध-कार्य मेरे जीवन-लक्ष्य में ही बाधक न हो जाए।"

"और वह क्या है?"

"वही, जो प्रत्येक शोधकर्ता का होता है—सत्य की खोज करना।"

"परंतु मैंने तो तुम्हारे लिए जो विषय विचार किया है, वह है धन का स्रोत ढूँढ़ना। इसका सत्य के साथ क्या संबंध है?"

राजकुमारी पहले ही दिन अपने गाइड से विवाद में नहीं पड़ना चाहती थी। इस कारण वह बोली, "सब शोध-कार्य सत्य की खोज में ही होते हैं।"

"देख लो। यहाँ ऐसे भी लोग हैं, जो शोध-कार्य बिना छात्रवृत्ति के कर रहे हैं। इस कारण तुम भी उनमें एक हो सकती हो।"

"धन्यवाद! मैंने इस विषय में अभी कुछ विचार किया है। मैं चाहती हूँ कि मुझे विश्वविद्यालय पुस्तकालय के प्रयोग के लिए एक कार्ड दिलवा दीजिए तो मैं आज ही कार्य आरंभ कर दूँगी।"

डॉ. मिश्र अभी पुस्तकालय-अध्यक्ष के नाम पत्र लिखने ही लगा था कि सूर्यदेवी अविनाश की गाड़ी में डॉक्टर साहब के कार्यालय के बाहर आ खड़ी हुई। डॉक्टर साहब के कमरे में बैठी हुई राज ने गाड़ी बरामदे के बाहर खड़ी होते देखी और उसमें से माँ को उतरते देखा तो विस्मित रह गई।

माँ ने द्वार के बाहर खड़े चपरासी से डॉ. मिश्र के विषय में पूछा और फिर उसी कमरे की ओर चली आई, जहाँ राजकुमारी बैठी थी और डॉ. मिश्र पुस्तकालय-अध्यक्ष के नाम पत्र लिख रहा था।

माँ ने कमरे के द्वार पर खड़ी होकर पूछा, "मैं भीतर आ सकती हूँ?"

राजकुमारी उठ खड़ी हुई। डॉक्टर ने मेज पर से गरदन ऊपर उठाई तो राज ने कह दिया, "मेरी माताजी हैं।"

प्रथम परिच्छेद 73

डॉक्टर ने उठकर सूर्यदेवी का स्वागत करने के लिए हाथ जोड़ लिये।

सूर्यदेवी ने हाथ जोड़कर नमस्ते की और कहा, "घर पर राज की आवश्यकता अभी पड़ गई थी। इस कारण मैं इसे लेने आ गई हूँ।"

"तब ठीक है। राज! तुम कल आना और यह पत्र मैं तैयार रखूँगा। मैं समझता हूँ कि कल से ही कार्य आरंभ कर देना चाहिए।"

"जी! मैं कल आज से जल्दी आऊँगी और कार्य आरंभ कर दूँगी।"

राजकुमारी डॉक्टर साहब से छुट्टी लेकर माँ के साथ मोटर में आ बैठी। उसने पूछा, "तो यह सफदरजंग रोड से गाड़ी मुझे लेने आई है।"

"हाँ, मगर अभी नहीं। अभी तो यह हमारी वहाँ जाने की तैयारी के लिए दिन भर हमारे पास रहेगी।"

"किस बात की और क्या तैयारी करनी है?"

"चलो, बताती हूँ।"

वहाँ में दोनों ग्रिंडले बैंक की कनॉट प्लेस की ब्रांच को चल पड़ीं। सूर्यदेवी ने बैंक से दो सहस्र रुपए निकलवाए और बीस डिब्बे मिठाई के ऑर्डर कर दिए। मिठाई तीन बजे लेने के लिए आने को कह वे बाजार चली गईं और बाजार का काम समाप्त कर अपने घर लौट आईं।

इस प्रकार भाग-दौड़ कर अपने सबसे बढ़िया वस्त्र पहनकर दोनों माँ-बेटी पाँच बजकर पाँच मिनट पर सफदरजंग रोड पर जा पहुँचीं।

अविनाश ने राजकुमारी और उसकी माता का स्वागत किया और उनको लेकर वह बरामदे में बैठे निर्मला इत्यादि अभ्यागतों में ले आया।

"निर्मला, यह देखो तुम्हारी भाभी हैं, और यह इनकी माताजी हैं।"

सोम ने उठकर राजकुमारी की बाँह में बाँह डालकर उसे निर्मला के पास ले जाकर बैठा दिया।

"तो तुम इसे पहले से जानती हो?" निर्मला ने पूछा।

"पहले से क्या मतलब?" सोम ने सतर्क होकर पूछ लिया। फिर उसने कहा, "नहीं, उस दिन ही इनका परिचय मिला है, जिस दिन इनका भैया से परिचय हुआ था।"

"यह कब की बात है?"

"आज से पाँच दिन पहले की बात है। कन्वोकेशन में इनको अपने विभाग में रिकॉर्ड तोड़ने का स्वर्णपदक मिला था। बस भैया ने सवर्णपदक पानेवाली को पसंद कर लिया। मैं भी अपनी 'डिग्री' का डिप्लोमा ले लौट रही थी कि इनसे भेंट हो गई।"

"हाँ," निर्मला ने मुस्कराते हुए कहा, "वह मछलियाँ पकड़ने का बहुत अच्छा अवसर होता है।"

"कौन अवसर?" निर्मला के पति ने पूछ लिया। वह सोम और निर्मला में हो रहे वार्त्तालाप को सुन रहा था।

राज चुपचाप दोनों में हो रहे नोक-झोंक को सुनकर उसका अर्थ समझ रही थी। उसने देखा था कि निर्मला को यह सुनकर संतोष हुआ था कि उसकी भाभी सोम से पूर्व की परिचित नहीं है। यह संतोष निर्मला के मुख पर स्पष्ट दिखाई दिया था।

अब निर्मला के पति ने पत्नी में पूछा तो निर्मला ने मुस्कराते हुए कह दिया, "विश्वविद्यालय के समारोह में।"

इस पर दोनों हँस पड़े। वस्तुस्थिति यह थी कि निर्मला को भी पति मिला था— विश्वविद्यालय के एक संगीत-नृत्य समारोह में। इसे स्मरण करके ही वे हँसे थे।

अब मालती आई। वह सब अभ्यागतों को भीतर ले गई, जहाँ चाय इत्यादि का प्रबंध था।

भगवतीप्रसाद वह मिठाई, जो सूर्यदेवी लाई थी, उठाकर भीतर ले गया था, यहाँ सबकी चाय का प्रबंध था।

एक-एक किलो मिठाई के बीस डिब्बे सूर्यदेवी लाई थी और प्रत्येक डिब्बे के साथ इक्कीस-इक्कीस रुपए शकुन के लिफाफों में रखे हुए थे।

साथ ही सवा तोले की एक स्वर्ण-अँगूठी अविनाश के लिए लाई थी। अँगूठी में अकीक का एक पत्थर लगा था।

यह सब उसने मालती को दिया। साथ ही वह एक चाँदी की कटोरी में पिसा हुआ चावल और केसर लाई थी। सबके बीच में राजकुमारी ने अविनाश को तिलक लगाया, फिर उस पर चावल लगाकर एक डिब्बे में से एक मिठाई निकालकर उसके मुख में डाल दी।

सबने बधाइयाँ दीं। जब सगाई की रस्म समाप्त हुई तो चाय-पार्टी होने लगी।

सूर्यदेवी के पीछे खड़े भगवतीप्रसाद की ओर देखा तो वह एक कपड़े में बँधी एक थर्मस और एक डिब्बा मिठाई का ले आया। वह सूर्यदेवी ने खोलकर अपने सामने रख लिया। उसने थर्मस में से गरम-गरम चाय निकाली। जब वह डिब्बे में से मिठाई निकालकर खाने लगी तो सब उपस्थिति जन हँसने लगे।

"बहनजी, हमें अछूत समझकर हमारे घर का खाना नहीं खा रहीं।" मालती ने कहकर सूर्यदेवी के व्यवहार पर व्यंग्य कसा।

सब एक बड़ी सी मेज के चारों ओर खड़े थे।

प्रथम परिच्छेद

सूर्यदेवी ने कहा, "यदि आपको अछूत मानती तो आपके साथ बैठे हुए यह कैसे खा सकती थी? असल बात यह है कि मैं एक सामाजिक धर्म का पालन कर रही हूँ। वह यह कि लड़की के घर का खाना मेरे लिए वर्जित है।"

"क्या लड़की के घर का खाना पाप है?"

"खाना तो पाप नहीं, परंतु समाज ने कुछ नियम बना रखे हैं। उन नियमों का उल्लंघन करने से अव्यवस्था फैलती है और वह अव्यवस्था ही पाप है।"

"इसमें कौन सी व्यवस्था भंग होती है?" अविनाश का प्रश्न था।

"देखिए, मैं समझाती हूँ कि नित्य स्नान करना धर्म है। हम सब यह मानते हैं, परंतु शरीर की सफाई के अतिरिक्त भी इसका एक गुण है, वह यह कि स्नान इंद्रियों को शांत कर देता है, जिससे चित्त भगवत्-भजन में लग सकता है। परंतु जिनको चित्त की एकाग्रता और भगवत्-भजन की आवश्यकता नहीं, उनके लिए प्रातः स्नान केवल सफाई का साधन ही रह जाता है। यह भी धर्म है, यद्यपि बहुत ही हीन गुण वाला है।

"यही बात लड़की के घर में न खाने की है। कई लोग इसे लड़की का नाम वसूल करने के तुल्य समझते हैं। यह भी ठीक है। ऐसा करना अधर्म है, परंतु मैं इसे किसी अन्य दृष्टि से भी देखती हूँ, वह है समाज में अव्यवस्था उत्पन्न करने का भय। इसी कारण मैं लड़की के घर का खाना पाप समझती हूँ।

"लड़की के घर से कुछ लेना लाभ-हानि के विचार से अधर्म होते हुए भी पाप नहीं होता। परंतु समाज में अव्यवस्था उत्पन्न करना तो महान् पाप है।"

"परंतु जो आपने इतना कुछ दिया है, वह अव्यवस्था उत्पन्न करना नहीं है?"

"इस देने से क्या अव्यवस्था हो सकती है? मुझे समझ में नहीं आया।" सूर्यदेवी ने पूछा।

"यह आप विवशता में दे रही हो सकती हैं।"

"अर्थात् मेरी इतनी सामर्थ्य नहीं, जो मैं दे रही हूँ।"

सूर्यदेवी के इस प्रश्न पर सब मौन हो गए। सूर्यदेवी ने ही बात आगे चलाई। उसने कहा, "जब से राज के पिता का देहांत हुआ है, तब से ही मैं अपनी आय और व्यय में अंतर रखकर, कुछ इसके विवाह पर खर्च करने के लिए पृथक् रख रही थी। पच्चीस रुपए महीना पिछले बीस वर्ष से और फिर उस पर ब्याज, सब मिल-मिलाकर इस खाते में आठ हजार से ऊपर है। उसमें से मैंने दो हजार आज निकलवाया है और इसमें से पंद्रह सौ से कुछ ऊपर ही व्यय किया है। शेष विवाह के अवसर पर व्यय करने के लिए रखा है। इस पर भी यह लड़की को विवाह के अवसर पर देने के लिए नहीं है। विवाह पर तो इसका शरीर, इसके मन और इसकी बुद्धि में, जो मैंने संचय होने में सहायता दी है, वह

इसके पति को भेंट में मिलेगा। यह आठ हजार मैंने अपने मन की प्रसन्नता के लिए इस हर्ष के समय पर व्यय करने का निश्चय किया था।"

"परंतु आपकी देखादेखी आपसे भी निर्धन यह सब, प्रत्युत इससे कुछ अधिक करने का यत्न कर सकते हैं। यह समाज के साथ पाप नहीं हो जाएगा?" अविनाश का प्रश्न था।

सूर्यदेवी चाय की एक चुस्की लगाकर, अपने दामाद के कथन का अर्थ समझकर, मुख प्याले से ऊपर उठाकर बोली, "मैंने किसी को विवश नहीं किया कि वह मेरा अनुकरण करे। मैंने यह कुछ इतना बड़ा प्रलोभन भी उपस्थित नहीं किया, जो संसार के अमीरों के मन में लोभ उत्पन्न कर सके। इस प्रश्न पर भी यदि कोई लड़की का मूर्ख पिता अपनी सामर्थ्य और वित्त-स्थिति का मिथ्या अनुमान लगाकर, कष्ट उठाकर और घर का लोटा-डोरी बेचकर लड़केवालों को देता है तो उसके लिए मैं कैसे उत्तरदायी हो सकती हूँ? मेरा यह देना किसी प्रकार से भी पाप-पुण्य से संबंध नहीं रखता। परंतु उस मूर्ख पिता का व्यवहार और यदि लड़केवाले माँगने लगें तो उनका व्यवहार पापमय हो जाएगा। परंतु अविनाशजी! उनके पाप-पुण्य का उत्तरदायित्व मुझ पर नहीं है।"

इस पर निर्मला ने एक प्रश्न उपस्थित कर दिया, "मौसीजी! कानून से दहेज देना वर्जित है।"

"देखो बेटी, मैं कानून नहीं पढ़ी। इस पर भी मैं इतना जानती हूँ कि यदि मैं चौराहे पर खड़ी होकर धन की वर्षा करने लगूँ तो संसार का कोई कानून मना नहीं कर सकता। शर्त केवल यह है कि धन मेरा अपना हो और मैं स्वेच्छा से उसकी, आने-जानेवालों पर वर्षा करूँ, विवश होकर नहीं।"

"इसमें कोई दोष नहीं है।" सूर्यदेवी ने साथ ही कह दिया, "परंतु कुछ ईश्वरीय नियम हैं, जिनका मैं उल्लंघन नहीं कर सकती। उनका उल्लंघन करना पाप होगा।"

"और लड़की के घर का खाना," शंकरदास के भाई सर्वोत्तम ने हँसते हुए पूछ लिया, "ईश्वरीय नियमों से वर्जित है?"

"हाँ, स्त्री, जिनमें लड़की की भी गिनती है, को कुछ लेकर देना वर्जित है। यह पुरुष को इतना कुछ देती है कि पुरुष जन्म-जन्मांतर तक भी उसका प्रतिकार नहीं दे सकता। उससे और लेना तो महापाप हो जाएगा।"

"परंतु बहनजी!" अब मालती ने कह दिया, "आप भी तो स्त्री-जाति की हैं और स्त्री स्त्री से तो ले सकती है?"

"हाँ, परंतु इस समय मैं राज के स्वर्गीय पिता की स्थानापन्न हूँ। यह समझिए कि

राज का पिता ही अपने घर से बनी चाय लाकर पी रहा है।" इतना कहते-कहते सूर्यदेवी की आँखें डबडबा आईं।

शंकरदास ने बात बदल दी। उसने कहा, "मैंने आज अपने पंडितजी से राय की है और वह कहते हैं कि विवाह आगामी रविवार को सायं छह बजे हो। मुझे अभी-अभी लड़की ने बताया है कि यदि हम आर्यसमाज हनुमान रोड के मंत्री को समय पर बता दें तो विवाह वहाँ पर हो सकेगा।

"विवाह-संस्कार आठ बजे समाप्त होगा। वहाँ से सब अभ्यागत इंपीरियल होटल में रात का खाना खाएँगे। इसके उपरांत का कार्यक्रम अविनाश और उसकी पत्नी स्वयं बनाएँगे।"

"क्यों बहनजी?" मालतीदेवी ने सूर्यदेवी को संबोधन कर पूछ लिया, "है स्वीकार?"

"मुझे आर्यसमाज के पुरोहितजी से पूछना होगा।"

"वहाँ टेलीफोन है। आप अभी पूछ सकती हैं।"

सूर्यदेवी ने आर्यसमाज मंदिर का फोन मिलाया और रविवार के दिन विवाह-संस्कार के लिए स्थान का आरक्षण करा लिया। उसने मंत्री को कह दिया कि कल आकर वह इसका शुल्क जमा करा जाएगी।

☐

द्वितीय परिच्छेद

विवाह होने के उपरांत अविनाश और राजकुमारी दो सप्ताह के लिए दार्जिलिंग चले गए।

उनको विदा कर सूर्यदेवी अपने भावी जीवन के विषय में विचार करने लगी। वह घर में अकेली रह गई थी। उसके बड़े भाई ने कहा था कि उसकी लड़की सुखदेवी उसके पास आकर रह सकती है, परंतु वह भाई के इस प्रस्ताव को स्वीकार नहीं कर सकी। सुखदेवी की आयु उस समय छब्बीस वर्ष की थी और उसने विवाह नहीं किया था। वह नई दिल्ली की एक फर्म में अकाउंटेंट के रूप में सेवा-कार्य करती थी और सात सौ रुपए महीना वेतन पाती थी।

सूर्यदेवी की मति में जो लड़की अथवा लड़का बीस से पच्चीस वर्ष में विवाह नहीं करता, उसमें अवश्य कुछ दोष होता है। दोष शरीर में हो सकता है अथवा उसकी मानसिक अवस्था में भी हो सकता है।

शारीरिक दोष के लिए तो चिकित्सा की आवश्यकता होती है, परंतु मानसिक दोष का कारण शिक्षा-दीक्षा है।

सुखदेवी के इतने काल तक अविवाहित बैठे रहने से वह उसे किसी दोष से ग्रसित मानती थी। यही कारण था कि वह उस लड़की को अपने पास रखने के लिए तैयार नहीं हो रही थी।

राजकुमारी को गए अभी चौबीस घंटे भी नहीं हुए थे कि सायंकाल पाँच बजे के लगभग सूर्यदेवी अपनी बुआ से मिलने आई। सूर्यदेवी ने उससे पूछा, "आओ सुखिया! मुझसे मिलने आई हो?"

सूर्यदेवी ने रामी को आवाज देकर कह दिया, "देखो, आज बढ़िया चाय और पकौड़े बना लाओ।"

सुखदेवी ने कहा, "बुआ! भूख तो खूब लगी है। इस पर भी तुमने 'आज' शब्द पर बल दिया है। इसका क्या प्रयोजन है? आज क्यों?"

"यह बताओ, कितने दिन के बाद मिलने आई हो?"

"अभी तो परसों राजकुमारी के विवाह पर मिली थी?"

"वह तो तुम राज से मिलने आई थीं और कदाचित् उसके पति को देखने आई थीं। मुझसे मिलने कितने दिन के उपरांत आई हो?"

सुखदेवी विचार करने लगी कि उन दिन से पूर्व वह कब आई थी। वास्तव में उसे स्मरण नहीं था। इस पर सूर्यदेवी ने कहा, "मैं बताती हूँ। यह पिछले वर्ष जुलाई की बात है। राज का परीक्षाफल निकला था और तुम 'हिंदुस्तान टाइम्स' पत्र लेकर राज के उत्तीर्ण होने का समाचार देने आई थी। परंतु तुम्हारे आने से पूर्व यह समाचार राज विश्वविद्यालय से लेकर आ चुकी थी। इस पर भी मैंने तुम्हारा धन्यवाद किया था और तुम्हारा मुँह मीठा कराया था।"

"हाँ बुआ, याद आ गया। वास्तव में मुझे यहाँ आने का अवकाश ही नहीं मिलता। कार्यालय के काम से थककर, घर जाकर लेटी रहती हूँ।"

"मौसी!" द्वार में प्रवेश करते हुए सोम ने पुकारा।

"ओह! तो तुम भी आ गई हो?" उसने रामी को आवाज दे दी, "रामी, एक मेहमान और आ गया है।"

"मेहमान नहीं, मौसी की लड़की।" सोम ने रामी को संबोधन कर ऊँची आवाज में कह दिया।

सोम स्वयमेव कुरसी समीप कर उस पर बैठकर बोली, "इस बहनजी को विवाह के अवसर पर देखा था। मौसी, यह राज की क्या लगती हैं?"

"यह राज के मामा की लड़की है। आज हमें छह-सात महीने के उपरांत मिलने आई है। मैं इससे पूछ रही हूँ कि इस सौभाग्य का क्या कारण है?"

सुखदेवी को अपनी बात कहने का अवसर मिल गया। उसने कहा, "बुआ, पिताजी ने कहा है कि तुम राज को विदा कर अकेली अनुभव करती हो, इस कारण मुझे अब तुम्हारे साथ रहने का स्वभाव बनाना चाहिए।"

"परंतु तुम तो राज से चार वर्ष बड़ी हो। तुम विवाह कर अपने पति के साथ क्यों नहीं रहती?"

"मुझे अभी तक कोई पसंद नहीं आया।"

"कोई देखा है तुमने? तनिक मुझे और अपने पिता को भी दिखा देतीं, जिससे हम देख सकते कि तुम्हारी दृष्टि में दोष तो नहीं है?"

सोम हँस पड़ी। सुखदेवी सोम के मुख पर घूरकर देखने लगी तो सोम ने तुरंत कह दिया, "बहनजी! मैं आपकी बात पर नहीं हँसी। मैं तो मौसी के कथन पर हँसी हूँ।"

सूर्यदेवी ने पूछा, "तो मैंने कुछ हँसने वाली बात कही है?"

"हाँ मौसी! विवाह के लिए सुंदर-असुंदर नहीं देखा जाता।"

"तो क्या देखा जाता है?"

"कार्य-कुशलता। जो कार्य-कुशल होते हैं, उनकी गोदी में तो हम ऐसे जा बैठती हैं, जैसे चुंबक के पास लोहा चला जाता है।"

"तो इसे कोई चुंबक नहीं मिला? यही कह रही हो?"

"नहीं मौसी, इनमें लौहत्व नहीं है। चुंबक तो यहाँ दिल्ली में कई हैं।"

"और तुम किसलिए कटी पतंग की तरह घूमती हो?"

"इस कारण कि मैं संतान में विश्वास नहीं रखती। इस कारण मैं भी लौहत्व-हीन हूँ।"

सोम के विषय में अविनाश ने सूर्यदेवी को कुछ बताया था। वह इस समय उसके विषय में बात बदलकर सुखदेवी से पूछने लगी, "हाँ, बताओ सुखिया! तुम्हें सुख देनेवाला कोई नहीं मिला?"

"बुआ, तुम ठीक कहती हो। मिला होता तो मेरा भी राज की भाँति विवाह हो चुका होता।"

"तो ऐसा करो। अपनी आँखों और शरीर की चिकित्सा कराओ। तब मैं तुम्हें अपने घर में रखूँगी और फिर घर से तुम्हारा डोला जाता हुआ देखने का सौभाग्य प्राप्त करूँगी।

"बुआ! इन दोनों बातों में कुछ संबंध है क्या?"

"हाँ! यह इस कारण कि मैं लड़की को पराए घर की अमानत मानती हूँ। यदि वह अपने पिता के घर में बैठी-बैठी बूढ़ी हो जाए तो माता-पिता भारी पाप के भागी होते हैं।"

"तो मौसी," सोम ने कह दिया, "इसके लिए भी कोई अविनाश ढूँढ़ दो। बेचारी का उद्धार हो जाएगा।"

अब हँसने की बारी सूर्यदेवी की थी। उसने कहा, "यह उद्धार तो अविनाश ने स्वयं किया है। परंतु यदि वह न मिलता तो मैंने भी उसके लिए एक घर सोचा था। पहले वह मैंने इसके पिता को भी बताया था। वह कहते हैं कि इसने स्वीकार नहीं किया।"

"परंतु बहन सुखिया भी तो सम्मति देने का अधिकार रखती हैं! ये सज्ञान हैं और इन पर कोई बल प्रयोग नहीं कर सकता।"

"परंतु यह तो बल प्रयोग कर सकती है। इसे कोई इस कार्य के लिए मिला नहीं। यही पूछ रही हूँ कि क्यों?"

"बुआ, तो मैं क्या कहूँ पिताजी से?"

"पहले चाय पी लो। तब कहना कि बुआ ने कैसे पकौड़े खिलाए हैं और चाय पिलाई है। बिना इस बात को बताए मेरा उत्तर स्वादिष्ट नहीं लगेगा।"

चाय आई तो तीनों पीने लगीं। पनीर के पकौड़े बने थे। रामी ने सब सामान सामने सेंटर-टेबल पर रखकर पूछ लिया, "माताजी, और कुछ बनाऊँ?"

"हाँ, अपने लिए बना लो।"

चाय पीते हुए सूर्यदेवी ने सोम से पूछ लिया, "तुम आज इधर किस प्रयोजन से टपक पड़ी हो?"

"प्रयोजन विशेष है। अविनाशजी ने जाते हुए कुछ कहा था। उसके अनुरूप ही आई हूँ। परंतु पहले इन बहनजी को बता लीजिए कि ये अपने पिताजी से जाकर क्या कहें। मैं तो इनके जाने के उपरांत ही अपना संदेश देने का विचार रखती हूँ।"

"तो वह किसी प्रकार का पापकर्म है, जिसको छुपाने की आवश्यकता है?"

"परंतु माताजी, क्या पापकर्म छुपाकर रखने पर प्रतिबंध है?"

"परंतु वे तो छुप सकते नहीं, किसी-न-किसी समय प्रकट होते ही हैं?"

"तो यह पुण्यकर्म भी, जिनके विषय में मैं आई हूँ, अपने समय पर प्रकट हो ही जाएगा।"

"तो उसके प्रकट करने में मुझ पर प्रतिबंध नहीं होगा?"

"मैं तो आपकी बच्ची समान हूँ। भला मैं आप पर प्रतिबंध लगानेवाली कौन हूँ? यह तो मैं अपने पर प्रतिबंध लगा रही हूँ।"

"तब ठीक है। मैं तो अपने विषय में ही पूछ रही हूँ।" वास्तव में सूर्यदेवी सोम की बात मानने पर विवश हो गई थी। वह सर्वथा युक्तियुक्त थी।

जब तीनों चाय एवं पकौड़ों से पेट भर चुकीं तो सुखदेवी बुआ के उत्तर की प्रतीक्षा करने लगी। उसने कहा, "देखो सुखिया! भैया से कहना कि मैंने अभी निश्चय नहीं किया कि मैं दिल्ली में रहूँगी अथवा कहीं अन्यत्र। इस निश्चय के उपरांत ही मैं विचार करूँगी कि मेरे साथ रहने के लिए किसी की आवश्यकता है अथवा नहीं, और फिर उस रहनेवाले के लिए मेरी क्या शर्त है? इन सबका निर्णय राज के अपने भ्रमण से लौट आने पर ही हो सकेगा।

"यह है तुम्हारे प्रश्न का उतर। हाँ, अब तुम बताओ कि विवाह क्यों नहीं करती?"

"बुआ, मैं इसकी आवश्यकता अनुभव नहीं करती।"

"इसमें कारण जान सकती हूँ क्या? यह अनिच्छा दो कारणों से हो सकती है। एक यह कि बिना बताए विवाह कर रही हो और दूसरा यह कि तुम किसी शारीरिक अथवा मानसिक रोग से ग्रसित हो। यह स्वाभाविक ही है कि युवक-युवतियाँ विवाह करें, जैसे यह स्वाभाविक ही था कि इस समय तुम चाय और पकौड़े खाओ।"

"मुझे अभी उस वस्तु की भूख नहीं?"

"कितनी आयु है तुम्हारी?"

"इस समय छब्बीस वर्ष की हो चुकी हूँ।"

"तो तुम्हें मंदाग्नि है विवाह संबंधी कार्य की। तब भैया से कहना कि मैंने कहा है कि तुम्हारे यहाँ आने से पहले तुम्हारी इस मंदाग्नि की चिकित्सा होनी चाहिए।

"मैं किसी'''देखो, मुझे अंग्रेजी का शब्द भूल गया है, जो कुँआरी बूढ़ी औरतों के लिए प्रयोग किया जाता है, वैसी औरत को मैं अपना जीवन-साथी नहीं बनाना चाहती।"

सुखदेवी तो पहले ही बुआ के साथ आकर रहना पसंद नहीं करती थी, परंतु अब उसे इस प्रकार की अस्वाभाविक शर्तें करते देख बोल उठी, "तो बुआ, अब मैं चलती हूँ। तुम्हारी शर्तें जब पालन करने की सामर्थ्य होगी तो मैं यहाँ रहने आ जाऊँगी।" इतना कहकर वह बुआ को हाथ जोड़ नमस्कार कर चल दी।

सोम बुआ-भतीजी में इस प्रकार का कटु वार्त्तालाप सुन अवाक् बैठी रह गई। जब सुखदेवी चली गई तो सूर्यदेवी ने पूछा, "अब तुम बताओ?"

"मौसी! पहले यह बताओ कि तुमने इस बेचारी को इतने कटु वाक्य किसलिए कहे हैं?"

"इस कारण कि कदाचित् तुम्हें भी कटु वाक्य कहने पड़ें तो तुमको दुःख न हो। देखो सोम! पुण्य की बात अति कठोर प्रतीत होती है। पाप बहुत मीठा होता है। इस कारण आजकल की युवतियाँ वही सुनना चाहती हैं। यह मुझे पसंद नहीं। विवाह के समय मेरी वय इक्कीस वर्ष की थी। मेरी विवाह की इच्छा तो मुझमें तेरह वर्ष की वय से प्रस्फुटित होने लगी थी। परंतु सोलह वर्ष की आयु में तो फूट-फूटकर अंग-अंग से निकलने लगी थी। मेरा चित्त न पूजा-पाठ में लगता था, न पढ़ने-लिखने में। जब मैं हायर सेकेंडरी में फेल हुई तो मैंने पढ़ाई छोड़ दी।

"मैं आज इन सबका कारण विचार करती हूँ तो मैं उस समय के मनोद्गारों को स्वाभाविक ही मानती हूँ। जैसे सोया हुआ भूखा व्यक्ति स्वप्न में भी स्वादिष्ट भोजनों को आगे-पीछे देखता है, वैसा ही मैं विवाह-कर्म को स्वप्नों में देखने लगी थी। मैं आज अनुभव करती हूँ कि वह पापकर्म था।"

"परंतु इसकी चिकित्सा क्या थी?"

"यह मुझे किसी ने बताई नहीं। इस कारण मैं मानसिक पापकर्म में लिप्त रही। मेरे सोलह वर्ष की वयस् से इक्कीस वर्ष की वयस् तक का समय विचित्र था। मैं शरीर से स्वस्थ और मानसिक कल्पनाओं के करने में अति कुशल थी। इससे उन दिनों के मानसिक दुराचार का व्यवहार अत्यंत पापमय था। इस कारण तुम सब युवतियों को इस पापमय कर्म से बचाने की बात कहती रहती हूँ। विवाह के उपरांत मैंने इन पाँच वर्षों की

अपने मन की अवस्था जब राज के पिता से कही तो वे बोले कि 'लगभग यही अवस्था मेरी भी थी।' पुरुष तो एक प्रकार से मानसिक दुराचार कर अपने शरीर को शांत कर सकते हैं, परंतु जो कुछ उन्होंने बताया है, वह मैं लड़कियों के विषय में अति कठिन और घृणित समझती हूँ।

"इस कारण मैं अपनी विवाहित अवस्था को अति पुण्यमय समझकर इसमें रत हो गई थी और मैंने अपने पति को राज रूपी पुरस्कार दिया। दुर्भाग्य से राज के पिता मोटर दुर्घटना में स्वर्गवास कर गए। परंतु तब तक चार वर्ष का विवाहित जीवन व्यतीत हो चुका था। भीतर की अग्नि बहुत हद तक शांत हो चुकी थी और फिर मेरा पूजा-पाठ मेरे मन के संतुलन को ठीक बनाए रखने में सहायक होता रहा था। परंतु तुम लड़कियाँ क्या करती हो? मैं जब कल्पना करती हूँ तो तुम सब का जीवन पापमय समझती हूँ।"

"परंतु मौसी! यह देश के कानून से तो वर्जित नहीं।"

"पाप-पुण्य मनुष्य निर्मित कानून से निश्चय नहीं होते। कानून अपराधों की गणना करता है। पाप अपराध से भिन्न वस्तु है।"

"यही बात तो मेरी समझ में आई नहीं। राज के शकुन के दिन अविनाश भैया के घर पर चाय लेते हुए भी तुमने कुछ ऐसा ही कहा था। अविनाश के पिताजी ने कहा था कि अब तो लोग लड़की के घर खाने को बुरा नहीं मानते। कानून ने भी जब लड़की और लड़के में भेद नहीं रखा तो फिर लड़की के घर का खाने में संकोच नहीं होना चाहिए।"

"हाँ," सूर्यदेवी ने कहा, "ऐसा राज के श्वसुर ने कहा था। परंतु वह बेचारा जानता नहीं कि अपराध और पाप में अंतर होता है। देखा, मैं समझती हूँ। महात्मा गांधी कानून भंग करते थे। वे अपराध तो करते थे, परंतु वह पाप नहीं था। एक आततायी द्वारा बनाए कानून का विरोध अपराध तो होता है, परंतु वह पुण्य भी हो सकता है।

"यही मेरे कहने का अर्थ था। कानून ने लड़के-लड़की को बराबर कर दिया है। इस कारण लड़कियों को लड़के के बराबर माननेवाले अपराध तो नहीं करते। परंतु पाप में कारण मैंने बताया है। जब लड़कियों को लड़कों के बराबर समझकर उनसे रोटी कमाने के लिए सेवा करने को कहा जाता है तो मेरे विचार में पाप किया जाता है।

"लड़की इस कार्य के लिए नहीं बनी। उससे वह काम लेना, जिसके लिए वह नहीं बनी, भले ही कानून से स्वीकृत हो, पर ईश्वरीय नियम से पाप है।"

सोम को पाप और अपराध में अंतर समझ में आने लगा था। इस पर भी वह अभी एक बात नहीं समझी थी। उसने वह बात पूछ ली, "मौसी, तो तुम समझती हो कि लड़की पुरुष की भोग सामग्री के लिए बनी है और इस कर्म को करती हुई वह पुण्य-कर्म करती है?"

"नहीं, मेरा यह अभिप्राय नहीं है। विवाह इस कारण नहीं किया जाता। भोजन भूख शांत तो करता है, परंतु इसका कार्य भूख शांत करने के अतिरिक्त भी है। अब हमने चाय पी है। यह इस कारण कि दिन भर काम करने से भूख लग आई थी, परंतु यह चाय और पनीर के पकौड़े इत्यादि क्या भूख शांत करने से उपरांत निरर्थक हो गए हैं? ऐसा नहीं है। यह शरीर में हो रहे ह्रास को पूरा करने के लिए कार्य करने लगे हैं।

"इसी कारण वासना की भूख किसी अन्य कार्य की प्रेरणा के लिए ही है। वह काम मैंने राज को जन्म देकर किया था। जैसे शरीर में नित्य होने वाले ह्रास की पूर्ति पकौड़े अब शरीर में कर रहे हैं और रात भर करते रहेंगे, वैसे ही संतान सूत्र में ह्रास की पूर्ति के लिए राज का जन्म आवश्यक था। वास्तव में यही पुण्य कार्य था। इसके लिए ही स्त्री जाति का निर्माण हुआ है और इसका विरोध जो भी करता है—सरकार, समाज और माता-पिता, सब पाप के भागी होते हैं।

"युवक-युवतियाँ तो बड़ों के द्वारा दी जा रही शिक्षा से प्रेरित होकर ये पापकर्म कर रहे हैं। इस कारण माता-पिता दुहरे पापकर्म में दबते जा रहे हैं।"

सूर्यदेवी के इस विश्लेषण पर सोम गंभीर विचार में मग्न हो गई।

: दो :

"हाँ, अब बताओ, किसलिए आज यहाँ आने का कष्ट किया है?"

"मैं आज यहाँ रहना चाहती हूँ।"

"किसलिए?"

"अपनी जान बचाने के लिए।"

"क्या मतलब?"

"यह समझाने के लिए ही बहन सुखिया के जाने की प्रतीक्षा में थी और उसी की भूमिका में यह प्रश्न पूछा था कि अपराध और पाप में क्या अंतर है?

"इसे समझकर बताती हूँ। आज रात, मुझे भय है कि पुलिस मेरे घर में छापा डालने वाली है। हमारे दफ्तर में कुछ खिचड़ी पक रही है। उस खिचड़ी में मेरा नाम भी है। इस इमरजेंसी के काल में जो कुछ भी हो जाए, वह कानून से क्षम्य है। मैं आज अपने घर में पुलिस से बचने के लिए कहीं छुप जाना चाहती हूँ। यह आज के कानून से अपराध हो सकता है, इस पर भी मैं समझती हूँ कि यह एक पुण्य-कर्म होगा।

"मौसी, अब तुम्हारी अपराध और पाप की विवेचना सुनकर, तुमसे एक अपराध कराने का प्रस्ताव कर रही हूँ, परंतु वह पाप नहीं होगा।"

"कुछ और व्याख्या से कहो तो मैं समझ सकूँगी। और यदि समझ में आया कि

तुम्हारा पुलिस से बचाना पुण्य है तो फिर अपनी सामर्थ्य से तुम्हारी सहायता करूँगी।"

"हाँ, बात यह है कि अविनाशजी के पिता के विपरीत कार्यालय में जाँच हो रही है। मैंने अविनाशजी और उनके पिता को बताया है। उनका कहना है कि कानून की दृष्टि में वे अपराधी नहीं हैं। इस कारण उनको कुछ भय नहीं।

"उनकी जाँच-पड़ताल में मेरे बैंक के खाते की भी जाँच हो रही है। मेरे बैंक खाते की सर्टिफाइड नकल मँगवाई गई है। उसमें दो चेक अविनाशजी ने मुझे दिए हैं—एक पाँच सौ एक रुपए का और दूसरा, एक हजार रुपए का। यदि मुझसे उस विषय में सफाई माँगी गई तो मैं दे दूँगी, परंतु आज सेक्रेटरी के कमरे में हलचल देखकर मुझे भय लग रहा है कि आज की इमरजेंसी की अवस्था में सफाई का अवसर ही नहीं जाएगा और मैं जेल में भेज दी जाऊँगी।

"इस पर भी मैं जेल जाने से भयभीत नहीं हूँ। वह तो कल मैं कार्यालय में भी पकड़ी जा सकती हूँ। भय है पुलिस का रात में मेरे कमरे में आना। वह मेरे साथ दुर्व्यवहार भी कर सकती है?"

"परंतु यदि तुम्हारे पकड़े जाने के वारंट हुए तो क्या करोगी?"

"कल मजिस्ट्रेट के सम्मुख उपस्थित होकर, सीधी जेल में जाने का यत्न करूँगी। वह स्थान पुलिस से अधिक सुरक्षित होगा। यहाँ मैं इस कारण आई हूँ कि मेरा यहाँ होना किसी की भी समझ में नहीं आ सकता।"

"तो ठीक है, रहो। मैं इसमें अभी तक किसी प्रकार का पाप नहीं समझी। मैं तुम्हारे और सरकार के बीच परदा नहीं हूँ। हाँ, तुम्हारे और पुलिस के भीतर दीवार बन सकती हूँ। यदि तुम्हारे वारंट हुए तो तुम्हें कल मजिस्ट्रेट के सम्मुख उपस्थित होकर अपने को सरकार के हवाले कर देना चाहिए। और यदि चाहोगी तो अपने एक संबंधी वकील को तुम्हारे साथ कोर्ट में भेज सकती हूँ।"

"यह कल सुबह देखूँगी।"

सोम रात सूर्यदेवी के घर पर रही। यह रहना डर के मारे था कि पुलिस के लोग रात के समय उसके कमरे में आएँगे तो उसके साथ अनाचार भी कर सकते हैं।

परंतु जब वह सूर्यदेवी के शयनागार में सोई तो अपनी जीवन-कथा सुनाने लगी, "मौसी, तुम्हारी पाप-पुण्य की व्याख्या ने मुझे अपने जीवन को अवलोकन करने पर विवश कर दिया है।

"मैं अभी दस वर्ष की थी कि पिताजी का देहांत हो गया। उन दिनों स्कूल की पाँचवीं श्रेणी में पढ़ती थी। माँ बी.ए. तक पढ़ी थी, इस कारण उसने यत्न किया और वह एक 'फर्म' में नौकरी पा गई। स्कूल से मेरी फीस माफ हो गई और वहाँ के निर्धन फंड में से

मुझे पुस्तकें भी मिलने लगीं। मैंने हायर सेकेंडरी पास की तो माँ ने कह दिया कि मुझे भी सेवा-कार्य कर लेना चाहिए और कुछ धन-संचय कर मैं कम-से-कम ग्रैजुएट बन जाऊँ। मैंने कनॉट प्लेस के एक प्रोविजन स्टोर में सेल्स-गर्ल का काम करना आरंभ कर दिया।

"दो वर्ष तक मैं वहाँ काम करती रही और इस काल में लगभग तीन हजार रुपया जमा कर लिया, परंतु इन दिनों में ही मेरा अपने 'बॉस' के लड़के से संबंध बन गया। इसमें एक भय था कि गर्म-स्थिति हो सकती है, परंतु मैं समझती थी कि यदि ऐसा हुआ तो मैं गर्भपात करा सकती हूँ। इसमें कानून मेरी सहायता करेगा। अत: मैं निशंक होकर अपने मित्र से मेल-जोल रखने लगी। जब एक-दो बार संगत का फल नहीं निकला तो मैं निशंक हो गई। परंतु जिस दिन मैंने दुकान पर सेवा-कार्य छोड़ा और मैं हिंदू कॉलेज में भरती होने गई तो मुझे समझ में आया कि मेरे गर्भ स्थित हो चुका है।

"अविनाशजी हायर सेकेंडरी में मेरे सहपाठी थे। मैं उनसे हँसी-मजाक भी करती रहती थी, परंतु अविनाशजी ने मुझे कभी छुआ तक नहीं था।

"एक दिन जब मैं श्रेणी में बैठी थी कि मैं मितली अनुभव करने लगी। मैं श्रेणी से उठकर बाहर चली आई। भाग्य से अविनाशजी वहाँ खड़े ग्राउंड में अपने कुछ मित्रों से बातें कर रहे थे। वे उस वर्ष एम.ए. की श्रेणी में भरती हो चुके थे। वे मुझे पहचानकर, अपने मित्रों को छोड़, मेरे पास आकर पूछने लगे, 'तो तुम फिर कॉलेज में पढ़ने चली आई हो?'

"मैंने कहा, 'हाँ, दो वर्ष में तीन हजार के लगभग एकत्र किया है और विचार है कि तीन वर्ष तक इससे काम निकल जाएगा।'

"'कभी किसी बात की आवश्यकता हो तो बताना, मैं तुम्हारी सहायता कर सकूँगा।'

"अविनाशजी का आशय आर्थिक सहायता से था, परंतु मैंने कह दिया, 'सहायता की आवश्यकता तो अभी पड़ रही है।'

"'क्या सहायता चाहती हो?'

"'किसी स्थान पर बैठकर बात करें तो बता सकती हूँ।'

"वे मेरे साथ कॉलेज कंपाउंड से बाहर चल पड़े। सड़क तक पहुँचते-पहुँचते मैंने अपनी अवस्था का वर्णन कर दिया। इस पर उन्होंने पूछा, 'तो क्या करोगी?'

"'मैं तो शीघ्रातिशीघ्र बी.ए. पास करने के विचार से आई थी, परंतु यदि डॉक्टरों के पचड़े में पड़ गई तो पता नहीं क्या खर्च हो और क्या बचे?'

"'परंतु तुम्हारी माँ क्या कहती हैं?'

"'उसे इस बात का ज्ञान नहीं है।'

"'और वह, जो इसमें कारण है?'

"'मैं उसे कई दिन से मिली नहीं। वह आजकल बंबई गया हुआ है।'

"'परंतु सोम! तुम बच्चे को जन्म देने के लिए कोई स्थान कहो तो मैं माताजी से कहकर प्रबंध कर सकता हूँ।'

"'मैं तो गर्भपात चाहती हूँ।'

"'और इसे ठीक मानती हो?'

"'यह आज गैर-कानूनी नहीं है।'

"उसने एक क्षण तक विचार किया। हम सड़क के किनारे खड़े थे। विचार कर उसने कहा, 'तो अभी चलो, अस्पताल में ले चलता हूँ। यदि कुछ व्यय करना हुआ तो कर दूँगा। इस पर भी यह लिखाना पड़ेगा कि किसका गर्भ है?'

"'यह मैं कह दूँगी। मैं बता दूँगी कि 'आउट ऑफ बैडलॉक' संबंध से है और उसका नाम आदि लिखा दूँगी।

"'तो चलो।' अविनाशजी ने अपने स्वाभावानुसार एक क्षण में ही निर्णय लिया और मेरे साथ एक नर्सिंगहोम में जा पहुँचे।

"मुझे उसी दिन वहाँ दाखिल करा दिया गया। मेरी माँ को सूचना मिली तो वह भागी-भागी अस्पताल आई और मुझे डाँटने लगी।

"परंतु मैंने कह दिया कि परिस्थिति ऐसी थी कि मैं विरोध नहीं कर सकी। डॉक्टर को कुछ देना पड़ा। उसी समय मैंने 'फिलोपियन' का ऑपरेशन भी करा दिया।

"मेरी माँ को मेरे व्यवहार का बहुत सदमा पहुँचा और जब मैं दस दिन अस्पताल में रहकर लौटी तो वह बीमार पड़ी हुई थी। मेरे घर पहुँचने की रात ही उसका स्वर्गवास हो गया। इस मुसीबत में भी अविनाशजी ने मेरी सहायता की और तब से ही मैं उन्हें अपना संरक्षक एवं भाई मानती हूँ। पहले तो उनकी माताजी मुझसे संबंध बनाना नहीं चाहती थीं, परंतु जब मैं अविनाशजी को भाईदूज के दिन टीका करने लगी और रक्षाबंधन पर राखी बाँधने लगी तो धीरे-धीरे उनका व्यवहार स्नेहमय होता गया।

"मैंने बी.ए. पास किया तो अविनाशजी ने एम.ए. पास किया था। मेरे परीक्षा पास करते ही मुझे निर्माण विभाग में अविनाशजी की सहायता से सेवा-कार्य मिल गया।

"परंतु जब सेवा-कार्य करने लगी तो कृष्णमूर्ति मेरे संपर्क में आया। बस वह ही मेरे इस विषय में साथी है।"

"परंतु वह तो विवाहित है?" सूर्यदेवी ने पूछ लिया।

"परंतु उसके पास रिश्वत का धन आता है और वह जिस रात भी मेरे पास आता है, खूब व्यय करता है।"

"यह तो तुम घोर पाप करती हो।"

"मौसी, यही तो कह रही हूँ कि यदि यह पाप है तो सरकार ने इनकी स्वीकृति क्यों दे रखी है?"

"इस कारण कि वे, मेरा मतलब है, कानून बनानेवाले, जो अपने को ईश्वर से भी बड़ा मानते हैं। वे इस ईश्वरीय नियम के उल्लंघन का कानून पास कर चुके हैं।"

"परंतु यह सब तो वैज्ञानिक कर रहे हैं?"

"वे ईश्वर और ईश्वरीय नियम में विश्वास नहीं रखते।"

"परंतु ईश्वर उनका कुछ बिगाड़ भी तो नहीं सकता। देखो मौसी, भू-आकर्षण हमें पृथिवी से बाँधकर रखे हुए हैं। परंतु वैज्ञानिक इसका विरोध कर अंतरिक्ष की सैर करते-करते चंद्र तक जा पहुँचे हैं।"

"तो तुम समझती हो कि यह ईश्वरीय नियम का उल्लंघन किया जा रहा है?"

"तो इसमें भी किसी को संदेह हो सकता है?"

"संदेह नहीं, सोम! मैं विश्वास से कहती हूँ कि वैज्ञानिकों ने ईश्वरीय नियम को जाना है, समझा है और उनके अनुकूल रहते हुए ही अंतरिक्ष की सैर करनी आरंभ की है। यदि वे इस भू-आकर्षण के नियम को न जानते, न समझते अथवा उसको समझकर उसके अनुसार अपनी योजना न बनाते तो वे चाँद तक पहुँच ही न पाते। प्रकृति के नियमों को समझकर उनका पालन करते हुए ही उन्होंने चाँद तक पहुँचने में सफलता प्राप्त की है। मैं कहती हूँ कि यह ईश्वरीय नियम की अवहेलना नहीं, वरन् उसको स्वीकार कर उसके अनुसार योजना बनाना है। परंतु जो कुछ तुमने किया है, इसे तो ईश्वरी नियम को बिना समझे, उसका विरोध किया है और अपना ऑपरेशन करा लिया है।"

"इसमें कौन सा नियम भंग हुआ है?"

"देखो सोम! प्रकृति ने अपने नियमानुसार तुम्हारे गर्भ स्थित कर दिया, पर तुमने उसके पलने में बाधा खड़ी की। वह जीव, जो गर्भाशय में बन रहा था, वह पृथ्वी की भाँति ज्ञानहीन नहीं था। वह अपने कर्मफल से जीवन का भोग करने आया था और तुमने उसे धक्के दे-देकर उसको घर से बाहर निकाल दिया है। ऐसा भी कहा जाता है कि गर्भस्थिति के उपरांत जीव तो उसमें तब आता है, जब मकान अर्थात् उसके रहने योग्य शरीर बन जाता है। पुरुष-स्त्री के संयोग के उपरांत शरीर बनने लगता है। वैसे ही, जैसे मकान में रहनेवाले के आने से पहले मकान बनता है। मकान में रहनेवाले प्राणी के आने से पूर्व यदि मकान गिरा दिया जाए तो आनेवाले जीव को मकान से निकालना नहीं कहा जाता। इस कारण वे लोग कहते हैं कि आनेवाले को हानि नहीं हुई।

"यद्यपि इस युक्ति में दोष है, इस पर भी इसे मान भी लें तो भी जो मकान बना रहा है, उस शरीर को तो हानि हुई ही है। यह नियम का उल्लंघन हुआ है।

"जो हानि तुम्हें हुई है, वह तो तुम्हारे मुख पर स्पष्ट दिखाई देती है। मैंने तो पहले दिन, तुम्हें देखते ही समझ लिया था। राज ने कहा था कि तुम कुँआरी हो और मेरे मुख से अनायास ही निकल गया था कि तुम तो एक से अधिक विवाह कर चुकी प्रतीत होती हो। यह मैंने अपने अनुमान से कहा था। आज तुमने मेरे अनुमान का समर्थन किया है। इससे नियमोल्लंघन तो हुआ है और उसका फल भी तुमको भोगना होगा।

"परंतु तुमने एक अन्य ईश्वरीय नियम का उल्लंघन किया है। वह है, जिस प्रयोजन से तुम्हारा शरीर बना था, उसका तुमने विरोध किया है। यह पृथ्वी के भू-आकर्षण की भाँति नहीं। यह उस नियम को समझकर उससे बचने का उपाय नहीं। यह तो भूमि को भू-आकर्षण विहीन बनाने के समान है। जानती हो, यदि पृथ्वी में भू-आकर्षण न रहे तो क्या होगा?"

"क्या होगा?"

"यह पृथ्वी परमाणु परमाणु होकर विखंडित हो जाएगी। तुमने अपने गर्भाशय से यही किया है। उसके गुणों से उसे रहित कर दिया है और समय पाकर इसके किसी भयंकर रोग से ग्रसित होने की संभावना है। यह दूसरा पाप है। अब तुम मिठाई तो खाती हो। उसका स्वाद मुख में लेती हो, परंतु आमाशय में उसके जाते ही उसे उलट देती हो, जिससे वह खाई मिठाई तुम्हारे शरीर में अपना स्वाभाविक कार्य न कर सके। यह एक नित्य होने वाला पाप किया जा रहा है।"

सोम सूर्यदेवी की बात सुन ऊँघ रही थी। अर्थात् उसको यह उपदेश या तो समझ में नहीं आ रहा था अथवा दिन भर की चिंता से मुक्त होते ही उसके मस्तिष्क को आराम मिलने से नींद आने लगी थी।

जब सूर्यदेवी को पता चला कि वह ऊँघ रही है तो उसने कहा, "अब सो जाओ। यह बात फिर किसी दिन बताऊँगी।"

: तीन :

प्रातः स्नानादि से अवकाश पाकर सोम ने अल्पाहार लिया और ठीक दस बजे निर्माण विभाग के कार्यालय में जा पहुँची। वह अपनी मेज पर बैठकर, अपने सामने रखी फाइलों में से एक को खोलकर, उसे पढ़ने का बहाना करने लगी। वास्तव में वह अपने चारों ओर ध्यान से देख रही थी कि उसको वहाँ बैठे काम करते देखकर किसी को विस्मय हुआ है अथवा नहीं?

रामलुभाया, जिसने उसे बताया था कि उसके विषय में सचिव महोदय पूछगीछ

कर रहे हैं और जिसने पाँच सौ रुपए दावत के लिए माँगे थे, आया और स्वाभाविक रूप में 'सोमजी, नमस्ते' कहकर, अपनी मेज पर बैठकर काम करने लगा। धीरे-धीरे अन्य कर्मचारी भी आए और किसी ने उसके विषय में न कुछ पूछा, न कहा।

इस पर वह आश्वस्त मन से काम में ध्यान लगाने लगी।

उसने अभी एक ही फाइल पर अपनी टिप्पणी लिखकर एक तरफ रखी थी तथा दूसरी फाइल खोलकर देखने ही लगी थी कि चपरासी आया और बोला, "आपको बड़े साहब याद कर रहे हैं!"

सोम को अपने पाँव तले से भूमि खिसकती अनुभव हुई। उसके शरीर में झुरझुरी हुई, मानो कोई पुलिस अधिकारी उसके वारंट लेकर आया हो। उसने फाइल बंद की और उठकर सचिव महोदय के कमरे में पहुँचकर नमस्ते कर दी। सचिव ने उसे अपने सामने बैठाकर पूछा, "अविनाश चंद्र आजकल कहाँ है?"

"क्या बात है?" अनायास ही उसके मुख से निकल गया।

सेक्रेटरी ने कहा, "कुछ विशेष नहीं। मैं उसके मिलने आने की आशा करता था?"

"आपने उसे बुलाया था क्या?"

"तुम उनके घर कब से नहीं गई?"

इस पर सोम ने बताया, "अविनाशजी का विवाह हुए आज चार दिन हुए हैं और वह पत्नी के साथ हनीमून के लिए गए हुए हैं।"

"ओह! कहाँ?"

"वे यह किसी को बताकर नहीं गए। केवल उनकी माताजी को विदित है।"

"तो ऐसा करो, इसी समय उसके घर चली जाओ और पता करो कि वह कहाँ है। तब मैं उससे संपर्क बनाऊँगा। कदाचित् उसकी वर्तमान अवस्था में मैं उसकी सहायता कर सकता हूँ।"

"उसकी वर्तमान अवस्था क्या है?" सोम ने पूछ लिया।

"जब तुम वहाँ जा रही हो तो तुम्हें वहाँ जाने पर विदित हो जाएगी?"

"तो मैं कार्यालय से जा सकती हूँ?"

"हाँ।"

सोम कुछ न समझती हुई कार्यालय से निकली और वहाँ से बस में सफदरजंग रोड पर जा पहुँची।

वहाँ कोठी पर मुर्दनी छाई हुई थी। चौकीदार और अन्य सेवक एक तरफ खड़े हो किसी प्रकार की गोष्ठी कर रहे थे।

वह वहाँ का वातावरण देखकर समझ गई कि वहाँ किसी प्रकार की दुर्घटना हुई

है। इस पर उसे स्मरण हो आया कि सचिव महोदय ने कहा था कि वे अविनाश की इस समय सहायता कर सकेंगे।

अतः वह तुरंत मालती देवी से मिलना चाहती थी। मालती देवी टेलीफोन के समीप बैठी टेलीफोन की प्रतीक्षा कर रही थी।

"माताजी, नमस्ते।"

"तुम कहाँ से आ रही हो?"

"अपने कार्यालय से।"

"किस कारण वहाँ से चली आई हो?"

"मुझे भेजा गया है कि अविनाशजी का पता पूछकर आऊँ।"

"तो तुमने बताया नहीं?"

"माताजी, मुझे विदित था कि भैया कहाँ गए हैं और कहाँ ठहरे हैं। मुझसे मेरे विभाग के सचिव महोदय ने पूछा था। मैं उनके पूछने का कारण जानना चाहती थी। इस कारण मैंने कह दिया कि मुझे नहीं पता; केवल आप ही जानती हैं। इस पर मुझे भेजा गया है कि मैं पता करूँ और आपसे यह कहूँ कि वे वर्तमान स्थिति में आपकी सहायता कर सकते हैं। जब मैंने वर्तमान अवस्था के विषय में पता किया तो वे कहने लगे कि मुझे आपसे विदित हो जाएगी। इससे मैं भागी हुई आई हूँ, पता करने कि क्या विशेष बात है? बाहर कोठी के सब नौकर बरामदे के एक कोने में खड़े होकर गोष्ठी कर रहे हैं।"

"हाँ, मैंने प्रातः भगवती को तुम्हारे कमरे पर भेजा था और वह समाचार लाया है कि तुम रात वहाँ नहीं आई।"

"माताजी, वह मैं बाद में बताऊँगी। मैं यहाँ की बात जानने के लिए उत्सुक हूँ।"

"अविनाश के पिता रात 'मीसा' के अधीन पकड़ लिये गए हैं और मैंने वकील रामविलासजी को बुलाया है। वह आनेवाला है। परंतु मैंने अविनाश को टेलीग्राम कर दिया है कि तुरंत लौट आओ।

"टेलीग्राम तो मध्याह्न तक मिलेगा। मैं चाहती थी कि टेलीफोन से संपर्क कर बताऊँ और टेलीफोन पर यहाँ की परिस्थिति बता दूँ। टेलीफोन बुक करा दिया है।"

"आपने वारंट देखे हैं?"

"हाँ, वह मेरे पास है। उसमें 'मीसा' कानून की धाराओं के नंबर लिखे हैं। इसी के लिए वकील को बुलाया है।"

"तो यह बात है? मैं कुछ-कुछ समझ गई हूँ। एक दिन मैंने भैया को कहा था कि उनकी फर्म के विषय में कुछ जाँच हो रही है। इस पर भैया ने बताया था कि उनका डेढ़ लाख से ऊपर सरकार की ओर बिल बन गया है। सचिव उसके भुगतान के लिए तीस

हजार रुपए माँग रहा है। वैसे कार्यालय का भाग पंद्रह हजार बनता है और यह वे देने के लिए तैयार हैं।

"इस पर भैया ने बताया था कि सचिव महोदय ने कहा है कि इमरजेंसी के दिनों में कार्यालय के नियम बदल गए हैं। ऐसा प्रतीत होता है कि सचिव ने किसी प्रकार का झूठा मामला बनाकर उनको 'मीसा' के अधीन पकड़वाया है और वह अब अविनाश से पिताजी को छुड़ाने का सौदा करना चाहता है।"

"परंतु मुझे तो यह समझ में आया है कि पिता को बंदी बनवाने के उपरांत वह अब पुत्र को भी बंदी बनवाना चाहता है। यह यहाँ पर तभी अपना हाथ लंबा कर रहा है।"

सेक्रेटरी के प्रयास का यह अर्थ सुनकर सोम कुछ देर तक गंभीर होकर विचार करती रही। मालती टेलीफोन के पास ही बैठी थी। उसकी घंटी खड़की। मालती ने चोंगा उठाकर कान से लगाया तो उसके मुख पर प्रसन्नता छा गई। मालती ने पूछा, "अविनाश! स्वास्थ्य कैसा है?" उस ओर से 'ठीक है' उत्तर मिलने पर मालती ने आगे कहा, "देखो, मैंने यहाँ से एक टेलीग्राम तुम्हें भेजा है, उसका कारण बता रही हूँ। तुम्हारे पिता 'मीसा' के अधीन पकड़ लिये गए हैं। तार में मैंने बुलाया है, परंतु सोम मेरे पास बैठी कह रही है कि सेक्रेटरी तुमसे मिलना चाहता है। इस कारण मैं कह नहीं सकती कि तुम्हें यहाँ आना चाहिए अथवा नहीं!"

उधर से उत्तर आया। मालती ने सुना और सुनकर कह दिया, "मुझे तो कुछ समझ में नहीं आ रहा। मैंने रामविलासजी को बुलाया है। क्या कुछ करना चाहिए, यह उसकी राय से करूँगी।"

टेलीफोन का समय समाप्त हुआ तो मालती ने चोंगा रखकर सोम को कहा, "वह कहता है कि मैं सब समझ गया हूँ और दिल्ली लौट रहा हूँ। मैं यत्न करूँगा कि पिताजी शीघ्र ही छूट जाएँ।"

सोम ने कहा, "ऐसा प्रतीत होता है कि भैया को भी यही समझ में आया है, जो मुझे समझ में आ रहा है। माताजी, मैंने भी विचार किया है कि पिताजी का पकड़ा जाना किसी राजनीतिक कारण से नहीं है। यह किसी अपराध के कारण भी नहीं है। यह सचिव महोदय के लोभ का परिणाम ही है। इसी कारण उसका पेट भर दिया जाएगा तो पिताजी छूट जाएँगे।"

मालती का मस्तिष्क तो पुलिस की रात की काररवाई से सुन्न हो चुका था। वह, जो कोई भी कुछ कहता था, उसे सत्य मान चुप करके रहती थी। ये सब बातें उसके विचार-क्षेत्र के बाहर की हो रही थीं।

सोम ने कहा, "मैं समझती हूँ कि सचिव को भैया का पता बता देने में हानि नहीं।

इस कारण बता रही हूँ। मैं भी चाहती हूँ कि भैया यहाँ आ जाएँ तो पिताजी के विषय में चाराजोई भलीभाँति हो सकेगी।"

मालती चुप रही और सोम बस में सवार होकर कार्यालय में जा पहुँची। वह लंच के समय पर वहाँ पहुँच सकी थी। वहाँ पहुँचते ही उसने चपरासी के हाथ अपने लौट आने की सूचना भेज दी।

सचिव ने सोम को अपने कमरे में बुला लिया। वह उस समय कृष्णमूर्ति के साथ चाय ले रहा था। सोम ने कृष्णमूर्ति के सम्मुख अपने मिशन का वृत्तांत बताने के स्थान पर केवल यह कहा, "मैंने तो यह सूचना भेजी थी कि मैं जिस काम पर गई थी, कर आई हूँ।"

"परंतु मैंने वह काम तुमसे भी जल्दी यहाँ बैठे-बैठे कर लिया है। देखो, अविनाश दार्जिलिंग में होटल 'इंटरनेशनल' में ठहरा हुआ है और वह अभी वहाँ से दिल्ली के लिए चल रहा है।"

"तो आपने टेलीफोन 'टैप' करने का प्रबंध किया हुआ था?"

"यह पुलिस का काम है कि वह जब किसी को 'मीसा' के अधीन पकड़ती है तो उसके टेलीफोन को टैप कर वार्त्तालाप रिकॉर्ड कर लेती है। यह उनके रुटीन का काम है। परंतु यह मेरा प्राइवेट प्रबंध था कि मैंने पुलिस की सहायता से अविनाश और उसकी माँ की वार्त्तालाप सुन ली है।"

"तो ठीक है। एक सामान्य क्लर्क से आपके साधन प्रबल हैं। यही तो आपने सिद्ध किया है। बस, मैं भी इतना ही बताने आई थी। तो अब मैं जाऊँ?"

"हाँ।"

सोम उठी और अपनी मेज पर आई तो विचार करने लगी कि यह कृष्णमूर्ति इस मामले में सचिव महोदय से घी-शक्कर हो रहा है। वह अवश्य इस विषय में सबकुछ पहले से ही जान रहा होगा।

वह अपना कृष्णमूर्ति से घनिष्ठ संबंध समझती थी, परंतु उसे अनुभव हुआ कि उससे अधिक निकट तो यह सचिव है। इस पर वह अपने कृष्णमूर्ति से भावी संबंधी के विषय में विचार करने लगी। उसके सम्मुख प्रश्न यह था कि इस व्यक्ति से संबंध रखना चाहिए अथवा नहीं? इस विषय पर वह विचार ही कर रही थी कि कृष्णमूर्ति सचिव के कमरे से निकला और उसकी मेज के समीप आ बैठा।

सोम अभी अपने मन में निश्चय नहीं कर पाई थी कि भविष्य में वह इससे किस प्रकार के संबंध बनाए। इस कारण वह कृष्णमूर्ति के बैठते ही अपने स्थान से उठ खड़ी हुई।

"क्यों? किधर जा रही हो?" कृष्णमूर्ति ने पूछ लिया, "मैं तो तुमसे कुछ प्रस्ताव करने आया था?"

"बात यह है कि आप तो सचिव महोदय के साथ चाय ले आए हैं और मैं भाग-दौड़ में भूखी-प्यासी बैठी हूँ।"

"तो चलो कैंटीन में। मैं भी तुम्हारे साथ एक प्याला ले सकूँगा।"

"यह आपकी इच्छा है। आइए।"

दोनों कैंटीन मे जा पहुँचे। सोम ने ऑर्डर दे दिया। बेयरा चाय लेने गया तो कृष्णमूर्ति ने पूछा, "रात तुम कहाँ थी?"

"अपने कमरे में ही थी।"

"तुम वहाँ नहीं थी। मैं दस बजे के लगभग तुम्हारे कमरे पर गया था।"

"उस समय मैं 'नाइट शो' देखने गई हुई थी।"

कृष्णमूर्ति इस उत्तर से संतुष्ट होकर बोला, "मैं रात ही तुम्हें बताने गया था कि पुलिस ने क्या ऐक्शन लिया है।"

"इससे क्या लाभ होता? आप यदि दो-तीन दिन पहले बताते कि यह 'रास्कल' क्या करनेवाला है तो मैं कदाचित् शंकरदासजी को बताकर दोनों में संधि करवा देती।"

"मैंने यह बात सचिव से कही थी। उसका कहना था कि तुम्हारी सेवाएँ इस पकड़-धकड़ के उपरांत अधिक उपकारी सिद्ध होंगी। इसी कारण उसने तुम्हें शंकरदास के घर भेजा था। परंतु मैंने उसे कहा कि यह व्यर्थ का प्रयास है। उसे होम मेंबर के द्वारा पुलिस से सूचना माँगनी चाहिए। पुलिस शंकरदास के घर का टेलीफोन 'टैप' कर जानकारी प्राप्त कर सकती है।

"इस पर उस भैंसा-बुद्धि ने पुलिस से संपर्क बनाया और वहाँ से अविनाश के माता तथा अविनाश में हुई बात का पूर्ण वृत्तांत तुम्हारे लौटने से पहले जान गया।"

"परंतु यह ठीक नहीं हुआ। यह मामला इमरजेंसी से संबंध नहीं रखता।"

"मेरा विचार है कि रखता है। देखो, मैं बताता हूँ। इमरजेंसी का अभिप्राय यह है कि हम सरकारी कर्मचारियों के कामों पर मुकदमेबाजी न हो सके, इस विचार से हमने मुकदमा चलाने में अपना समय व्यर्थ गँवाने से बचने के लिए इस मामले को होम-डिपार्टमेंट की सहायता से सुलझाने का यत्न किया है।

"अब जो बात होम-डिपार्टमेंट को भी पता नहीं, उसके लिए तुमसे योजना बनाना चाहता हूँ।"

"तो कहिए।"

"रात तुम्हारे कमरे में आकर कहूँगा।"

"मैं आज रात राज की माताजी के घर पर रहूँगी।"

"यह क्यों?"

"वह वृद्धा अब अकेली रह गई हैं। आज से मैं उनके साथ रहने जा रही हूँ।"

"वहाँ तो मैं नहीं जा सकता।"

"तो आप अभी बता दीजिए कि मुझे क्या करना चाहिए। मैं सरकार की लॉयल सर्वेंट होने से सरकार की सहायता करूँगी।"

"और जानती हो, सरकार किस बला का नाम है?"

"किस बला का नाम है?"

"प्रधानमंत्री से लेकर पूर्ण सेक्रेटेरिएट के कर्मचारियों का। इसे अंग्रेजी में 'एडमिनिस्ट्रेशन' कहते हैं। इमरजेंसी इस 'एडमिनिस्ट्रेशन' की सुविधा के लिए ही लगाई गई है। कुछ कारणों से 'एडमिनिस्ट्रेशन' के दो अंग अपने को अन्य अंगों से अधिक सामर्थ्यवान समझने लगे थे। मेरा मतलब है—न्यायपीठ और लोकसभा। इन दोनों को इस 'एडमिनिस्ट्रेशन' के केंद्रीय विभाग ने, जिसे नौकरशाही कहते हैं, अपने अधीन करने का प्रबंध किया है। सर्वप्रथम कोर्ट को अँगूठे तले करने के लिए मुख्य न्यायाधीश को अपने अनुकूल बनाया गया, फिर संसद् को भी अनुकूल बनाने के लिए यह इमरजेंसी लगा ली है।"

"इसका अभिप्राय है कि नौकरशाही की रक्षा के लिए यह लौह-प्राचीर इसके चारों ओर खड़ी कर दी है। परंतु सुनने में तो यह आता है कि इमरजेंसी प्रधानमंत्री ने अपनी पदवी सुरक्षित रखने के लिए लगाई थी?"

"प्रधानमंत्री भी तो नौकरशाही का एक अंग है। उसकी नियुक्ति हमसे कुछ भिन्न प्रकार से अवश्य होती है।"

"परंतु मूर्ति साहब, क्या आपने भी शंकरदासजी को बंदी बनाने की राय दी थी?"

"केवल राय ही नहीं, वरन् इस विषय में होम-मेंबर को सफल प्रेरणा देने का यत्न भी किया था।"

"यह तो आपने घोर पाप किया है?"

"वाह! यह कैसे? देखो, होम-मेंबर ने दिल्ली की सी.बी.आई. को जाँच करने के लिए कहा। सी.बी.आई. को मैंने समझाया कि इस व्यक्ति का उत्पीड़न होना चाहिए। उन्होंने डी.एम. को लिखा, फिर उसको मिलकर समझाना पड़ा। तब जाकर कहीं उप-राज्यपाल ने यह वारंट जारी किए हैं। इस पर भी हुआ सब कायदे-कानून के अंतर्गत ही है।"

सोम को रात सूर्यदेवी की बात समझ में आ रही थी कि कानून अपराध का निश्चय करता है, परंतु कानून बनानेवाले मनुष्य होते हैं। इस कारण कायदे-कानून गलत हुए तो निरपराध भी अपराधी माने जा सकते हैं। इस पर भी ईश्वरीय नियम तो अटल हैं। उनमें रद्दोबदल नहीं हो सकते। इस कारण पापी से कोई पुण्य-कर्म नहीं हो सकता और कोई पुण्य-कर्मी पापी नहीं हो सकता।

कृष्णमूर्ति से कायदे-कानून के अनुकूल काररवाई की वास्तविकता का ज्ञान होने पर वह कृष्णमूर्ति से अपने संबंधों पर घृणा का अनुभव करने लगी थी। इस पर भी वह मौन थी।

कृष्णमूर्ति ने कहा, "अब हमें यह पता चल गया कि अविनाश कल प्रातःकाल हवाई जहाज में यहाँ पहुँच रहा है। इस कारण सेक्रेटरी यह आशा करता है कि तुम उनका संदेश उसको पहुँचा दोगी?"

"क्या कह दूँ?"

"यही कि उनसे तीस हजार रुपए माँगे गए थे। अब वे चालीस हजार हो गए हैं—दस हजार उसके पिता को छोड़ने का और तीस हजार उनके बिल पास कराने का।"

"ठीक है, मैं उनके घर जाऊँगी और उनको सचिव महोदय का संदेश दे दूँगी।"

"नहीं मिलेगा तो पिछले कामों का दाम नहीं मिलेगा और शंकरदास जेल में पड़ा सड़ता रहेगा।"

"मैं उनको सब भलीभाँति समझा दूँगी।"

: चार :

सूर्यदेवी यह समझ रही थी कि सोम की कुछ खबर नहीं आई, वह अवश्य इस समय जेल में होगी। इस कारण सायं जब वह आई तो प्रसन्नवदन पूछने लगी, "तो तुम आ गई हो! मैं तो समझी थी कि तुम जेल में पहुँच चुकी हो?"

"मौसी, जेल से तो बच गई हूँ, परंतु कार्यालय की हलचल का परिणाम मेरे अनुमान में कुछ दूसरा ही निकला है। अविनाशजी के पिता पकड़े गए हैं।"

"ओह! पर क्यों?"

"आज क्यों का उत्तर न मेरी अवस्था में कुछ था और न ही अविनाशजी के पिताजी के विषय में है। आपने ठीक ही कहा था कि सरकारी नियम मानवकृत होने से गलत व्यक्ति को भी अपराधी बना सकते हैं। बस, यही बात हुई है।"

"मालतीजी से मिली हो?"

"हाँ, दिन के ग्यारह बजे के लगभग वहाँ गई थी। अब फिर जाना चाहती हूँ। मेरा विचार है कि आपको भी चलना चाहिए।"

"अच्छा, चाय ले लो, फिर चलते हैं।"

दोनों बस पर सवार होकर सायं सात बजे के लगभग सफदरजंग रोड पर पहुँच गईं। वहाँ अविनाश और राजकुमारी इनके पहुँचने से एक-दो मिनट पहले ही पहुँचे थे।

इन दोनों को आते देखकर अविनाश ने पूछा, "तो तुम माताजी को लेने गई थी?"

द्वितीय परिच्छेद

"जी, मेरी सूचना थी कि आप कल प्रातःकाल यहाँ पहुँचेंगे।"

"हाँ, यदि तीन बजे का प्लेन एक घंटा लेट न होता और उसमें दो स्थान खाली न होते तो हम रात कलकत्ता में ही रह गए होते।"

"यह ठीक ही हुआ है। कल पुलिस आपकी अगवानी करने हवाई पत्तन पर पहुँचेगी।"

अविनाश ने पूछा, "तो मेरे भी वारंट हैं?"

"मेरे विचार में नहीं और कदाचित् आपके वारंट निकलेंगे भी नहीं। कारण यह कि आपको बाहर रखकर आपको अपने पिता का 'रैनसम' देने पर विवश किया जा सकता है।"

सब वहीं बरामदे में बैठ गए थे—मालती देवी, अविनाश, राजकुमारी, सूर्यदेवी और सोमवती। बैठते ही मालती ने सेवक को चाय इत्यादि लाने के लिए कह दिया।

सोम ने कहा, "हम घर से लेकर चले थे।"

राज ने कह दिया, "हम हवाई जहाज में पेट भर आए हैं।"

इस पर मालती ने बताया कि वकील रामविलास को कचहरी में लेकर गई थी। वहाँ तुम्हारे पिताजी को उपस्थित किया गया और अभी तिहाड़ जेल में भेज दिया गया है। परसों मेरी पहली भेंट निश्चय हुई है। भेंट में दो व्यक्ति ही जा सकते हैं।"

इस पर अविनाश सोम को पृथक् में ले जाकर बैठ गया। सोम ने वह सबकुछ बता दिया, जो कृष्णमूर्ति ने उसे बताया था।

"तो पूर्ण निर्माण कार्यालय मेरे विरुद्ध हो रहा है?"

"पूर्ण नहीं। सबको तो यह विदित भी नहीं कि क्या और किस प्रकार किया गया है! हाँ, यह रास्कल कृष्णमूर्ति सबकुछ जानता था। इस पर भी मुझे इस विषय में एक शब्द भी नहीं बता रहा था।"

"खैर, इन सब दुर्घटना की 'बैकग्राउंड' पता चल जाने से मैं कुछ तो कर सकूँगा। परंतु इनसे बात करने से पूर्व पिताजी से बातचीत करनी पड़ेगी।"

जब दोनों, घटना की पृष्ठभूमि को समझ-समझाकर अन्य आए हुओं में बैठे तो राज ने पति के सम्मुख यह रहस्योद्घाटन किया, "सोम बहन कल से माताजी के घर पर ठहरी हुई हैं।"

"हाँ," सूर्यदेवी ने बताया, "यह बहुत भयभीत होकर आई थी। इस कारण मैंने इसे वहाँ छुपे रहने को स्थान दे दिया।"

"मैं तो आज भी मौसी के घर पर ही रहूँगी।" सोम का कहना था।

"मैं तो राज को वहाँ चलने का निमंत्रण दे रही हूँ।"

"नहीं माताजी! जब तक स्थिति स्पष्ट और स्थिर नहीं हो जाती, मैं यहीं रहूँगी।" राज का उत्तर था।

मन से तो सूर्यदेवी भी यही चाहती थी। उसने केवल औपचारिक रूप में ही निमंत्रण दिया था। उसने कह दिया, "ठीक है, स्थिति को स्पष्ट होने दो। तब तक मैं ही यहाँ आकर तुमसे मिल जाया करूँगी।"

: पाँच :

सूर्यदेवी और सोम के चले जाने के उपरांत माँ-पुत्र में बात होने लगी। राज तो केवल दर्शक मात्र बनकर वहाँ बैठी थी। वह माँ-पुत्र के विचार-विमर्श में हस्तक्षेप नहीं कर रही थी।

मालती देवी ने कहा, "कल रात से ही मन में यह अप-शंकाएँ अनुभव कर रही थी कि तुम्हारे पिताजी के स्वतंत्र होने की अब आशा नहीं। जो कुछ 'मीसा' के कैदियों के वृत्तांत सुन रही हूँ, उनसे तो पूर्ण शरीर और मस्तिष्क में शिथिलता आ रही है।"

"माँ, निराशा की कोई बात नहीं। यदि वे रुपयों से छूट सकेंगे तो मैं समझता हूँ कि कल ही वे घर आ जाएँगे।"

"तो तुम रुपए उनसे चोरी-चोरी दोगे ?"

इस प्रश्न पर पुत्र माँ का मुख देखता रह गया। माँ ने ही आगे बता चलाई। उसने कहा, "मैं उनका स्वभाव जानती हूँ। उनका यह विचार है, जो कानून बन गया, वही धर्म है। सरकारी कानून प्राय: प्रकृति के नियमों के विरुद्ध होते हैं। परंतु उन विरुद्ध नियमों में भी तो एक नियमितता होती है। अत: हम उनका पालन करते हुए किसी भी पाप के भागी नहीं होते। परंतु चाहे जैसे भी नियम हों, यदि उनका विरोध होने लगे तो उनके पालन से पाप हो जाता है। जब यह निश्चय हो चुका कि सरकारी कर्मचारियों को हम अपनी आय में से दस प्रतिशत देंगे तो फिर उसमें रद्दोबदल करना पाप है, जिसे वे स्वीकार नहीं करेंगे।

"देखो अविनाश ! बात स्पष्ट है। जो पंद्रह हजार रुपए तुम नियम से देना चाहते हो, वह अधर्म होते हुए भी नियम होने से पाप नहीं रह गया। परंतु पंद्रह का तीस और अब उससे भी अधिक चालीस, जो माँगा जा रहा है, वह अनियम में भी अनियम होने से महान् पाप है।"

राज इस प्रकार की युक्ति सुनकर मुस्करा रही थी। पिछले पाँच-छह दिन तक अविनाश राज के मुख पर मुस्कराहट देखकर उसका कारण समझने लगा था। जब भी वह अपने पति की बात में किसी प्रकार की युक्ति-विहीनता देखती थी तो मुस्कराने लगती थी। इस पर भी बिना पूछे अपने मन की बात नहीं कहा करती थी।

अविनाश ने उसे मुस्कराते हुए देखा तो समझ गया कि वह उनकी बात कुछ ठीक न समझकर मुस्करा रही है। इस कारण उसने माताजी से कहा, "राज कुछ और समझ रही प्रतीत होती है। क्यों राज, क्या समझी हो ?" उसने पत्नी की ओर देखकर पूछ लिया।

राज ने संकोच अनुभव करते हुए कहा, "मुझे माताजी की बात समझ में नहीं आई थी और मैं प्रतीक्षा कर रही थी कि ये स्वयं ही इसको स्पष्ट कर देंगी।"

"क्या समझ में नहीं आई?"

"यही कि पिताजी अधर्म अर्थात् पाप करने के स्वभाव से बुरा नहीं मानते, परंतु स्वभाव के विपरीत करने में बुराई समझ रहे हैं। पापयुक्त कार्य तो जब भी किया जाएगा, स्वभाव से अथवा बिना स्वभाव के तो वह अपना दुष्ट प्रभाव उत्पन्न करेगा ही। ईश्वरीय नियम तो अटल हैं। वे उल्लंघन किए जाएँगे तो अपना दुष्ट प्रभाव उत्पन्न करेंगे ही।"

"तनिक व्याख्या से समझाओ, राज! तुम्हारी बात भलीभाँति समझ में नहीं आई।"

"माताजी, बात तो स्पष्ट ही है। ये एक दिन बता रहे थे कि इनको अपने बिलों पर दस प्रतिशत अफसरों को देना पड़ता है, क्योंकि यह एक नियम सा बन गया है, इस कारण ये उसका प्रबंध बिलों में करते रहते हैं। ये इसे अधर्म नहीं मानते, क्योंकि यह एक प्रथा बन गई है।

"माताजी, है तो यह अधर्म-कर्म ही, यद्यपि इसका उत्तरदायित्व ठेकेदारों पर नहीं है। इस पर भी अधर्म होने से यह दुष्टफल तो उत्पन्न करेगा ही।"

"तो यह पाप कौन कर रहा है?"

"मेरी तुच्छ बुद्धि के अनुसार कर्म को दो श्रेणियों में इस प्रकार बाँटा जा सकता है—व्यक्तिगत तथा समष्टिगत। दूसरे शब्दों में एक व्यक्ति के कर्म, जो वह स्वत: ही करता है और स्वयं ही उसका प्रभाव अपने पर ही सहन करता है तो वे व्यक्तिगत हैं। दूसरी प्रकार के कर्म हैं, जो समाज करता है और समाज ही उनका फल भोगता है।

"मैं यह समझी हूँ कि रिश्वत लेने-देने का नियम एक विशेष प्रकार के समाज में ही चल सकता है। इसे उस समाज ने अपनी सुख-सुविधा के लिए चालू किया हुआ है।

"इन दोनों प्रकार के कर्मों का फल भी दो प्रकार से ही होता है। व्यक्ति के कर्म यदि पापमय हों तो फल व्यक्ति ही भोगता है और सामाजिक कर्म यदि पापमय हों तो उसका फल पूर्ण समाज को ही भोगना पड़ता है।"

"अब यह कर्म," मालती ने पूछ लिया, "जिससे चालीस हजार रुपया अविनाश के पिता से माँगा जा रहा है, यह व्यक्तिगत है अथवा समष्टिगत?"

"मेरी बुद्धि में तो यही आता है कि यह रिश्वत की प्रथा राज्य कर्मचारी चलाते हैं। राज्य कर्मचारियों को प्रजा सहन करती है। इस कारण उनके द्वारा किए गए कर्म का फल तो पूर्ण समाज को ही भोगना पड़ेगा।

"माताजी, जब कोई कर्मचारी प्रजा से चोरी-चोरी कोई कुकर्म करे तो प्रजा उसमें उत्तरदायी नहीं होती, परंतु आपके सुपुत्र ने बताया था कि राष्ट्रपति से लेकर सरकारी

कार्यालयों के चपरासी तक, सब जानते हैं कि किस प्रकार मेज के नीचे लेन-देन होते हैं। साथ ही इन्होंने बताया है कि प्राय: नागरिक भी जानते हैं कि सरकारी अधिकारी इस प्रकार की आय करते हैं। इससे मैं यह समझी हूँ कि पूरा समाज इस पाप में लिप्त होने से इसका फल भोगेगा ही।"

"तो क्या किया जाए?"

"मैं हवाई जहाज में आते हुए इनसे बता रही थी कि समाज में रहते हुए इस कुकर्म में सम्मिलित होने से बचना कठिन है। परंतु इस समय के इस पापकर्म से अलग रहने के लिए यत्न तो करना ही चाहिए।"

"अर्थात्," मालती ने बात को समझते हुए कहा, "यह ठेकेदारी का काम करना छोड़ देना चाहिए?"

"जी, और कुछ ऐसा जीविकोपार्जन का कार्य करना चाहिए, जिसमें इस कृत्रिम समाज के कृत्रिम नियमों से अलिप्त रहकर जीविका चलाई जा सके।"

"इस पर भी," अविनाश ने बातों में हस्तक्षेप करते हुए कहा, "माताजी, मैंने राज को बताया है कि जब चारों ओर कीचड़ भरा हो तो उससे अलग रहना संभव नहीं।"

"हाँ, तो इसका क्या समाधान है तुम्हारे पास?" मालती ने व्यंग्यात्मक भाव में पूछ लिया।

परंतु राजकुमारी ने इससे चित्त की स्थिरता को छोड़े बिना ही कहा, "माताजी, इनकी इस आपत्ति पर मैंने विचार किया है और मैं समझ गई हूँ कि समाज के बिना तो मनुष्य रह नहीं सकता। समाज में छोटी-से-छोटी इकाई दंपती है, इससे बढ़कर परिवार है। मेरा सुझाव है कि इस छोटी सी इकाई को शुद्ध, पवित्र बनाया और रखा जा सकता है। इसको ही शेष पंक भरे तालाब से पृथक् रखने का उपाय विचार करना चाहिए।"

"खैर, यह तो पीछे देखा जाएगा। अविनाश! मैं समझती हूँ कि तुम राज को जेल में पिताजी से मिलाने ले जाओ। ये उनको समझाकर इस झमेले से बाहर करने का यत्न करे। मुझे समझ नहीं आया कि उनको कैसे समझा सकूँगी?"

"नहीं माताजी! मैं उनके सम्मुख युक्ति नहीं कर सकूँगी। साथ ही वहाँ समय सीमित होता है। इस कारण मेरा विचार है कि ज्यों-त्यों कर उनको जेल से बाहर लाना चाहिए। सामाजिक विकर्म से कैसे अलग रहा जा सकेगा, यह तो घर पर आराम से बैठकर ही विचार किया जा सकेगा।

"जब रिश्वत देनी ही है तो दस प्रतिशत क्या और बीस प्रतिशत क्या! चोरी तो एक पैसे की भी चोरी ही होती है और एक सहस्र रुपए की भी। मैं तो यही राय दूँगी कि इस उलझन से बचना प्रथम कार्य है और फिर इस दूषित व्यवस्था से बचना दूसरा कार्य। यदि

द्वितीय परिच्छेद

यह व्यक्तिगत अधर्म होता, तब इसे न करना ही ठीक होता, परंतु यह सामाजिक अधर्म है। इस कारण एक व्यक्ति के करने, न करने का कुछ भी अर्थ नहीं।"

इस सैद्धांतिक बात को सुनकर माँ-पुत्र दोनों ही गंभीर विचार में लीन हो गए।

सोम और सूर्यदेवी जब सफदरजंग वाली कोठी से निकले तो सूर्यदेवी ने पूछा, "सोम, तुम किधर जाओगी?"

"कश्मीरी गेट को।"

"क्यों? अभी भी अपने घर पर डर लग रहा है?"

"वह डर तो नहीं, जो कल रात था। परंतु एक अन्य डर है।"

"क्या?"

"यदि अपने घर तक चलने की स्वीकृति दें तो वहाँ चलकर बता सकूँगी।"

सूर्यदेवी उसके कथन का अर्थ न समझकर उसके मुख पर देखने लगी। सोम आँखें झुकाए सूर्यदेवी के पाँव की ओर देख रही थी।

सूर्यदेवी ने क्या समझा और क्या नहीं, उसने बताया नहीं और कह दिया, "अच्छा चलो, घर चलकर ही बात करूँगी।"

दोनों वहाँ से बस स्टैंड की ओर चल पड़ीं।

सूर्यदेवी और सोम रात के साढ़े आठ बजे मकान पर पहुँचीं। उनकी सेविका रामी उत्सुकता से उनकी राह देख रही थी।

"क्यों, क्या बात है? रंग फीका क्यों पड़ रहा है?"

"माताजी, कृष्णमूर्ति आज फिर मद्य पिए हुए आया था और इन बीबीजी का नाम ले-लेकर द्वार के बाहर से आवाजें लगा रहा था। मैंने तो द्वार भीतर से बंद किया हुआ था तथा वह आवाजें लगाता हुआ और दरवाजे पर थाप देता हुआ जब थक गया तो अभी दस मिनट हुए गया है।"

इससे तो दोनों एक-दूसरे का मुख देखती रह गईं। आखिर बैठकघर में बैठते हुए सोम ने कहा, "मौसी, बस इसी के लिए मैं वहाँ अब अकेली नहीं रह सकती। वह किसी प्रकार यह पता पा गया है कि मैं रात यहाँ रही हूँ और यह मुझे ढूँढ़ता हुआ यहाँ आ गया है।

"यह आज मेरे कमरे में आना चाहता था। मैंने बताया था कि मैं आजकल अपने घर में नहीं रहती, इस कारण यह यहाँ आ गया है।

"यदि यह वहाँ जाता तो मुझे आसपास के लोगों में अपनी प्रतिष्ठा बनाए रखने के लिए इसके आते ही द्वार खोलकर इसे भीतर कर लेना पड़ता। यहाँ रहते हुए मैं इससे बच सकती हूँ।"

"परंतु यह सब तुम्हारी करनी का ही फल तो है?"

"नहीं माताजी! इसमें मेरा इतना दोष नहीं, जितना परिस्थितियों का है। मेरा शील भंग किया था उस फर्म के मालिक के लड़के ने, जहाँ सर्वप्रथम मैंने सेवा-कार्य स्वीकार किया था। मैंने उसे स्वेच्छा से स्वीकार किया था, क्योंकि मैं इस कर्म का फल जानती नहीं थी। यह मेरी शिक्षा में दोष था। जब मैंने अविनाशजी से अपनी अवस्था वर्णन की तो उन्होंने कहा, 'गर्भपात मत कराओ। मैं अपनी माताजी से कहकर तुम्हारे प्रसव का गुप्त प्रबंध करा दूँगा।' परंतु मेरे गर्भ के कारण युवक ने मुझे बताया था कि गर्भपात कराना न अपराध रहा है, न कठिन है। इससे मैं मूर्खों की भाँति अविनाशजी की बात न मानकर गर्भपात के लिए हठ करने लगी। अविनाशजी ने सब प्रबंध कर दिया। परंतु गर्भपात करनेवाले डॉक्टर ने कहा, 'फिलोपियन को भी कटवा दो। फिर गर्भ कभी ठहरेगा ही नहीं।'

"मैं न मानती, परंतु वह डॉक्टर कहने लगा कि जीवन सुखी हो जाएगा और फिर देश के कल्याण में सहयोग भी होगा। जनसंख्या की वृद्धि में भी कमी होगी। अतः मैं मान गई। परंतु माताजी! जब मैं इस कार्यालय में पहुँची तो यह कृष्णमूर्ति मेरे पीछे पड़ गया। मैं यह समझकर कि इससे कुछ मनोरंजन करने में कुछ हानि तो होगी नहीं, मान गई। परंतु आज जो रूप कार्यालय में इस कृष्णमूर्ति का समझा है, उससे मुझे अपने पूर्ण पिछले छह-सात मास के जीवन पर ग्लानि अनुभव होने लगी है।"

"क्या देखा है?"

"अविनाश के पिताजी को उनके किसी अपराध के लिए बंदी नहीं बनाया गया, वरन् उनसे अनुचित रूप में धन ऐंठने के लिए उन्हें बंदी बनाया गया है। मेरी यह ड्यूटी लगाई गई है कि मैं अविनाशजी को राय दूँ कि वह इनको मुँहमाँगा धन दें तो इनके पिताजी छोड़े जा सकते हैं।"

सूर्यदेवी इस बात को सुन अवाक् मुख देखती रह गई।

सोम ने आगे कहा, "मौसी! मैं अब शेष जीवन तुम्हारे पास ही रहना चाहती हूँ।"

"परंतु तुम्हें जो पुरुष संगत की लत पड़ी हुई है उसका क्या होगा? वह मैं अपने घर में स्वीकार नहीं कर सकती।"

"उस लत को भूलने के लिए ही तो मौसी की सहायता चाहती हूँ।"

"परंतु यह कैसे हो सकेगा? इस कृष्णमूर्ति से कैसे बचा जा सकेगा? यह मुझे समझ में नहीं आ रहा।"

"इस विषय पर अविनाशजी के पिता की समस्या सुलझ जाने के उपरांत विचार कर लूँगी।"

सूर्यदेवी अनिश्चित मन सोम का मुख देखती रह गई। सोम आँखें मूँदे अपने

भविष्य और भूत पर विचार कर रही थी। रामी भोजन लाने की आज्ञा की प्रतीक्षा में सम्मुख खड़ी थी।

आखिर सूर्यदेवी ने कहा, "अभी तुम रहो। पक्का प्रबंध तो विचारोपरांत ही हो सकेगा।"

अगले दिन प्रातः सोम अभी बिस्तर में करवटें ही ले रही थी कि अविनाश और राज सूर्यदेवी से मिलने आ गए।

रामी ने द्वार खोलकर राज को पति के साथ खड़े देखा तो नमस्ते कहकर भीतर माताजी को बताने भागी।

अविनाश और राज बैठकघर में बैठे ही थे कि सूर्यदेवी अपने पूजागृह से भागी हुई आई।

सूर्यदेवी ने कहा, "मैं आशा तो कर रही थी कि आप आज किसी समय मिलने आएँगे, परंतु यह स्वप्न में भी विचार नहीं था कि इतने प्रातःकाल आपको यहाँ देखूँगी।"

बैठकघर में अविनाश की हँसी की आवाज सुन सोम भी उठकर, अँगड़ाइयाँ लेती हुई बाहर आकर, हाथ जोड़ नमस्ते करने लगी।

"तो तुम यहाँ हो?" अविनाश ने पूछ लिया।

"हाँ, मौसी ने मुझे अपनी पुत्री बना लिया है।"

"पर बन सकोगी?"

"भैया, यत्न कर रही हूँ। आशा तो करती हूँ कि इनकी पुत्री बनने में सफल हो सकूँगी।"

अविनाश ने कहा, "माताजी, मैं सोम के कार्यालय में जा रहा हूँ और नहीं जानता कि पुनः घर आ सकूँगा अथवा पिताजी के पास जेल भेज दिया जाऊँगा, इस कारण राज का कहना था कि कार्यालय जाने से पहले आपके चरणस्पर्श करने यहाँ पहुँच जाऊँ।"

"रामी!" सूर्यदेवी ने कहा, "शीघ्र अल्पाहार तैयार कर दो।"

अविनाश ने कहा, "मैं सोम के साथ कार्यालय नहीं जाऊँगा। मैं चाहता हूँ कि यह कम-से-कम पिताजी के जेल से बाहर आने तक कार्यालय में डटी रहे।"

"तो स्नानादि करोगे?" सूर्यदेवी ने पूछ लिया।

अविनाश हँस पड़ा। वह कहने लगा, "इन छह दिनों में इतना तो राज ने मुझे सिखाया है कि प्रातःकाल जाग जाना कितना रसमय होता है।

"प्रातः चार बजे ही यह चिकुटियाँ काटने लगती है और विवश होकर मुझे उठना पड़ता है।"

"तो बहुत कष्ट देती है आपको? क्यों, राज! यह बच्चों की सी बातें अभी भूली नहीं?"

"माताजी," अविनाश ने ही उत्तर दिया, "इसकी चिकुटियाँ बहुत मीठी होती हैं। इसी से तो जग रममय हो जाती है। अब यह अपना दूसरा पाठ पढ़ाने लगी है।"

"और तुमने इसे कुछ नहीं पढ़ाया?" सूर्यदेवी ने मुस्कराते हए पूछ लिया।

इस पर हँसते हुए राज ने कहा, "माताजी! इनका पाठ तो सोने से पूर्व चलता है। ये निशाचरों की विद्या पढ़ा रहे हैं।"

"परंतु माताजी!" अविनाश ने कहा, "इसकी प्रातः की चिकुटियाँ अधिक स्वादिष्ट होती हैं।"

"देखो राज!" सूर्यदेवी ने मुस्कराते हुए कहा, "चिकुटियाँ काटने के स्थान पर कुछ प्रभु-स्मरण किया करो तो ठीक रहेगा।"

"उसका रस तो अभ्यास से ही समझ में आता है। इसका अभी समय नहीं मिला।"

सोम पति-पत्नी की इस नोक-झोंक सुन हँसती हुई उठी और बोली, "मैं स्नान कर आऊँ, तब आपके साथ अल्पाहार लूँगी।"

इतना कहकर वह बाहर बाथरूम को भागी। वास्तव में उसे अपने 'बॉस' के लड़के से अपने प्रथम मिलन की याद आने लगी थी। उन दिनों वे दोनों अपना संबंध लुक-छिपकर बनाए हुए थे। अपने उन दिनों का अनुभव स्मरण कर और अब अविनाश व राजकुमारी के मधुर-मिलन का वर्णन सुनकर, दोनों में अंतर देखकर वह वहाँ से टल जाने में ही सुख अनुभव करने लगी थी। उसे अपना उस काल का अनुभव एक महान् छलना प्रतीत हुआ था।

उसे एक पंजाबी कहावत स्मरण आ गई—'कीती चोरी ते रोढ़िया मोरी'। यही अपना तब का सब क्रियाकलाप उसे समझ में आया था।

जब गर्भपात के लिए अस्पताल में प्रवेश पाने का समाचार उसकी माँ को पता चला तो वह उसे मिलने वहाँ आई थी और बोली थी, 'यह पापकर्म तुम्हें जीवन भर कष्ट देता रहेगा।'

उस समय वह इसे अपना 'नैचुरल राइट' समझती थी। इस कारण उसने माँ को कहा था, 'माँ, यह पाप कैसे हो गया? आखिर तुमने भी तो यह कर्म किया ही होगा, अन्यथा मेरा जन्म कैसे होता?'

सोम ने गर्भपात के ऑपरेशन के साथ अपने गर्भ-निरोध का ऑपरेशन भी कराया था। इससे उसे अस्पताल में पंद्रह दिन लगे थे। वहाँ का सारा व्यय अविनाश ने दिया था। सोम की माँ यह समझी थी कि उसकी लड़की को भ्रष्ट करनेवाला अविनाश ही है और वह जब घर लौटी तो माँ मरणासन्न अवस्था में पड़ी थी।

उसने सोम को देखते ही पूछा, 'उसे साथ नहीं लाईं?'

'किसे माँ?'

'जिसने तुम्हारा सर्वनाश किया है।'

'वह तो मेरे अस्पताल में जाने के समय बंबई में था और मेरे अस्पताल में दाखिल होने का समाचार पाकर यूरोप भाग गया है। अभी भी वहाँ ही है।'

'और वह, जिसने तुम्हारा अस्पताल में सब प्रबंध किया है, कौन है?'

'वह भाई बनकर सहायता कर रहा था।'

'तो तुम अपनी माँ के सामने भी झूठ बोलने लगी हो?' यह माँ ने क्रोध में कहा था। और उसके उपरांत वह अचेत हुई तो फिर मृत्यु के द्वारा ही वह कष्ट से छुटकारा पा सकी।

सोम बाथरूम में पहुँचकर, यह सब स्मरण कर और उसकी तुलना राज की अवस्था से कर भीतर-ही-भीतर अपना दिल बैठता अनुभव कर रही थी।

रामी को अल्पाहार तैयार करते हुए पौना घंटा लगा। इस समय तक अविनाश अपने पिताजी को छुड़ाने में अपनी योजना राजकुमारी की माँ को बताता रहा। उसने कहा, "रात माताजी से विचार करने के उपरांत हमने राज की योजना पर व्यवहार करना स्वीकार किया है। योजना यह है कि जिस किसी प्रकार से भी हो सके, पिताजी को जेल से बाहर किया जाए और फिर अपना पारिवारिक जीवन भारतीय समाज से पृथक् कर चलाने का यत्न किया जाए।"

"यह कैसे संभव होगा?" सूर्यदेवी का प्रश्न था।

उत्तर राज ने दिया, "माताजी, मैंने अर्थशास्त्र पढ़ा है, परंतु इसे संसार के लोगों से कुछ भिन्न प्रकार से समझा है। मैं उसी पर शोध-कार्य करनेवाली हूँ। ऐसा प्रतीत होता है कि शोध-कार्य करने के साथ-साथ क्रियात्मक अनुभव भी प्राप्त करने का अवसर मिल सकेगा। रात मैंने इनको अपनी योजना का प्रारूप बताया है। वह अभी धुँधला-सा है। इस पर भी ये एक फुटबॉल के खिलाड़ी होने के कारण उस पर परीक्षण करने के लिए तैयार हो गए हैं।"

माँ मुख देखती रह गई।

अविनाश अल्पाहार लेकर अपनी गाड़ी में अपने वकील की बैठक की ओर चल पड़ा।

: छह :

ठीक सवा दस बजे अविनाश निर्माण-विभाग के कार्यालय में जा पहुँचा। उसने सचिव के कमरे के बाहर जाकर चपरासी को अपना कार्ड भीतर देने के लिए एक पाँच रुपए का नोट थमा दिया। चपरासी सलाम कर, नोट जेब में ठूँसकर भीतर चला गया।

सेक्रेटरी उस समय सी.बी.आई. के कार्यालय में टेलीफोन से पता कर रहा था कि अविनाश दिल्ली आया है अथवा नहीं?

वहाँ से उसे यह सूचना मिली थी कि प्रात: के हवाई जहाज से वह नहीं आया। सेक्रेटरी निराशा में चोंगा रखकर इसका कारण जानने का यत्न कर रहा था कि चपरासी ने अविनाश का कार्ड सामने रख दिया।

वह कार्ड पर नाम पढ़कर इस प्रकार कुरसी से उछल पड़ा, मानो उसे बिच्छू ने काटा हो।

"कहाँ है यह व्यक्ति?"

"हजूर! कमरे के बाहर खड़ा है।"

"उसे ले आओ।" सेक्रेटरी कुछ न समझता हुआ पुन: कुरसी पर बैठकर अविनाश की प्रतीक्षा करने लगा।

अविनाश ने आगे बढ़कर सेक्रेटरी से हाथ मिलाते हुए कहा, "मुझे बताया गया है कि आप मुझसे मिलना चाहते हैं। इसी सूचना के अनुसार मैं हाजिर हो गया हूँ।"

"यह किसने कहा है?" सेक्रेटरी ने पूछ लिया।

"एक एस.डी.ओ. मिस्टर कृष्णमूर्ति हैं। उन्होंने आपकी एक क्लर्क सोम के हाथों संदेश भेजा था।"

"ओह!" सचिव इन जाने-बूझे नाम को सुनकर, आश्वस्त होकर कहने लगा, "बैठिए, आप कब आए?"

"मैं कल सायंकाल ही दिल्ली पहुँच गया था। रात के समय आपको कष्ट न देने के लिए कार्यालय खुलने की प्रतीक्षा कर रहा था।"

"देखिए, अविनाशजी! पुलिस को आपके पिताजी के अतुल धन पर संदेह हुआ है कि वह गैर-कानूनी ढंग से एकत्र किया गया है। इस कारण उनको 'मीसा' के अधीन पकड़ लिया है।"

"परंतु श्रीमान, इस विषय में कुछ जाँच-पड़ताल की गई होगी?"

"जरूर की होगी, परंतु वह फाइल तो होम डिपार्टमेंट में है। मुझे सूचना मिली है कि उनके मामले पर पुनरावलोकन किया जा सकता है। परंतु इस कष्ट का कुछ देना पड़ेगा। होम डिपार्टमेंट के लोगों ने इस कष्ट का मूल्य दस हजार रुपए आँका है। और फिर कुछ हमारा भी तो बनता है?"

"देखिए हजूर! मैं दस हजार रुपए तो तुरंत दे सकता हूँ। परंतु आपके कार्यालय की नजर तो पिताजी बाहर आकर ही देंगे।"

"तब तो कुछ न हुआ। आखिर मैं आपके मामले में क्यों दखल दूँ? आजकल तो किसी से भी 'मीसा' के अपराधी के लिए किसी प्रकार की बात करना, एक प्रकार का भय मोल लेना है।"

"यह तो ठीक है। पिताजी के मामले पर पुनरावलोकन में तो पुत्र की रुचि को आप समझ सकते हैं। और उसके लिए तो अभी आपकी सेवा में रकम उपस्थित कर सकता हूँ। शेष बात व्यापार की है और वह व्यापारी स्वयं ही कर सकता है।

"हाँ, एक बात और कर सकता हूँ। कल पिताजी से जेल में मिलने जा रहा हूँ। यदि आप कहें तो आपका प्रस्ताव उनके सामने रख सकता हूँ?"

"तब ठीक है। आप होम डिपार्टमेंट के लिए तो रकम अभी दे सकते हैं। और शेष कल उनसे मिलकर निश्चय कर लीजिएगा।

"तो यहीं नजर पेश करूँ?"

"नहीं, इधर भीतर आइए।"

सचिव उसे अपने 'रिटायरिंग रूम' में ले गया और वहाँ अविनाश ने प्रारंभिक काररवाई की तो दोनों बाहर आ गए।

सचिव ने पूछा, "शेष बात के लिए आप कल सायंकल मेरे बँगले पर मिल सकते हैं।"

अविनाश समझ रहा था कि यह दस हजार तो केवल सचिव के 'मूड' को नरम करने के लिए है।

अब शेष बात तो पिताजी से मिले बिना हो नहीं सकती थी। अविनाश और मालती देवी उनसे मिलने जेल में गए और एक घंटे के स्थान पर ढाई घंटे लग गए। शंकरदास को इस बात के लिए तैयार करने में राजकुमारी की युक्तियाँ बहुत काम आईं। अविनाश ने कहा, "पिताजी! यह बिलों पर कुछ प्रतिशत कार्यालय को देने की प्रथा को हम मानते रहे हैं। यह अनियमित प्रथा थी। हम लोग इस कारण मानते रहे हैं कि इससे हमें धन वसूल करने में सुविधा होती थी। अब इस सुविधा का मूल्य बढ़ गया है। यह इसी प्रकार है, जैसे अपने यौवनकाल में कोई वेश्या सामान्य दर से अधिक माँगने लगे। इस पर गिला करने की आवश्यकता नहीं। यह उसका यौवनकाल जो है।

"इसी प्रकार इमरजेंसी में नौकरशाही का यौवनकाल है और यह अपने से संभोग का मूल्य अधिक माँगने लगी है।

"वैसे दोषी तो संसार है, जिसने वेश्यावृत्ति की प्रथा को चलन दिया है। इसी प्रकार हम दोषी हैं और हमारा वास्ता उस वेश्या से पड़ रहा है, जो आजकल भरपूर यौवन में है।"

आखिर शंकरदास यह मान गया कि जब बिलों की रकम का चेक मिले, उसी समय नकद तीस हजार अधिकारियों की जेब में चला जाए।

इस प्रकार का प्रबंध कर अविनाश सेक्रेटरी से मिला और दो दिन में ही सब प्रबंध हो गया।

शंकरदास ने एक लाख पैंसठ हजार के तीन चेक प्राप्त किए और उसी समय सौ-सौ के नोटों में से तीस हजार रुपए सेक्रेटरी साहब के रिटायरिंग रूम में उनकी जेब में डाल दिए।

यह उस दिन हुआ, जिस दिन प्रातः शंकरदास पर से 'मीसा' का वारंट वापस लिया गया था। चालीस हजार रुपया किस-किस में बँटा, यह जानना अविनाश और उसके परिवार वालों का काम नहीं था। अविनाश सरकारी चैक लेकर सीधा बैंक में पहुँचा, चेक जमा कराए और तब घर पर आया।

मध्याह्न भोजन के समय शंकरदास अपने परिवार में बैठा हुआ था। मालती, अविनाश, राजकुमारी और राजकुमारी की माँ सूर्यदेवी भी आई हुई थीं।

सूर्यदेवी आज घर से बनी चाय थर्मस में और साथ में सैंडविच लेकर आई थी। सब लोगों के लिए उस दिन खाने के लिए पुलाव, पूरी-साग, पाइनएप्पल और टोमेटो जूम, दही-भल्ले तथा इमली की चटनी भी थी। जब सूर्यदेवी ने अपनी पाटली खोली, उसमें से सैंडविच निकालकर, अपनी चीनी की प्लेट में रख वह खाने लगी तो ठेकेदार और उसका परिवार हँसने लगा।

सूर्यदेवी ने गंभीर भाव में ही कहा, "भाई साहब! इसमें हँसने की बात नहीं है। ये प्रथाएँ ही पीछे चलकर कष्ट देती हैं और जेल का दरवाजा भी दिखा देती हैं। इस कारण प्रथा निर्माण करते समय ही यह देखना नहीं चाहिए क्या कि ये पापयुक्त न हों। प्रथा चाहे तो रिश्वत की हो और चाहे मिथ्या कानूनों की, जब भी अधर्मयुक्त होगी तो कभी-न-कभी कष्ट देगी ही।"

इस पर शंकरदास ने गंभीर होकर कह दिया, "बहनजी! आपका सिद्धांत तो मैं अब भलीभाँति समझ गया हूँ। परंतु यह प्रथा कि लड़की को लड़के से भिन्न समझना चाहिए, मेरी इस छोटी सी खोपड़ी में नहीं समाई।"

"तो आपके इस विशाल मस्तिष्क को यह समझाने की आवश्यकता है कि लड़की और लड़के में प्रकृति ने ही अंतर बनाया है?

"लड़का संसार-संघर्ष में भाग लेने के लिए बना है और लड़की मानव समाज में कोमलतम भावनाओं की परिचायक होती है। इसका अर्जित एक नया पैसा भी छूना मुझे पाप लगता है। इसमें भला वैचित्र्य क्या है?"

"तो आप समझती हैं कि यह पुलाव, पूरी-साग, भल्ले इत्यादि राजकुमारी की कमाई के रूप हैं?"

"यह तो आप और अविनाश ही जान सकते हैं कि उसका इसमें कितना भाग अभी बना है। मुझे राज के पिता की बात स्मरण है। वे कहा करते थे कि जब से वे सेवा-कार्य

पर से वेतन लाने लगे हैं, तब से ही वे समझ रहे थे कि उनकी कमाई में उनकी पत्नी का भाग भी है।

"वह उस, मेरा अभिप्राय है अपनी होने वाली पत्नी का भाग, उसके वहाँ पहुँचने से पहले ही समझने लगे थे और नियम से वे दो सौ रुपए महीना अपनी पत्नी के निमित्त निकालकर रख रहे थे।"

सब मुस्कराते हुए सूर्यदेवी का मुख देख रहे थे। सूर्यदेवी ने कह दिया, "मैं समझती हूँ कि लड़की का भाग पहले माता-पिता की आय में और पीछे पति की आय में तो उसके जन्म से ही निश्चय होता है।"

"ठीक है," मालती देवी ने कहा, "परंतु बहनजी, समय तीव्र गति से बदल रहा है। सरकार ने नियम बना दिया है कि निर्मला यहाँ से बाहर एक हजार मील दूर बैठी हुई हमारी पाई-पाई की आय में भागीदार है और वह अपने श्वसुर के घर की कमाई में एक पैसे की भी हकदार नहीं है।"

"बहनजी! इतना कुछ तो मैं भी समझती हूँ। यह कानून किसी मूर्ख का बनाया हुआ है और पापयुक्त है। समाज ने इस पाप को स्वीकार कर इस मूर्खतापूर्ण व्यवहार में सहमति दी है।

"इसका परिणाम समाज में विस्फोट के रूप में प्रकट होगा। राजनीतिक अनीति से यह इमरजेंसी चल रही है और सामाजिक अनीति से समाज का घोर पतन अवश्यंभावी है।

"एक ओर तो दहेज की प्रथा को रोका जा रहा है और दूसरी ओर, पिता की संपत्ति में लड़की को अधिकार दिया जा रहा है।

"अभी तक भाइयों के मन में बहनों के लिए आदर और मान है। भाई-भाई में तो कभी-कभी पड़ोसी-पड़ोसी से भी अधिक द्वेष उत्पन्न हो जाता है, परंतु अब उससे भी भयंकर द्वेष भाई-बहन में होने लगेगा।

"एक सुभीता अभी है। वह यह कि पिता अपनी आय में से लड़की को क्या दे और क्या न दे, उसके अधिकार में है। यह तो वैसे ही है, जैसे कोई पिता एक लड़के को अधिक देता है और दूसरे को कम। परंतु इसमें भी द्वेष का बीज तो है ही।"

भोजन समाप्त हुआ। तो सब एक पृथक् कमरे में बैठ विचार करने लगे कि इस नौकरशाही के अत्याचार से बचने का उपाय क्या किया जाए? शंकरदास का कहना था कि हमें टेंडरों में दिए भाव बढ़ाने के लिए आग्रह करना चाहिए।

अविनाश का विचार था कि यह स्वीकार नहीं होगा। साथ ही हमारी इस माँग को लेकर हमें इस प्रकार बदनाम किया जाएगा कि हम पहले ही बहुत अधिक रेट माँगते हैं और इस प्रकार हम गरीब जनता का शोषण करनेवाले हैं।

राजकुमारी का प्रश्न था, "हम से आपका क्या अभिप्राय है?"

"नई दिल्ली के ठेकेदार कम्युनिटी। हमारे साथ कोई सम्मिलित नहीं होगा। इस पर भी अवैधानिक उपायों से अपनी आय में कमी को पूरा करने का यत्न करेंगे।"

"यह हम भी कर सकते हैं?" अविनाश का कहना था, "परंतु यह रोग की चिकित्सा नहीं। यह तो रोगी समुदाय में सम्मिलित होकर अपने को निरोग कहने का ढंग है। बीमारी तो है और इसका भयंकर परिणाम भी होगा।"

इस पर शंकरदास का कहना था, "रोगी समाज में एकाध निरोग नहीं रह सकता। निरोग रह सकने का उपाय ढूँढ़ने के लिए ही तो हम यहाँ विचार कर रहे हैं। तुम्हारा कहना है कि रोगी समाज से छूत की बीमारी यदि लग जाती है तो लज्जा की बात नहीं। परंतु हम यहाँ लज्जा अथवा निर्लज्जता की बात नहीं कर रहे। ये केवल भावना-मात्र स्थितियाँ हैं। वास्तविक बात है पाप-पुण्य की। मेरा अभिप्राय है कि जब पूरे समाज का सुधार करना हमारे बस में न हो तो अपने को निरोग रखने का उपाय विचार करना चाहिए।"

अब राज ने अपनी विचारित बात कह दी, "देखिए पिताजी! किसी काल में कई नगरों में प्लेग फैल गई थी और प्लेग को निर्मूल करने के उपाय न होने पर पृथक्-पृथक् मकानों का शोधन कर रहने योग्य बनाया जाता था। यह उपाय भी अंत में जाकर व्यापक शुद्धि परिणाम वाला हो गया।

"मैं कुछ इसी प्रकार का विचार कर रही हूँ। सिद्धांत यह है, जब समाज की बड़ी इकाई का सुधार न हो सके तो एक छोटी समाज की कल्पना कर उसको सन्मार्ग पर चलाया जाए। वह छोटी इकाई सुधरेगी तो वैसे ही समाज की अन्य इकाइयाँ बनेंगी और अंत में पूरा समाज सुधर जाएगा।"

अब अविनाश ने बातों में हस्ताक्षेप करते हुए कहा, "और तब पूरे समाज का काम हम अपने में समेट लेंगे।"

"यह हमारे उपायों के फुल-प्रूफ होने पर निर्भर करता है। महात्मा गांधी ने इसका उपाय बताया था, परंतु उस पर प्रयोग नहीं हो सका। कारण यह कि हमारे देश के अर्थशास्त्री, शिल्पी, मेरा अभिप्राय है टेक्नीशियन और गांधीजी से शह पाए हुए हमारे राजनीतिज्ञ, समाजवादी और वास्तव में साम्यवादी थे; उन्होंने गांधीजी की सिद्धांतात्मक योजना को 'रौट' करने दिया तथा अपनी विचारित योजनाओं पर बल देते गए।"

मालती इन खयाली घोड़े दौड़ाने में विश्वास नहीं रखती थी। उसने कह दिया, "देखो बेटी राज! तुम जो करणीय है, उसकी योजना बनाओ। इन सिद्धांतों की चर्चा से पेट नहीं भरता।"

"देखिए माताजी! मेरी योजना का प्रथम पग यह है कि वर्तमान ठेकेदारी को बंद किया जाए। जब तक हम भूतकाल से बँधे रहेंगे, हमारा पग सीधे मार्ग पर नहीं चल सकेगा।"

अब शंकरदास ने अपने व्यापार की वर्तमान स्थिति बता दी, "राजधानी में पाँच स्थानों पर हमारा काम चल रहा है। इन पाँच में चार स्थान तो सरकारी हैं और पाँचवाँ एक प्राइवेट धनी के बँगले का निर्माण है।

"सरकारी काम हम छोड़ नहीं सकेंगे, यद्यपि वर्तमान स्थिति में उसमें घाटा चल रहा है। पाँचवें स्थान पर हमें लाभ हो रहा है। उस लाभ में एक कारण यह भी है कि हम सरकारी माल चोरी कर वहाँ लगा रहे हैं। साथ ही हम वहाँ किसी को अपने बिलों को स्वीकार कराने के लिए रिश्वत नहीं दे रहे।

"काम बंद करने का एक तरीका तो यह है कि अगला कोई कार्य सरकारी अथवा प्राइवेट न लिया जाए?

"इस पर प्रश्न यह है कि घर का चार-पाँच हजार प्रतिमास का खर्च कहाँ से निकाला जाए?"

"इसके लिए यत्न किया जा सकता है। मैं विचार करती हूँ कि मेरी माताजी की आय ढाई सौ रुपए महीने की है। हम दो प्राणी उसमें निर्वाह करते हुए भी चालीस-पचास रुपए प्रतिमास बचा लेते थे। उसी प्रबंध को नमूना बनाकर हम घर के खर्चे में कमी करेंगे।"

अविनाश व्यावहारिक प्रवृत्ति रखता था। इस कारण उसने अपनी सम्मति दे दी, "अभी कोई नया काम निकल भी नहीं रहा और हम लेने का विचार भी नहीं रखते। इस काल में तुम घर के प्रबंध में कमी करके दिखाओ। तब शेष बात पर विचार किया जा सकेगा।"

इस प्रकार यह कॉन्फ्रेंस समाप्त हुई, परंतु मालती ने एक अन्य कॉन्फ्रेस बुला ली। उसमें उसने अपनी पतोहू को और उसकी माँ को भी बुला लिया। यह घर के खर्चे को पाँच हजार से दो हजार रुपए महीना तक लाने का विषय लेकर की गई थी।

अविनाश और उसका पिता तो अपने मित्रों से मिलने चले गए। साथ ही वे दोनों अपने चल रहे कामों का निरीक्षण करना चाहते थे। शंकरदास चार दिन तक कार्य से अनुपस्थित रहा था और पाँचों स्थानों पर निरीक्षण तथा पथ-प्रदर्शन में ढील आ जाने के कारण काम की गति रुक रही थी।

सूर्यदेवी ने घर के खर्चे पर निरीक्षण करने के लिए कहा, "एक अनुमानित व्यय-पत्र तैयार किया जाए।"

घर पर तीन मोटरगाड़ियाँ थीं। तीन ड्राइवर रखे हुए थे।

सूर्यदेवी ने कहा, "बहनजी! पाप का स्रोत कामना है। बिना कामनाओं के मनुष्य का जीवन दुर्भर हो जाता है, इस कारण इनका सर्वथा उन्मूलन तो नहीं हो सकता, परंतु इनको सीमित किया जा सकता है। अच्छा बताइए, आप ड्राइवरों को क्या वेतन देते हैं?"

"प्रत्येक को तीन सौ पचास रुपए वेतन। प्राय: भोजन के समय ड्यूटी पर होते हैं। इनका भोजन-भत्ता एक से डेढ़ सौ रुपए महीना से ऊपर भी हो जाता है।"

"इनमें से दो ड्राइवरों की छुट्टी कर दीजिए। एक ड्राइवर रहने दीजिए। अविनाशजी गाड़ी चलाना जानते हैं और मैं तो कहूँगी कि राज को भी अभ्यास कराकर ड्राइविंग लाइसेंस प्राप्त करना चाहिए। इससे कम-से-कम एक सहस्र रुपए मासिक की बचत हो जाएगी और पेट्रोल की भी बचत होगी।"

"परंतु हमारी गतिविधियों में भारी कमी हो जाएगी?" मालती का कहना था।

"इसी को लक्ष्य में रखकर ही तो योजना बनाई जा रही है।"

खर्च की दूसरे मद्द थे—घर के नौकर—एक बेयरा था, एक रसोइया, दो चपरासी, दो चौकीदार, एक घर की सफाई करनेवाला, एक माली और भंगी। सूर्यदेवी का प्रस्ताव इन सब में कुछ कमी तुरंत करने का था। उसका कहना था कि एक चपरासी और एक चौकीदार निकाल दिए जाएँ। इसी प्रकार अन्य खर्च भी कम कर दिए।

: सात :

सोम अब सूर्यदेवी के घर में रहने लगी थी और सप्ताह में एकाध बार ही सफदरजंग वाली कोठी पर आ सकती थी। वह एक दिन कार्यालय से सीधी कोठी पर आने लगी तो जिस बस में वह सचिवालय से सवार हुई, उसी में बैठी राज मिल गई। सोम उसके पास आ बैठी और पूछने लगी, "राज बहन, किधर से आ रही हो?"

राज एक पुस्तक पढ़ने में लीन थी। समीप बैठी सोम के प्रश्न पर चौंकी और फिर हँसकर बोली, "विश्वविद्यालय के पुस्तकालय से आ रही हूँ। यहाँ से बस बदली है।"

"तो अभी शोध-कार्य का जुनून दिमाग से नहीं उतरा?"

"वह तो पहले से अधिक उग्र हो रहा प्रतीत होता है।" राजकुमारी ने पुस्तक बंद कर कंधे से लटक रहे थैले में रखते हुए कहा।

"मैंने छात्रवृत्ति लेने से इनकार कर दिया है, परंतु मेरा नाम शोध करनेवाली के रूप में रजिस्टर हो गया है। डॉ. मिश्र मेरे गाइड बने हुए हैं।"

इतना कहते-कहते वह हँस पड़ी। सोम प्रश्न भरी दृष्टि में उसकी ओर देखने लगी तो राज ने बताया, "मैं हँसी इस कारण हूँ कि हम दोनों का अर्थशास्त्र भिन्न-भिन्न है। जहाँ उसका अर्थशास्त्र आरंभ होता है, वहाँ मेरा अर्थशास्त्र समाप्त होता है।"

द्वितीय परिच्छेद

"यह तो होना ही चाहिए," सोम ने कहा, "अपना अर्थशास्त्र समाप्त कर डॉक्टर साहब की सहायता से आगे चलना चाहिए।"

"तुम समझी नहीं। मेरा मतलब है कि जहाँ से मैं आरंभ करती हूँ, वहाँ वे समाप्त करते हैं। देखो, मैं समझाती हूँ। मैं कहती हूँ कि मनुष्य को पहले धर्म का अर्थात् कर्तव्य का ज्ञान होना चाहिए। तब उसे, धर्मानुसार अभिप्राय यह कि कानून के अनुसार, धनोपार्जन करना चाहिए। उस धन का तब धर्मानुसार प्रयोग होना चाहिए। वे महापुरुष कहते हैं कि पहले कामनाओं का निर्माण होना चाहिए। उनके निर्माण से धनोपार्जन की प्रेरणा मिलती है। धन मिलने पर मनुष्य अपने कर्तव्य का पालन कर सकता है। आज इस विषय पर चर्चा और विवाद होता रहा। वे मेरी युक्तियाँ सुन उत्तर तो नहीं दे सके, परंतु संतुष्ट भी नहीं थे। अब उन्होंने कहा है कि मैं अपने सब पॉइंट्स लिखकर लाऊँ, तब वे उनको पढ़कर मुझे अपनी सम्मति देंगे।"

"तो तुम वहाँ शोध-कार्य के लिए नहीं जाती, वरन् डॉक्टर साहब का शोधन करने जाती हो?"

दोनों हँस पड़ीं। बस भर गई तो चल पड़ी। अब सोम ने कहा, "मैं पिछले रविवार के उपरांत आज कोठी पर आ रही हूँ। अविनाशजी मिलेंगे वहाँ?"

"इस समय प्राय: घर पर चाय लेने आया करते हैं, परंतु निश्चय से नहीं कह सकती।"

"मुझे उनसे ही काम है?"

"कुछ आर्थिक कष्ट उपस्थित हो गया है? तब तो मैं भी कुछ कर सकूँगी।"

"नहीं, आर्थिक अभाव नहीं, वरन् प्रचुरता का संकट उपस्थित हुआ है।"

"उसमें भी तुम्हारी सहायता कर सकती हूँ।"

"क्या सहायता कर सकती हो?"

"तुम मेरे बैंक में धन जमा करा सकती हो?"

"और तुम इससे क्या करोगी और फिर क्या ब्याज दोगी?"

"मेरे बैंक में ब्याज नहीं मिलता, वरन् रुपए की रक्षा का मूल्य लिया जाता है।"

"तब उसमें जमा नहीं कराऊँगी। अविनाश भैया इस प्रकार के धन का बारह प्रतिशत ब्याज देते हैं।"

"तो फिर वहीं जमा कराना। मुझमें उन जैसी व्यापारिक बुद्धि नहीं है।"

राज ने नहीं बताया कि सफदरजंग वाली कोठी में चित्र बदल रहा है। उसने यह बताना अपने अधिकार में नहीं समझा। दोनों बस-स्टैंड से कोठी की ओर चलीं तो राजकुमारी ने पूछा, "कितना रुपया जमा कर लिया है?"

"कुछ अधिक नहीं। बात यह है कि वेतन तो मैं बैंक में अपने सेविंग खाते में जमा करा देती हूँ और उसमें से माहवार खर्चे के लिए निकलवाती रहती हूँ। अब एक तो मैंने कमरा छोड़ दिया है तो दो सौ रुपए महीना वह बच गया है। उसमें ही सब खर्चे चल रहे हैं। रोटी का खर्चा माताजी लेती नहीं, इससे वह भी बचत हो रही है। परंतु कठिनाई यह हो गई है कि इस मास अपने कार्यालय से नजर-न्याज के रूप में एक हजार मिला है। उसकी समस्या उत्पन्न हो गई है।"

"तो यह पहले नहीं मिला करता था?"

"प्रायः इतना ही प्रतिमास मिल जाया करता था, परंतु यह मेरा शराब इत्यादि पर व्यय होता था। अब माताजी पीने नहीं देतीं। इसलिए मैं नहीं पीती।"

"तो अपने भैया से ही पता करना। मैं यह विचार नहीं पढ़ी।"

दोनों हँसती हुई कोठी में प्रवेश करने लगीं तो अविनाश भी मोटर भगाता हुआ उनके पीछे-पीछे आ पहुँचा।

"लो, तुम्हारे भैया आ गए हैं।"

अविनाश गाड़ी कोठी के पिछवाड़े में ले गया। दोनों लड़कियाँ कोठी में माताजी के पास जा पहुँचीं। मालती देवी ड्राइंग-रूम में सेवक को चाय लाने के लिए कह रही थी। उसने अविनाश की मोटर कोठी में प्रवेश करते हुए देख ली थी।

"सुनाओ सोम!" मालती ने पूछ लिया, "बहनजी कैसी हैं?"

"वे आज आनेवाली थीं और चाहती थीं कि मैं वहाँ पहुँच जाऊँ। परंतु मुझे उनसे चोरी भैया से कुछ काम था, इस कारण उनको कहे बिना यहाँ चली आई हूँ।"

"यह तुम्हारा स्वभाव मुझे पसंद नहीं। एक ओर तो उनको माताजी मानती हो और दूसरी ओर उनसे छलना करती हो?"

"माताजी, यदि उनको सब बात बता देती तो उन्हें दुःख होता। आप तो मेरी सब बातें जानती हैं, परंतु उनको अभी नहीं बताईं। आज महीने की पहली तारीख थी। वेतन भी मिला और नजर-न्याज की रकम भी। वेतन तो वहीं बैंक में जमा करा आई हूँ और नजर-न्याज बैंक में जमा कर नहीं सकती। पहले भी नहीं कराया करती थी और उसे शराब तथा होटलों पर व्यय किया करती थी। अब शराब पीनी छोड़ दी है। होटलों में भी जाने की रुचि नहीं रही। इस कारण उस रकम को भैया के पास जमा कराने आई हूँ।"

उसी समय अविनाश आया और सोम से बोला, "सोम बहन! आज इधर कैसे टपक पड़ी हो?"

"तो यहाँ नहीं आना चाहिए था?"

"मुझे डर लग गया है कि राज की माताजी ने कहीं घर से न निकाल दिया हो।"

द्वितीय परिच्छेद

"तो आप उनको अभी समझे ही नहीं। वे साक्षात् दया की मूर्ति हैं। इस पर भी सर्वथा पाप से अलिप्त हैं।

"मुझे वहाँ रहते हुए दस दिन हुए हैं और इन दस दिनों में मुझे दस से अधिक बार क्षमा कर चुकी हैं। परंतु मैं उनको वह बात नहीं बता सकी, जिसके लिए मैं यहाँ आई हूँ।"

"किस काम से आई हो?"

"मुझे आज एक हजार रुपए मिले हैं। वह मैं आपके पास जमा कराने आई हूँ।"

"परंतु एक बार तुम पहले भी इस प्रकार का धन जमा कराने आई थी और जहाँ तक मुझे स्मरण है, दूसरे ही मास तुम वह वापस ले गई थी। अब पुनः उसको जमा कराने की आवश्यकता क्यों पड़ गई है?"

"जी, तब तक मुझे समझ नहीं आया था कि यह धन कहाँ व्यय किया जा सकता है। कृष्णमूर्ति ने मुझे इसके व्यय करने का ढंग बताया। मैं इसे उस कार्य में व्यय कर रही थी। अब माताजी के साथ रहते हुए इसको इस प्रकार व्यय नहीं कर सकती।"

अविनाश देख रहा था कि अपने स्वभावानुसार राजकुमारी मुस्कराती हुई अपने पति और सोम की ओर देख रही है। वह इसका अर्थ समझता था। इस कारण वह उससे राय करने का विचार रखता था। परंतु राय करने से पहले सोम की पूरी बात जानने के लिए पूछने लगा, "किस प्रकार व्यय नहीं कर सकती?"

"वह धन व्यय हो जाता था, जो अब नहीं हो सकता? मैंने माताजी को बताया था कि मुझे मद्य सेवन की लत पड़ गई थी। अब माताजी के साथ रहते हुए यह सेवन नहीं कर सकती।"

"और राज, तुम कुछ कहना चाहती हो, भला क्या?"

"जी, यदि सोम बहन कहे तो अपनी सम्मति दे सकती हूँ?"

"मैं कार्यालय में इस एक हजार रुपए को लेने से इनकार नहीं कर सकती। करूँ तो कार्यालय के सब कर्मचारी मेरे विपरीत हो जाएँगे। इन रुपए को लेकर मैं सड़क पर लुटा भी नहीं सकती। इस कारण यहाँ आई हूँ कि यहाँ जमा करा दूँ।"

उत्तर अविनाश ने ही दिया, "तब और अब में कुछ अंतर पड़ गया है। इस कारण ही मैं राज की सम्मति माँग रहा हूँ?"

"हाँ, राज बहन! बताओ?"

"देखिए जी," राजकुमारी ने मुख खोला, "यह धन सोम बहन का अर्जित नहीं है। इस कारण इस अनर्जित धन को व्यर्थ नाली में फेंक देना ही इसका उपयुक्त प्रयोग है। वह सोम बहन पहले कर रही थी। वह प्रयोग केवल व्यर्थ गँवाना ही नहीं था, वरन् उसके

इस प्रकार प्रयोग से सोम बहन अपने अमूल्य जीवन को भी नाली में बहा रही थी। इससे दुहरा पाप कमा रही थी। अब यह कहती है कि एक पापकर्म करने पर तो यह विवश है और दूसरा पापकर्म, धन को नाली में बहाना, वह यह माताजी के घर में रहती हुई कर नहीं सकती। अतः मेरी सम्मति है कि सोम बहन को दोनों पापकर्मों से बचना चाहिए। धन न ले और कार्यालय का सेवा-कार्य छोड़ दे। जो कुछ अब तक लिया जा चुका है, उसको पापमुक्त करने के लिए आप इसका धन ले लीजिए। कभी किसी समय इसे उस धन की आवश्यकता पड़ेगी तो विचार करेंगे कि इसको किस प्रकार शुद्ध कर उस कार्य में प्रयोग किया जा सकता है।"

"और नौकरी छोड़कर क्या करूँ?"

"यहाँ एक योजना बनाई जा रही है, जिससे हम अपनी एक नई समाज बनाने जा रहे हैं। पूर्ण योजना तो अभी नहीं बनी, परंतु उसका उद्देश्य और उस पर प्रतिबंधों के विषय में कुछ विचार किया जा चुका है।"

"और इस योजना में कौन-कौन सम्मिलित होने वाले हैं?"

"मैं और तुम्हारे भैया तो तैयार हो गए हैं। यहाँ माताजी भी मान गई हैं, परंतु उनका मानना तो पिताजी की अनुमति पर निर्भर करता है। मैं चाहूँगी कि मेरी माताजी भी उस योजना में सम्मिलित हो जाएँ। हम अभी तक इतना निश्चय कर चुके हैं कि हमारे समाज में प्रत्येक व्यक्ति धन-अर्जन का कार्य करेगा और उसका फल भोगने का यत्न करेगा। धनार्जन करते समय हम किसी दूसरे के परिश्रम को क्रय नहीं करेंगे। क्रय करने का अर्थ भी निश्चय हो गया है। वह यह कि दूसरे के परिश्रम के हस्तांतरण करने पर मूल्य में अंतर नहीं पड़ेगा। परिश्रम का माध्यम विचार किया जा रहा है। माध्यम का अभिप्राय है प्राकृतिक पदार्थ, जिसको उपयोगी रूप देने में हम परिश्रम करेंगे, वह हो, जिसकी दूसरों को आवश्यकता हो।"

"तो तुम नई बात क्या कर रही हो?"

"नई बात यह है कि हमारा समाज परिवार तक ही सीमित रहेगा। इसकी वृद्धि परिवार में वृद्धि होने तक ही सीमित होगी। जब परिवार के नए घटक कुछ अधिक होने लगेंगे तो उनको अपना नया समाज, मेरा अभिप्राय है, नया परिवार बनाने के लिए कह दिया जाएगा।"

"मुझे तो इतने से कुछ भी समझ नहीं आया?"

"इस कारण मेरा प्रस्ताव है कि तुम अभी यह धन यहाँ जमा करा दो और सरकारी कार्यालय से सेवा-कार्य छोड़ने के लिए तैयार रहो। उचित समय आने पर तुम स्वयं समझकर इस नए समाज में सम्मिलित हो सकोगी।"

"तब ठीक है।" सोम ने कह दिया और एक सहस्त्र रुपए के नोट अपनी पर्स से निकालकर अविनाश के सम्मुख रख दिए।

अविनाश ने धन लेकर राज से पूछ लिया, "इसे कहाँ रखा जाए?"

"यह विचारणीय है। इस पर योजना में विचार किया जाएगा। आखिर हमारे पास भी तो अनार्जित धन है। जहाँ वह जाएगा, वहीं यह भी जाएगा।"

योजना का रूप सोम को सूर्यदेवी से रात बात करने पर समझ में आ गया। सोम ने घर पहुँचकर माताजी को अपने रुपयों का सब वृत्तांत बताया तो वह बोली, "तुमने यह अच्छा किया है। वहाँ गंदे जल का एक तालाब है। उसमें तुम्हारा यह गंदा जल भी डाल दिया जाएगा। जब उस जल को शुद्ध कर उसका प्रयोग होगा तो तुम्हारे इन रुपयों का प्रयोग स्वयमेव हो जाएगा।"

"परंतु राज बहन ने जो योजना बनाई है, वह मैं समझी नहीं?"

"देखो, मैं समझाती हूँ। बात सरल सी है। हम परिश्रम करते हैं और उसके फलस्वरूप धन प्राप्त होता है। धन परिश्रम का सांकेतिक रूप है। वर्तमान समाज में धन, मेरा अभिप्राय है परिश्रम के फल का हस्तांतरण एक से अधिक हाथों में होता है। ये हस्तांतरण करनेवाले बीच-बिचौले होते हैं। इन बीच-बिचौलों की संख्या कम हो और उत्पादक तथा उपभोक्ता में सीधा संपर्क उत्पन्न हो, यही आधार है इस योजना का। इससे वर्तमान समाज की शोषणकारी प्रवृत्ति पर नियंत्रण हो जाएगा। यह इस योजना का एक अंग है। दूसरा अंग है उत्पादन का। यह यत्न किया जा रहा है कि समाज का प्रत्येक घटक स्वतंत्र रहे। अधिक-से-अधिक अपने परिवार के घटकों तक ही सहायता करे तथा बाहरी सहायता सीमित कर दे। मैं योजना के इन उद्देश्यों को अपना आशीर्वाद दे आई हूँ। परंतु इसमें सम्मिलित होने की अनुमति अभी नहीं दी।"

"परंतु माताजी, इसकी आवश्यकता क्या है? यही कुछ तो इस विषम और विस्तृत समाज में हो रहा है।"

"जो कुछ हो रहा है, वह संतोषजनक प्रतीत नहीं हुआ। असंतोष तो तुम्हें भी हुआ है। यद्यपि उस असंतोष का रूप दूसरा है? तनिक विचार करो कि यह एक सहस्त्र रुपए किसके परिश्रम का फल है और तुमने इसे अपनी पर्स में रखने के लिए क्या परिश्रम किया है? जब यह समझ आ गया कि धन परिश्रम का बदला हुआ रूप ही है तो यह प्रश्न स्वाभाविक ही है कि इस एक सहस्त्र रुपए के लिए तुमने कुछ परिश्रम किया है क्या? यदि किया है तो फिर उसे छुपाकर रखने के लिए परेशान क्यों हो? पहले इसे छुपाकर रखने का तुमने एक सहज उपाय निकाला था—ऐयाशी में व्यय कर देती थी। यह मैंने मना किया। यह इस कारण कि इससे तुम अपने अनमोल जीवन को

गंदी नाली में बहा रही थी। तुम्हारे जीवन को इस प्रकार व्यर्थ जाते देखकर मैंने तुम्हें मना किया था।

"जब मना किया था तो तुमने यह नहीं बताया था कि यह नजर-न्याज का धन है। आज तुमने बताया तो समझ गई हूँ। इसी कारण तो राज की योजना की श्रेष्ठता समझ रही हूँ। राज अब यह विचार कर रही है कि किस प्रकार वह स्वयं और अपनी छोटे से समाज के घटकों को परिश्रम कर उपार्जन करने का अवसर दे। मैं भी उसकी योजना की प्रतीक्षा कर रही हूँ। अविनाश के पिताजी अपने ठेकेदारी का कार्य समेट रहे हैं। उन्होंने निश्चय कर लिया है कि और कार्य नहीं लेंगे और अपनी सब पूँजी एकत्र कर इस नई योजना में लगाएँगे। परंतु योजना अभी बनी नहीं।"

"उस समय तक मैं क्या करूँ?"

"कार्यालय में जाओ। वहाँ निष्काम भाव से सेवा-कार्य करती रहो। वेतन का प्रयोग करो, परंतु ऊपर का धन जमा करती जाओ। इसके विषय में सामूहिक रूप में विचार होगा।"

"तो यह नजर-न्याज लेती रहूँ?"

"नहीं लोगी तो कार्यालय में रह सकना कठिन हो जाएगा।"

सोम योजना को सुनकर भाँति-भाँति के विचारों में लुढ़कती हुई रात भर बिस्तर पर करवटें लेती रही।

: आठ :

जीवन में मोड़ आते रहते हैं। विवाह भी एक मोड़ है। अविनाश के जीवन में यह आया तो जीवन का मोड़ लेते हुए उसे राजकुमारी के रूप में एक साथी मिल गया। यह अर्थशास्त्र विश्वविद्यालय में पढ़ी अवश्य थी, परंतु इस पढ़े का परीक्षण-क्षेत्र उसकी माताजी का घर था।

एक सीमित आय थी, उसमें ही माँ-बेटी रहती थीं। परंतु सूर्यदेवी के उचित प्रबंध से इस सीमित आय में भी एक सामान्य परिवार की भाँति निर्वाह हो रहा था।

इन माँ-बेटी के परिवार में प्रथम हलचल मची पड़ोस में एक सरकारी अधिकारी कृष्णमूर्ति के आकर रहने पर। कृष्णमूर्ति का एक ही लड़का था और वह मद्रास में एक बोर्डिंग स्कूल में दाखिल था। कृष्णमूर्ति की पत्नी सुब्बालक्ष्मी को दूसरी संतान नहीं हुई।

इसकी सेवाएँ मद्रास सरकार से केंद्रीय सरकार ने ले ली थीं। क्यों? इसमें भी एक कारण था। कृष्णमूर्ति वहाँ मद्रास में बदनाम होने लगा तो उसने अपना कार्य-क्षेत्र बदलने का विचार किया। वह दिल्ली आकर इस बात के लिए यत्न करने लगा। केंद्रीय

निर्माण-विभाग के सचिव चंद्रमोहन से वह मिला और उसके सम्मुख उसने प्रस्ताव रखा तो चंद्रमोहन ने पूछा, "मैं क्यों इसमें यत्न करूँ?"

"आपकी क्यों का उत्तर तो यह है कि आप स्वयं बताएँ कि किस प्रकार आप मेरी सहायता कर सकते हैं?"

"यहाँ आने का मूल्य दस सहस्त्र रुपए है?"

"कब और कहाँ हाजिर कर दूँ?"

"आधा यहीं इस पिछले कमरे में चलकर।" चंद्रमोहन ने अपने रिटायरिंग रूम की ओर संकेत कर दिया, "और आधा यहाँ पर नियुक्ति-पत्र पाते समय, वह भी इसी कमरे में।"

इस प्रकार यह वैतरणी पार कर कृष्णमूर्ति दिल्ली केंद्रीय सरकार में आया तो वह मदरसा रोड पर सूर्यदेवी के मकान से दो मकान छोड़, एक मकान भाड़े पर लेकर रहने लगा।

सूर्यदेवी की कृष्णमूर्ति की पत्नी सुब्बालक्ष्मी से जान-पहचान तो वहाँ आने के दूसरे ही दिन हो गई और उसके कुछ ही दिन बाद कृष्णमूर्ति से परिचय हो गया। उस समय राजकुमारी एम.ए. के प्रथम वर्ष में पढ़ती थी।

कृष्णमूर्ति को लड़की पसंद आई तो वह सूर्यदेवी से मेल-जोल बढ़ाने लगा। यह विचार कृष्णमूर्ति का ही था कि राज एम.ए. के उपरांत सरकारी सेवा-कार्य में आ जाए। उसका कहना था कि वह अपनी योग्यता और गुणों के कारण शीघ्र ही उन्नति कर अधिकारी-पद पा जाएगी।

उस समय भारत की प्रधानमंत्री इंदिरा गांधी थी; और एक स्त्री का भारत जैसे विशाल देश की प्रधानमंत्री बन सकना स्त्री-वर्ग के मनों में उथल-पुथल मचाने लगा था।

अत: जब राज का परीक्षाफल निकला, तब ही उसने सरकारी सेवा-कार्य पाने के लिए याचिका कर दी थी। कृष्णमूर्ति प्रयास कर रहा था कि बिना रिश्वत दिए उसे सेवा-कार्य मिल जाए।

यह याचिका फलीभूत हुई दीक्षांत समारोह के दूसरे दिन, परंतु उससे एक दिन पूर्व अर्थात् दीक्षांत समारोह के दिन ही उसकी गाड़ी का काँटा सचिवालय से सफदरजंग रोड की ओर बदल गया। इस पर कृष्णमूर्ति को भारी निराशा हुई। उसे कुछ ऐसा अनुभव हुआ, मानो हाथ में आया शिकार कोई झपटकर ले गया हो। उसके क्रोध की सीमा नहीं रही।

वह देख रहा था कि पंछी किसी दूसरे की मुँड़ेर पर जा बैठा है और उस मुँडेर तक चढ़ने की उसमें सामर्थ्य नहीं है। अत: उसने मुँड़ेर वाले मकान को ही धराशायी करने की योजना बना ली।

वह अपने सचिव से मिला और उसने उसको सुझाव दिया कि जब तक धूप हो, उसकी उष्मा से लाभ उठाना चाहिए। सचिव उसकी उक्ति का अर्थ नहीं समझा।

कृष्णमूर्ति ने अपना अभिप्राय स्पष्ट कर दिया। उसने कहा, "देश में इमरजेंसी लगने का कारण कुछ भी क्यों न हो, हमें इससे लाभ उठाना चाहिए।"

"श्रीमान! यह दिन की धूप है। यह कब तक रहेगी, कहना कठिन है। इस कारण इस धूप का अधिक-से-अधिक लाभ उठाना हमारा अधिकार है।"

"कैसे लाभ उठाया जा सकता है?" सचिव का प्रश्न था।

"बहुत आसान है। अभी तक हम लोग ठेकेदारों से बिल की राशि का दस प्रतिशत ही लेते रहे हैं। बड़ी आसानी से यह राशि बढ़ाकर बीस प्रतिशत की जा सकती है।"

"परंतु क्या ठेकेदार मानेंगे?"

"श्रीमान, नहीं मानेंगे तो यह इमरजेंसी और 'मीसा' किस दिन के लिए हैं?"

कृष्णमूर्ति सचिव के चेहरे पर देख रहा था। उसने अनुभव किया कि सचिव का चेहरा खिल उठा है। इस पर उसने अपनी बात की व्याख्या कर दी। उसने कहा, "देखिए हुजूर! भारत सरकार ने इमरजेंसी दो कारणों से लगाई है। एक तो जनता सरकार के विरुद्ध हो रही थी और दूसरे न्यायाधीश मनमाने फैसले देने लगे थे। इन दोनों का मुख बंद करने के लिए देश में सरकारी कर्मचारी-वर्ग के सर्वेसर्वा बना दिया है। हमारे जनता पर अधिकार तो बढ़े हैं, परंतु हमारे वेतन नहीं बढ़े। यह हमें बढ़ा लेने चाहिए।"

सचिव चंद्रमोहन को बात पसंद आई। निश्चय हो गया। इस निश्चय का प्रथम परिणाम यह हुआ कि शंकरदास के तैयार हुए चेक, जिनकी सामूहिक राशि एक लाख पैंसठ हजार बनते थे, रुक गए।

अगले ही दिन जब शंकरदास चेक लेने के लिए खजानची के पास आया तो खजानची ने पंद्रह हजार के स्थान पर तीस हजार माँग लिये। शंकरदास ने यह देने से इनकार कर दिया तो उसके विरुद्ध प्रमाण ढूँढ़े जाने लगे।

किसी प्रकार की बेईमानी के प्रमाण जब नहीं मिल सके तो चंद्रमोहन ने गृह-सचिवालय के सेक्रेटरी को कह दिया। उसे कहा गया कि अभी इसे जेल में बंदी बनाने की आज्ञा दे दें और इस मामले के 'रिव्यू' के समय पुन: विचार कर लिया जाएगा। अत: वारंट बन गए और शंकरदास जेल में डाल दिया गया।

साथ ही कृष्णमूर्ति द्वारा सोम को इस काम पर लगाया गया कि वह अविनाश को कहकर दफ्तर की नजर-न्याज दे तो उसका पिता छोड़ा जा सकता है। विवश अविनाश को चालीस हजार देने पड़े, तब जाकर एक लाख पैंसठ हजार के चेक मिले। भविष्य के लिए शंकरदास और अविनाश ने मन में दृढ़-संकल्प कर लिया कि वे सरकारी काम के लिए टेंडर नहीं भरेंगे।

साथ ही सूर्यदेवी, मालती और राजकुमारी परिवार की नई योजना बनाने में लग

द्वितीय परिच्छेद 121

गईं। दो मास के निरंतन प्रयत्न पर घर का खर्च पाँच हजार प्रतिमास से कम होकर दो हजार पर आ गया था। अप्रैल मास में नए कामों की सूची और टेंडर निकले। फरीदाबार में केंद्रीय उद्योग मंत्रालय की एक बृहत् डिपो की इमारत बनाने की योजना थी। उसके लिए टेंडर माँगे गए थे। टेंडर बंद लिफाफे में आए थे। टेंडर खुलने से एक दिन पूर्व चंद्रमोहन ने देखा कि शंकरदास का टेंडर नहीं है। उस दिन उसने कृष्णमूर्ति से पूछा, "तनिक सोम से पता करो कि इस काम के लिए शंकरदास का टेंडर क्यों नहीं आया?"

कृष्णमूर्ति ने कहा, "आजकल उसका मुझसे मेल-जोल नहीं है।"

"क्यों?"

"वह हमारे पड़ोस में एक विधवा स्त्री के साथ जाकर रहने लगी है। वह स्त्री बड़ी धर्मात्मा है और मुझे उससे मिलने नहीं देती। इस कारण मुझसे मेल-जोल बंद हो गया है।"

सेक्रेटरी के मुख से अनायास ही निकल गया, "इन धर्मावलंबियों के विपरीत भी 'मीसा' लगा दिया जाता तो क्या मजा रहता! खैर, तुम कार्यालय में सोम से बात कर सकते हो।"

"ठीक है, यत्न करता हूँ।"

"और देखो, उसे कहना कि उसका नाम 'प्रमोशन' के लिए जा सकता है। उसे सरकार की सहायता करनी चाहिए।"

कृष्णमूर्ति सचिव महोदय के कमरे से निकलकर सीधा सोम की मेज के समीप आ बैठा।

उसे आया देखकर सोम एक फाइल पर कुछ लिखते-लिखते रुककर, कलम सामने मेज पर रख प्रश्न भरी दृष्टि में उसके मुख पर देखने लगी।

"सोम! बहुत दिन हो गए हैं तुम्हारी संगत प्राप्त किए?"

"जी, मुझे उस काम से अरुचि हो गई है।"

"क्यों?"

"जिन माताजी के पास रहती हूँ, उन्होंने मुझे समझाया है कि मैं पाप कर रही थी।"

"वह क्या होता है?"

"जब पुरुष-स्त्री स्वेच्छा से संबंध बनाएँ तो यह आज के कानून से अपराध नहीं, परंतु माताजी ने मुझे बताया है कि देश का कानून स्वयं पापमय हो सकता है। इस कारण उन कानूनों से पापी भी निरपराध माना जा सकता है।"

"परंतु यह पाप क्या बला है, जो तुम्हें भयभीत कर रहा है?"

"यह आप नहीं समझ सकते। इसमें कारण यह है कि आपकी बुद्धि में वह बात आ ही नहीं सकती।"

"बहुत खूब। तो यह बताओ कि जो प्रतिमास ऊपर से मिलता है, वह अपराध होते हुए भी तुम लेती हो?"

"हाँ, बिना माँगे वह मिलता है।"

"तो उसका क्या करती हो?"

"वह मैं दान कर दिया करती हूँ। पहले सबकुछ शराब इत्यादि में व्यय हो जाता था। अब मैं एक धर्म संस्थान को दान कर दिया करती हूँ।"

"मैं समझता हूँ कि तुम शीघ्र ही यह कार्यालय छोड़ रही हो?"

"क्यों? मेरे काम में कुछ खराबी निकली है?"

"नहीं, सचिव महोदय तो कह रहे थे कि उन्होंने सोम के प्रमोशन के लिए सिफारिश की है।"

"सच? तब तो मैं उनका धन्यवाद करूँगी।"

"परंतु वे चाहते हैं कि तुम उनका एक काम कर दो?"

"क्या कर दूँ?"

"तुम पता करो कि इस बार शंकरदास ने टेंडर भरकर क्यों नहीं दिया?"

"मुझे उनके घर गए पंद्रह दिन से अधिक हो चुके हैं। मैं जानती नहीं कि यह क्यों है। यदि सचिव महोदय कहें तो मैं आज ही जाकर उनकी इस बात का कारण जानने का यत्न कर सकती हूँ?"

"हाँ, यही मैं कह रहा हूँ। एक बात मुझे ज्ञात है कि सूर्यदेवी प्राय: नित्य अपनी लड़की के घर जाती है।"

"हाँ, मुझे विदित है। परंतु वे वहाँ प्राय: उस समय जाती हैं, जब मैं यहाँ आई होती हूँ और वे मेरे कार्यालय से लौटने से पहले ही आ जाया करती हैं।"

"क्यों? लड़की कन्फाइनमेंट के समीप है क्या?"

"मैं पिछली बार जब गई थी तो वैसी कोई बात नहीं थी।"

"अच्छा, सचिव साहब अपने प्रश्न का उत्तर कल तक चाहेंगे। शंकरदास का टेंडर नहीं आया। इस पर भी यदि वह कल तक आकर मिल ले तो फरीदाबाद वाला काम उसको मिल सकता है।"

"तब तो मैं आज अवश्य जाऊँगी।"

सोम सफदरजंग वाली अविनाश की कोठी पर गई। वास्तव में वह अविनाश के पिताजी का संकल्प कि वे ठेकेदारी का व्यवसाय छोड़ देंगे, जानती थी, परंतु उसने अपनी जानकारी कृष्णमूर्ति को बताई नहीं।

जब वह वहाँ कोठी पर पहुँची तो सूर्यदेवी राज से मिलकर अपने घर लौट चुकी

द्वितीय परिच्छेद

थी। वह जब भी वहाँ आती थी, मध्याह्न का भोजन करके आती थी और सायंकाल की चाय अपने घर जाकर लेती थी। वैसे वह उनकी पारिवारिक योजना में सम्मिलित होने की अनुमति दे चुकी थी। योजना के अनुसार कुल्लू और मंडी के बीच एक पहाड़ी की तलहटी में दस एकड़ भूमि ले ली गई थी। उस भूमि पर परिवार के सब प्राणी शारीरिक, मानसिक और बौद्धिक परिश्रम कर धनार्जन करने की योजना बना रहे थे।

वह दस एकड़ भूमि चालीस हजार की मिली थी। उस चालीस हजार में सूर्यदेवी ने दस हजार रुपए दिए थे। सोम ने भी अपने बैंक में से पाँच हजार रुपए दिए थे।

अविनाश भूमि पर आता-जाता रहता था। वहाँ उसने पूरे भूमि के चारों ओर लोहे का जंगला लगवा दिया था। अब उसमें परिवार के रहने-योग्य मकान बनवाया जा रहा था। योजना यह थी कि पहाड़ों पर से आ रही एक कूल के किनारे एक छोटा सा 'डैम' बनवाया जाए और उस पर डायनेमो लगवाकर विद्युत् का प्रबंध कर लिया जाए तथा उसमें से पीने का पानी भी उपलब्ध किया जाए। यह सब प्रबंध अविनाश करवा रहा था और उसके साथ वहाँ का प्रबंध देखने और भावी योजनाएँ बनाने के लिए राज कई बार वहाँ जा चुकी थी।

यह सब पिछले छह मास में विचार किया गया और निर्माण किया गया था। सोम भी इस योजना में सम्मिलित थी, परंतु उसने इस विषय में कृष्णमूर्ति को कुछ नहीं बताया था।

इस दिन वह कोठी पर पहुँची तो मालती, राज और अविनाश बैठे चाय ले रहे थे। सोम ने भीतर ड्राइंग-रूम में प्रवेश किया तो अविनाश ने कहा, "लो, शैतान को स्मरण करो तो वह सम्मुख आ खड़ा होता है।"

सोम ने नमस्ते कहकर राज के समीप बैठते हुए पूछा, "तो मुझे स्मरण किया जा रहा था?"

"हाँ," राज ने कहा, "परंतु शैतान के रूप में नहीं!"

"तो देवी के रूप में स्मरण कर रहे थे?"

सब हँसने लगे।

मालती ने कहा, "नहीं, न शैतान, न देवी मानकर, बल्कि घर की लड़की समझकर। अभी-अभी राज की माताजी यहाँ से गई हैं। वे तुम्हारे विषय में कुछ कह रही थीं और उसी की चर्चा हो रही थी।"

"समझ गई हूँ। तो माताजी ने सब बता दिया है?"

"सब नहीं," उत्तर राज ने दिया, "उन्होंने केवल इतना बताया है कि तुम विवाह की इच्छा करने लगी हो?"

"विवाह की इच्छा तो तब से है, जब से मैं अभी दसवीं श्रेणी में पढ़ती थी, परंतु भाग्य की आँधी में उड़ती हुई पति के गोद की जगह शैतानों के पल्ले पड़ गई थी। अब

छह मास से उन शैतानों की संगत से पृथक् हुई हूँ तो एक मिले हैं, जो विवाह का प्रस्ताव कर रहे हैं।

"मैंने उसे बताया है कि मैंने संतान-निरोध के लिए ऑपरेशन कराया हुआ है। वह इसको सुनकर पहले तो मुझमें अरुचि अनुभव करने लगा था, फिर एक दिन मुझे मेडिकल इंस्टीट्यूट में ले गया और वहाँ उलट-ऑपरेशन के विषय में राय कर आया। डॉक्टरों की राय है कि 'रिवर्स ऑपरेशन' हो तो सकता है, परंतु उसके ठीक होने के 'फिफ्टी-फिफ्टी' अवसर हैं।

"इस पर हम दोनों ने यह निश्चय किया है कि विवाह बिना 'रिवर्स ऑपरेशन' के कराया जाए। यह संतान के निमित्त नहीं, वरन् सहयोग और सहचारिता के लिए हो। इसमें एक अन्य कठिनाई है। मैं दिल्ली से कामकाज छोड़ आपके साथ फार्म पर जाने का विचार रखती हूँ और वह कनॉट प्लेस में एक दुकान कर रहा है। अभी तक न तो मुझे समझ में आया है कि मुझे नई दिल्ली में ही रहना चाहिए और न ही वह अपने मन को यहाँ का बना-बनाया सब काम छोड़कर, एक वीरान स्थान पर जाकर रहने के लिए तैयार कर सका है। हमारा विचार यहाँ तक इस बंद गली में पहुँच चुका है।"

"यह तुम्हें कहाँ मिल गया था?" मालती ने पूछ लिया।

"मैं इनकी दुकान पर से डिब्बों में खाने-पीने का सामान खरीदती रही हूँ। जब मैंने पृथक् रहने का स्थान लिया तो इनकी दुकान से ही शराब लेती थी। अब माताजी के घर जाकर रहने लगी तो मैंने शराब खरीदनी बंद कर दी। इस पर इस महानुभाव को विचित्र प्रतीत हुआ। आज से दो मास पूर्व इसने एक दिन पूछा कि मैं अब शराब नहीं खरीदती?

"मैंने बताया कि बहुत पी है, और पी-पीकर अब छोड़ बैठी हूँ। इस पर इसने हैरान होकर कहा कि यह लत एक बार लग जाने पर छूटती नहीं। मैंने बताया कि मेरी आदत तो छूट गई है। मैं एक माताजी के घर में रहती हूँ और उनकी कृपा से यह छूट गई है।

"इस पर उसने कह दिया कि तभी मैं दिन-प्रति-दिन अधिक और अधिक आकर्षक व सुंदर लगने लगी हूँ।"

"मेरी हँसी निकल गई। मैंने मजाक-मजाक में कहा, तो दिन-प्रति-दिन सुंदर हो रही लड़की से विवाह की इच्छा होने लगी है?"

"हाँ, यदि तुम अविवाहित हो तो?" उसका कहना था।

"हूँ तो अविवाहित, परंतु कुँआरी नहीं हूँ।"

"यह तो तुम्हारी रूप-रेखा से ही विदित होता है।"

द्वितीय परिच्छेद

"बस, उस दिन के उपरांत वह मुझे किसी-न-किसी बहाने से नित्य मिलने लगा है और हमारे विवाह की योजना उस स्थिति पर पहुँच चुकी है, जिस पर मैंने बताई है।"

"और उससे संबंध भी बना लिया है?"

"नहीं माताजी! न उसने कभी इस बात की इच्छा प्रकट की है और न ही मैंने इसका प्रस्ताव रखा है।"

"वैसे उसने मुझे अपना इतिहास बताया है। वह देश-विभाजन के समय दो-तीन वर्ष का था। स्वप्नवत् उसे उस समय की अवस्था स्मरण है।

"वे एक घर से भागे तो उनके गाँव के मुसलमानों ने उनका पीछा किया। एक स्थान पर कुछ हिंदू लाठियाँ-भाले इत्यादि लिये खड़े थे। इस गाँव के लोग भी, जिनमें वह स्वयं था, उसकी माँ थी, उसका पिता था और उसके दो भाई थे, उन हिंदुओं में जा मिले। उनके पीछे आ रहे मुसलमानों में और उन हिंदुओं में जमकर लड़ाई हुई। लड़ाई में दोनों ओर के लोग मारे गए। उसके और उसकी माँ के अतिरिक्त उसके परिवार में कोई नहीं बचा था। बचे-खुचे लोगों के साथ वह और उसकी माँ भारत में चले आए। भारत में वे कई स्थानों पर घूमे। बाद में दिल्ली पहुँचकर वह और उसकी माँ एक व्यक्ति के साथ रहने लगे। वह उस व्यक्ति को चाचा कहता था। बड़ा होने पर चाचा ने उसे अपनी दुकान में साझेदार बना लिया। परंतु अब उस व्यक्ति का तथा उसकी माँ का देहांत हो चुका है और वह अकेला रहता है। वह उस व्यक्ति का, जिसको वह चाचा कहता था, लड़का माना जाता है और अब वह उनकी दुकान तथा पूरी संपत्ति का स्वामी है।"

"कुछ पढ़ा-लिखा भी है?"

सोम ने बताया, "वह कहता है कि उसने बी.ए. उत्तीर्ण किया है। वैसे वह सभ्य प्रतीत होता है।"

"तुम उसे हमसे मिलाओ, तब ही हम इसमें कुछ राय दे सकेंगे।"

"मैं उसे कई बार कह चुकी हूँ। उसका कहना है कि पहले हम परस्पर अपने भावी संबंध निश्चित कर लें तो पीछे अपने सगे-संबंधियों को बताएँगे। इस पर भी मैंने मौसी से राय की है। उनका कहना है कि मुझे आपकी योजना को त्यागकर उससे विवाह कर लेना चाहिए। मौसी की यह भी सम्मति है कि मुझे 'रिवर्स ऑपरेशन' करा लेना चाहिए। वह सफल होता है अथवा नहीं, इसे भाग्य पर छोड़ देना चाहिए। परंतु मैं डरती हूँ। यह इस कारण कि एक डॉक्टर ने कहा था कि यह घातक भी हो सकता है। इसी संभावना पर उन श्रीमानजी ने कहा था कि हम किसी बच्चे को गोद ले लेंगे। हमें यह खतरा मोल नहीं लेना चाहिए।"

: नौ :

सोम ने अपने वहाँ आने का प्रयोजन बताया तो अविनाश ने कह दिया, "मैं चाहता हूँ कि तुम्हें हमारे इस नए जीवन की बात किसी को नहीं बतानी चाहिए। वे बातें बताना गधों के सम्मुख खाने के लिए मेवा डालना होगा।"

"हाँ, यह बता सकती हो कि पिताजी अब संन्यास ले रहे हैं। इस कारण वह अपना कारोबार समेट रहे हैं।"

"और आपके विषय में?"

"यही कि मुझे ठेकेदारी पसंद नहीं। मैं कहीं एक छोटा सा कारखाना लगाने का विचार कर रहा हूँ, इस कारण मैं ठेकोदरी का काम छोड़ रहा हूँ। देखो सोम! अपनी इस दुनिया से भागने की बात किसी को नहीं बतानी चाहिए। यह भी नहीं बताना कि हम दिल्ली छोड़ कहाँ चले जाएँगे!"

"ठीक है, परंतु भैया, वहाँ अपने उद्यान में अब स्थिति कहाँ तक पहुँची है?"

"अभी मैंने वहाँ तीन क्वार्टर बनवाए हैं। वह बनकर तैयार हैं। अपना वहाँ एक चौकीदार है। परंतु हम, मेरा अभिप्राय है कि मैं और राज वहाँ जाकर रहने लगेंगे। इसमें एक बाधा आ खड़ी हुई है। राज वर्तमान अवस्था में माताजी के पास रहना चाहती है अथवा माताजी उसे अपने पास रखना चाहती हैं। वहाँ पाँच सौ सेब, खुमानी और चेरी के पेड़ लगाए हैं। एक छोटा सा खेत अनाज तथा पोल्ट्री फार्म के लिए भी ठीक करवाया है। बस वहाँ जाकर रहने की देर है कि काम चालू हो जाएगा। पिताजी अगले मास तक यहाँ ठेकेदारी के काम से अवकाश पा जाएँगे, तब सब काम दिल्ली में समाप्त हो जाएगा। हम वहाँ चलकर रहने लगेंगे। इस पर भी राज तो अभी नहीं जा सकेगी।"

"तो यह कब तक प्रसूति-गृह में जानेवाली है?"

"अगले वर्ष जनवरी मास में अपने इस वृद्धि कार्य से अवकाश पा जाएगी। माताजी का विचार है कि एक मास और यहाँ से वहाँ जाने के योग्य होने में लग जाएगा।"

"और विश्वविद्यालय का शोध-कार्य?"

इस पर राज और अविनाश हँस पड़े। राज ने हँसते हुए कहा, "डॉ. मिश्र ने मेरे गाइड-पद से त्याग-पत्र दे दिया है। वह कहता है कि अर्थशास्त्र के विषय में मेरे विचार सर्वथा 'प्रमिटिव' हैं। मैं आज के समाज की गतिविधियों से पूर्णतया अनभिज्ञ हूँ अथवा मेरे मस्तिष्क में कुछ ऐसा पड़ रहा है, जिससे वह मुझे शोध-कार्य करने के अयोग्य मानता है।"

"तो कार्य बंद?" सोम का प्रश्न था।

"कार्य तो है ही, वह तो चल रहा है, परंतु विश्वविद्यालय की डॉक्टरेट की डिग्री अब नहीं मिलेगी।" अविनाश ने कह दिया।

राज ने कहा, "विश्वविद्यालय के रजिस्ट्रार का पत्र आया है कि डॉ. मिश्र ने मेरा गाइड बनना अस्वीकार कर दिया है, इस कारण मुझे किसी अन्य विद्वान् की गाइडेंस उपलब्ध करनी चाहिए और अपना कार्य उसकी देखरेख में करना चाहिए।"

"डॉ. मिश्र नाराज क्यों हो गए हैं?"

"उनके शब्दकोश में 'गाइड' का अभिप्राय है—स्कूल मास्टर।"

"मेरा उनसे पहले दिन से ही अर्थव्यवस्था के मूल आधार पर मतभेद हो गया था। पिछले छह मास तक हम एक-दूसरे को समझते-समझाते रहे हैं और अब समझ गए हैं। देखो सोम! मतभेद का आधार है कि मनुष्य रूपी मशीन मानव निर्मित मशीनों से अधिक कार्य-कुशल और सस्ती होती है अथवा नहीं? मैंने कई कारखानों और मित्रों के बैलेंस-शीटों को पढ़कर यह समझा है और सिद्ध कर दिया है कि मनुष्य मशीन को चालू रखते हुए इसकी 'वर्किंग कॉस्ट' (चालू रखने की कीमत) किसी भी मशीन से कम है। यह ठीक है कि मनुष्य रूपी मशीन कार्य धीरे-धीरे करती है, परंतु इसके उत्पादन और उस पर लागत का अनुपात किसी भी कृत्रिम मशीन से कम बैठता है।"

"मेरा परिणाम यह है कि मशीनों में भले ही उत्पादन तीव्र गति से हो, परंतु वह सस्ता नहीं हो सकता; और यही मुख्य कारण है कि ज्यों-ज्यों बड़ी-बड़ी मशीनों का चलन बढ़ता है और बड़े-बड़े कारखाने खड़े होते जाते हैं, उत्पादन के मूल्य में वृद्धि होती जाती है।"

"परंतु इस मूल्य की वृद्धि के साथ मनुष्य की आय भी तो बढ़ रही है?" सोम का कहना था।

"आय की वृद्धि हुई अवश्य है, परंतु यह एक पृथक् प्रश्न है। वस्तुएँ महँगी हुई हैं। यह तो स्पष्ट ही है।

"आय की वृद्धि तो मैं इस विचार से आँकती हूँ कि मनुष्य जो कुछ अपने पर खर्च करता है और जो कुछ वह उतना खर्च कर प्राप्त करता है, दोनों में क्या अनुपात है?"

"देखो, मैं समझाती हूँ कि हमारे जीवन में लग्जरी पर खर्च निकाल भी दें तो भी रोटी, कपड़ा और मकान का खर्च गिनना ही पड़ेगा। इनको गिनकर वेतन से मुकाबला किया जाए तो स्पष्ट हो जाएगा कि प्रत्येक व्यक्ति निर्धन हुआ है।

"इसमें मैंने तकनीकी ज्ञान से आय को पृथक् रखा है। एक सामान्य कर्मचारी के मकान, वस्त्र और भोजन पर के व्यय का उसके वेतन से मुकाबला किया है और मेरे आँकड़े यह प्रकट करते हैं कि सामान्य मनुष्य मशीन-युग में निर्धन हुआ है।"

"परंतु राज बहन! यह तुम्हारा परिणाम तो प्रत्यक्ष रूप में ही अशुद्ध प्रतीत होता है।"

"यह तुम्हें अशुद्ध इस कारण प्रतीत होता है कि एक तो तुम घटिया भोजन और रहने के गंदे स्थान पर विचार नहीं करती। दूसरे, जो बेकारों की संख्या दिन-प्रति-दिन बढ़ रही है, उसकी ओर तुम्हारी दृष्टि नहीं जाती। मानव-समाज के कई रूप हैं और उन सबको देखोगी तो पता चलेगा कि प्रति व्यक्ति जितना घी, दूध, मक्खन और छाछ वह पहले प्रयोग करता था, उतना अब नहीं करता। इस कारण कि एक औसत व्यक्ति की उतना भोजन उपलब्ध करने की सामर्थ्य नहीं रही।

"एक बात और विचारणीय है। पहले एक बड़ी संख्या में लोग स्वेच्छा से बेकार रहते थे। यह इस कारण कि वे जानते नहीं थे कि किस प्रकार अपने को किस उपजाऊ कार्य में लगा सकें, परंतु अब तो एंप्लॉयमेंट एक्सचेंज में जितने भी नाम लिखे जाते हैं, वे सब किसी-न-किसी प्रकार की योग्यता रखते हैं और वे कार्य करने के लिए उत्सुक हैं। इस पर भी उनके लिए काम नहीं होता। यह सब मशीन-युग का परिणाम है।

"मशीन से कार्य संपन्न करने के लिए पूँजी, शक्ति, देखरेख और माल के वितरण के प्रबंध पर इतना लंबा-चौड़ा चर्च करना पड़ता है कि निर्मित माल में प्रयोग किए उपादान, मेरा मतलब है मेटीरियल के दाम से कई गुणा अधिक दाम इन पर व्यय होता है। मैंने जब यह निष्कर्ष निकाला और उसके समर्थन में आँकड़े प्रस्तुत किए तो डॉक्टर तमककर बोला, 'राज! मैं तुम्हारा गाइड नहीं बन सकता?'

"जी, क्यों?" मैंने पूछा।

"तुम कुछ ऐसे परिणाम निकाल रही हो, जो एक पूँजीपति दुनिया को भ्रम में डालने के लिए निकाला करता है।"

"मेरा कहना था कि मैं जो मशीन-युग का विकल्प प्रस्तुत कर रही हूँ, वह पूँजीपतियों वाला विकल्प नहीं है। इस कारण यह लांछन मुझ पर उपयुक्त नहीं है?"

"परंतु राज, यह कोई मानेगा नहीं?" सोम का कहना था।

"यह इस कारण कि जो कुछ मैंने अर्थशास्त्र से सीखा है, वह दूसरों ने नहीं सीखा। उन्होंने अर्थशास्त्र का अध्ययन लाल रंग की ऐनक लगाकर किया है। इस कारण उनके और मेरे निष्कर्षों में अंतर है।"

"लाल रंग की ऐनक से क्या अभिप्राय है?"

"वह है कार्ल मार्क्स और लेनिन के विचारों की ऐनक। उन दोनों महानुभावों ने अपनी विचार-यात्रा आरंभ की है—प्रबंध की सुगमता का विचार कर। एक गड़रिया अथवा ग्वाला बहुत संख्या में भेड़ों और पशुओं को सीधे मार्ग पर रखने के लिए लाठी को एक सहज उपाय समझना है। लाठी से हाँकने के लिए दो प्रारंभिक बातें करनी आवश्यक हैं—एक यह कि जितनी लंबी लाठी गड़रिए के हाथ में है, उतनी लंबी किसी

भेड़ के हाथ में नहीं होनी चाहिए। दूसरी शर्त इसमें यह है कि किसी भेड़ का मस्तिष्क, गड़रिए के मस्तिष्क से अधिक विकास न पा जाए।

"इन दोनों बातों का ध्यान लेनिन और माओ के देश में प्रबल प्रचार और अधूरी शिक्षा द्वारा किया जाता है तथा सेना को मद्य पिला-पिलाकर निर्बुद्धि किया जाता है।

"एक बात और है, वह यह कि यदि कोई ईश्वरप्रदत्त बुद्धिमान पैदा हो जाए तो उसे तुरंत किसी राज्य-पद और अतुल धन का भोग प्रस्तुत कर मतिभ्रष्ट कर दिया जाता है।"

"और यदि कोई गड़रिया ऐसा न करे अथवा न कर सके तो क्या होता है?"

"वही, जो ख्रुश्चेव का हुआ था।"

एकाएक सोम उठी और बोली, "लो, मैं चली, नहीं तो मौसी चिंता करने लगेगी कि मैं पुनः किसी कृष्णमूर्ति के हत्थे चढ़ गई हूँ।"

सब हँसने लगे।

सोम के चले आने पर सोम के विषय में ही विचार होने लगा। मालती का कहना था, "इस बाँझ औरत से विवाह की लालसा करनेवाला कोई वज्र मूर्ख है। प्रायः मूर्ख अपने आप पर तब पश्चात्ताप करने लगते हैं, जब उन्हें मूर्ख बनानेवाली स्थिति विलीन हो जाती है।

"इस अवस्था में यौवन से प्रेरित विवाह करने का ये हठ कर रहे हैं। यह निश्चय ही है कि यह स्थिति संतान-विहीन होने के कारण स्थायी नहीं रह सकती। यौवन तो आने-जाने वाली वस्तु है। पति-पत्नी में साझा आकर्षण संतान ही है और उसके अभाव में इनका दांपत्य जीवन नीरस हो जाएगा। तब ये एक-दूसरे से दूर भागेंगे।

"मुझे कुछ ऐसा समझ में आ रहा है कि शीघ्र ही उसके विवाह-भोज में सम्मिलित होना पड़ेगा। और फिर यदि ईश्वर ने जीवन दिया तो हमें उनके विवाह-विच्छेद पर आँसू बहाने का भी अवसर मिलेगा।"

अगले दिन सोम को सचिव महोदय ने अपने कमरे में बुलाकर उससे पूछगीछ आरंभ कर दी।

"सोम! कल कृष्णमूर्ति ने कुछ काम के लिए तुमसे कहा था?"

"जी, और मैं आपके कार्यालय में आने की प्रतीक्षा कर रही थी।"

"अपनी जानकारी मुझको बता सकती हो।"

"मैं कल अविनाशजी की कोठी पर गई थी। वहाँ उनके पिताजी तो नहीं मिले, पर वे और उनकी माताजी थीं। उन दोनों ने बताया है कि शंकरदासजी काम से रिटायर होकर संन्यास ले रहे हैं, इस कारण अपने ठेकेदारी का काम समेट रहे हैं। उनका लड़का पहले ही ठेकेदारी के काम में अरुचि अनुभव करता था। वह कहीं कोई छोटा सा कारखाना लगाना चाहता है।"

"तो उसे कहना कि उस काम में भी मैं उसकी सहायता कर दूँगा। फरीदाबाद में अथवा गुड़गाँव में, जहाँ भी वह सेटल होना चाहे, मैं सहायता कर सकता हूँ।"

"मैं उसे कहला भेजूँगी। आपकी इस सहायता की पेशकश के लिए उसे आपका धन्यवाद करना चाहिए।"

"उसे बताना कि इसमें वह मुझे साझेदार भी बना सकता है?"

"परंतु श्रीमान! आप उसके लिए इतना कुछ किसलिए कर रहे हैं?" वह अच्छा आदमी नहीं है?"

"तुम तो उसे अपना भाई मानती हो?"

"जी, भाई अच्छे और बुरे, दोनों प्रकार के व्यक्ति हो सकते हैं। मैं आपको एक ईमानदार व्यक्ति मानती हूँ और वह आपसे सर्वथा विपरीत प्रकृति रखता है, इसी कारण मैं उसे अच्छा नहीं मानती।

"इस पर भी भाई तो वह है। भाई होने के गुण वह रखता है। भाईदूज और रक्षाबंधन के अवसर पर अच्छी भेंट देता है। आज भी उनके घर जाऊँ तो चाय-पानी से आदर करता है। परंतु मैं तो काम-काज के विचार से कह रही थी। आप तो उनसे यही रिश्ता बनाना चाहते हैं न?"

चंद्रमोहन मौन हो गया। उसने कहा, "अच्छी बात है। मैं अपनी योजना पर पुनरावलोकन करूँगा। इस पर भी तुम देखना, वह मेरी पेशकश को कैसे स्वीकार करता है।"

कृष्णमूर्ति उस दिन कार्यालय में नहीं आया और सोम से उसकी भेंट नहीं हो सकी।

: दस :

एक दिन सोम सूर्यदेवी के घर आने के लिए कश्मीरी गेट बस-स्टैंड पर उतरी तो उससे विवाह की इच्छा करनेवाला रामलोक आहूजा वहाँ खड़ा उसकी प्रतीक्षा करता मिल गया।

सोम उतरी तो वह आगे बढ़कर पूछने लगा, "आज बहुत देर कर दी है? मैं डेढ़ घंटे से यहाँ खड़ा तुम्हारी प्रतीक्षा कर रहा हूँ।"

"किसलिए?"

"मैं आज तुम्हारे और अपने विषय में अंतिम निर्णय करना चाहता हूँ।"

दोनों बस-स्टैंड से पैदल ही मदरसा रोड की ओर चल पड़े। चलते हुए सोम ने पूछा, "तो कोई और मिल गई है, जो इस प्रकार निर्णायक उत्तर के लिए दो घंटा भर प्रतीक्षा करते रहे हैं?"

"नहीं, यह नहीं। परंतु सोम, जब विवाह का निश्चय कर लिया है तो जवानी व्यर्थ

द्वितीय परिच्छेद

गँवाने में कुछ प्रयोजन नहीं। तुमने कहा था कि तुम्हारी मौसी, जिनके पास तुम रहती हो, वह हमारी वर्तमान अवस्था में विवाह निरर्थक समझती है। मैं उनसे मिलकर अपनी बात कहना चाहता हूँ।"

"तो यह बात है, तब आइए। मैं आज अविनाशजी के घर गई थी। इस कारण घर लौटने में देरी हो गई है।"

"जो मैं कहूँगा, यदि तुम मेरी बात का समर्थन करोगी तो बात बन जाएगी।"

"बात भले ही अनुचित हो?" मुस्कराते हुए सोम ने पूछ लिया।

इस पर रामलोक ने कहा, "तो तुम अपने कार्यालय में सब बातें उचित ही करती हो?"

"वहाँ तो सबकुछ अनुचित ही होता है। पहले मैं उसे स्वाभाविक मानती थी। परंतु आज वह सब पाप प्रतीत होता है। इसी कारण तो यहाँ का सबकुछ छोड़-छाड़कर भागी जा रही हूँ।

"मुझे मौसी एक पुस्तक पढ़ाया करती हैं। उस पुस्तक में बुद्धि की बहुत महिमा लिखी है, साथ ही स्थिर बुद्धि प्राप्त करने का उपाय बताया है। मैंने जब से वह उपाय करना आरंभ किया है, मुझे अपने पूर्व के विचारों की अशुद्धता का ज्ञान होने लगा है। उस बुद्धि से मुझे संसार पहले से विलक्षण प्रतीत हो रहा है।"

"इसीलिए तो तुम्हारी मौसी से मिलने आया हूँ। देखूँ कि मेरी बुद्धि स्थिर है अथवा उनकी?"

इस समय वे मकान पर जा पहुँचे। सोम ने घंटी बजाई तो रामी द्वार खोल, कुछ कहती-कहती रुक गई। वह सोम को एक अपरिचित व्यक्ति के साथ देखकर चुप लगा गई थी।

"क्या बात है?" सोम ने पूछा।

"यही कि इनका परिचय मुझे माताजी को देना होगा अथवा आप स्वयं दे लेंगी?"

"कुछ विशेष बात है आज?"

"सुब्बालक्ष्मी माताजी के पास बैठी कुछ कहती हुई रो रही हैं।"

"ओह! तो मौसी को सूचित करो कि श्री रामलोकजी उनसे मिलने आए हैं।"

सोम ने रामलोक को वहीं रोक लिया। वह सुब्बालक्ष्मी के सम्मुख अपने विवाह की बात नहीं करना चाहती थी। साथ ही वह विचार कर रही थी कि वह मौसी से क्या कहने आई है, जो उसके दुःख का कारण है?"

रामी को भीतर भेजकर वह वहीं खड़ी रह गई।

यह अनिश्चितता कुछ अधिक देर तक नहीं रही। सुब्बालक्ष्मी लाल आँखों से बाहर आई और भूमि की ओर देखते हुए अपने घर को चल दी।

सुब्बालक्ष्मी के जाते ही सूर्यदेवी स्वयं आईं और हाथ जोड़ नमस्कार कर रामलोक और सोम को भीतर ले गईं। वे वहाँ बैठकघर में बैठे ही थे कि रामी सबके लिए चाय ले आई।

सूर्यदेवी ने रामलोक को बैठाते हुए कहा, "आपके दर्शन कर चित्त प्रसन्न हुआ है। मैं जो कुछ समझी थी, उसमें भिन्न मैं देख रही हूँ।"

"माताजी, आप क्या समझी थीं और अब क्या समझ में आया है?"

"समझी थी कि कनॉट प्लेस का कोई आवारा दुकानदार सस्ते मूल्य पर भोग की वस्तु प्राप्त करने का यत्न कर रहा है। परंतु आप देखने में तो आवारा प्रतीत नहीं हुए और आपका मुझसे मिलने आना भी मेरे विचारों में परिवर्तन लाने का कारण हुआ है।"

सोम तीनों के लिए चाय बना रही थी। सूर्यदेवी ने कहना जारी रखा, "मैंने कई बार सोम से कहा था कि यह आपसे कहे कि आप मुझे मिलें। परंतु यह कहती थी कि मैं अपने मुख से नहीं कहूँगी। इसका कहना था कि जब इसने आपको कहा है कि वर्तमान अवस्था में विवाह व्यर्थ है तो आपको स्वयं मुझसे बात करने आना चाहिए। इस कारण आपने यहाँ आकर अपने मूल्य में वृद्धि की है।"

रामलोक ने कहा, "माताजी! जब इसने यह बताया कि वर्तमान अवस्था में विवाह निरर्थक है तो मैंने इससे कहा था कि तब बिना विवाह के भी हम इकट्ठे रह सकते हैं। परंतु इसने इस प्रकार के जीवन से भी इनकार कर दिया। इसकी युक्ति थी कि वैसे जीवन से वह ऊब चुकी है। व्यर्थ में इस शांत हुई कामनाओं को भड़काना तो विवाह करने से भी अधिक पाप हो जाएगा। परंतु मैं इससे भिन्न प्रकार से विचार करता हूँ। देखिए, मैं आपको अपने मन में उठ रहे विचार बताता हूँ।

"मैं स्त्री की संगत को गौण मानता हूँ। यह नहीं कि मुझे इससे घृणा है। यह केवल इसलिए कि यह यदि दोनों पक्षों में इच्छा हो तो हो जाएँ। न इच्छा हो तो यह जीवन का आवश्यक अंग नहीं। इसी विचार से मैंने डॉक्टरों की सम्मति के उपरांत कहा था कि ऑपरेशन नहीं कराना चाहिए था। अब हो गया है तो उलटवाना नहीं चाहिए, क्योंकि जीवन का भय है। साथ ही उद्देश्य की पूर्ति निश्चित नहीं। तब ऑपरेशन से जीवन भय में डालना महापाप हो जाएगा।

"ऑपरेशन कराकर इसने पाप किया। और अब संतान के लोभ में इसके जीवन को ही भय में डाल दूँ, यह तो पाप से भी अधिक हो जाता। इतना विचार कर, मैं संतान की आशा के बिना भी इससे विवाह करना चाहता हूँ। आखिर स्त्री-पुरुष केवल विषय-भोग तथा संतान-सृजन के लिए ही तो संसार में नहीं आए। जीवन के अन्य कार्य भी तो हैं, जिनको स्त्री सजाती तथा सुंदर बनाती है।"

सूर्यदेवी आँखें मूँद रामलोक की बात सुनकर मनन का रही थी। जब रामलोक

अपनी बात कह चुका तो उसने कहा, "रामलोक बेटा! तुम्हारा विचार सत्य प्रतीत हो रहा है, परंतु यह तो दिल्ली छोड़कर एक देहात में जाकर रहने का विचार कर रही है।"

"मैंने," रामलोक ने कहा, "इससे पूछा है कि यह दिल्ली नगर को छोड़ उस उजाड़ में क्यों जा रही है ? तो इसने कहा है कि यह योजना इसकी बहन राजकुमारी और उसके पति अविनाशजी की है। इस कारण पहले आपकी आपत्ति का निराकरण कर पीछे उनसे मिलने का विचार करूँगा। मैं समझता हूँ कि स्वर्ग दिल्ली से भी उतना ही दूर है, जितना कुल्लू से। परंतु यह बात तो कभी उनसे मिलकर करूँगा। सर्वप्रथम मुझे आपका आशीर्वाद प्राप्त करना है।"

"यदि तुम दोनों साथी बन जीवन चलाने के लिए तैयार हो तो भला मैं किस प्रकार इसमें आपत्ति कर सकती हूँ ? हाँ, एक बात है। इस प्रकार रहते हुए संतान न हो सकने की कल्पना कर तुम दोनों में संयम नहीं रह सकेगा। तब असंयम असीम भी हो सकता है। यह असंयम जीवन के वास्तविक लक्ष्य आत्मोन्नति में बाधक हो जाएगा।"

"परंतु माताजी! इस अनियमित अर्थात् असंयमित जीवन का संबंध विवाह से है ? मैं समझता हूँ कि यह विचार और मन-बुद्धि की दृढ़ता का लक्षण है कि मनुष्य किसी भी स्थिति में संयम से रह सके।"

"अच्छा ऐसा करो," सूर्यदेवी ने कहा, "कल एक बजे मध्याह्नोपरांत सफदरजंग रोड वाली कोठी पर आ जाना। मैं भी वहाँ रहूँगी और सोम, तुम अपनी सखी राज से विचार कर अपना निश्चय कर लेना।"

"क्यों सोम ?" रामलोक ने उससे पूछा, "कल कार्यालय से अवकाश पा सकोगी ?"

"मुझे कल एक आवश्यक संदेश लेकर वहाँ जाना है। मेरा विचार यह है कि मैं ठीक बारह बजे आपकी दुकान पर पहुँच जाऊँगी। वहाँ से इकट्ठे चलेंगे।"

अगले दिन रामलोक और सोम मध्याह्नोपरांत ठीक एक बजे अविनाश के घर पहुँच गए। आज शंकरदास भी काम से आया हुआ था। काम बहुत कम रह गया था। नए काम तो लिये नहीं गए थे, इस कारण शंकरदास अब मध्याह्न दो घंटे के लिए घर आ जाया करता था।

मध्याह्न का भोजन समाप्त कर सभी ड्राइंग-रूम में पारिवारिक चर्चा के लिए आ जाया करते थे। प्रायः इन समय सूर्यदेवी भी आ जाया करती थीं। आज सूर्यदेवी आईं तो उन्होंने आते ही मालती देवी को बताया, "आज, इस समय सोम अपने से विवाह की इच्छा करनेवाले को लेकर यहाँ आनेवाली है।"

"तो उन्होंने कुछ निश्चय किया है क्या ?"

"कल ये दोनों मेरे घर पर आए थे। रामलोक ने विवाह की इच्छा तो जीवन में एक सुदृढ़ संगिनी बनाने के लिए की है, ऐसा वह कहता है। उसका यह भी कहना है कि

विवाह का उद्देश्य संतान के अतिरिक्त भी तो है।

"उसकी युक्ति से मैं मान गई हूँ। सोम का विचार है कि उनके साथ चलकर 'कुल्लू बाली फार्म' पर रहे। इसी विषय पर विचार करने वह यहाँ आ रहा है। सोम भी उसके साथ यहाँ आ रही है।"

ड्राइंग-रूम में बैठे सब अभी कॉफी पी रहे थे कि रामलोक और सोम वहाँ आ पहुँचे।

रामलोक का परिचय सूर्यदेवी ने ही कराया। उसने कहा, "ये हैं रामलोकजी। ये सोम से विवाह की इच्छा कर रहे हैं। इनमें प्राय: सब समस्याओं पर समझौता हो गया है, परंतु सोम कह रही है कि 'बाली फार्म' पर चलकर रहना चाहिए और यह कह रहे हैं कि दिल्ली स्वर्ग के उतने ही समीप है, जितना कुल्लू। अत: सोम को स्वर्ग तक पहुँचने में यहाँ रहते हुए कुछ अधिक कष्ट नहीं करना पड़ेगा।"

इस पर राज ने अपनी योजना की आधारभूमि वर्णन कर दी। उसने कहा, "जहाँ बड़े-बड़े कारखाने, व्यवसाय, धंधे और नगर होते हैं, वहाँ व्यक्ति का जीवन सामाजिक जीवन में विलीन हो जाता है। मनुष्य अच्छे कर्मफलों के आश्रय ही अपनी अनंत यात्रा को दिशा दे सकता है। जब वह समाज के अन्य घटकों के आश्रय होता है तो उसे अपने चारों ओर सामाजिक जीवन निर्माण करना पड़ता है। तब समाज व्यक्तिगत जीवन पर बंधन निर्माण करता है। समाज अपने नियम बनाता है और व्यक्ति को उसके अधीन रहना पड़ता है। यह मनुष्य की पराधीनता का आरंभ है। इस कारण मेरी योजना है कि हम समाज को इतना छोटा कर दें कि उसमें व्यक्ति मुख्य हो, समाज गौण हो जाए। तब न किसी का किसी दूसरे पर शोषण रहेगा। न समाज के कड़े प्रतिबंध रहेंगे। मेरा अनुमान है कि इससे व्यक्ति अपनी अनंत यात्रा, अर्थात् मोक्ष-प्राप्ति के पथ पर निर्विघ्न चल सकेगा।"

"तो आप वहाँ फार्म पर कैसी विशेषता जीवन में लाएँगे?" रामलोक का प्रश्न था।

"मैंने उस फार्म पर प्रबंध किया है कि प्रकृति से उपलब्ध निधि प्रत्येक को प्राप्त होगी। परमात्मा ने भूमि हमें दी है। भूमि की पूर्ण सामर्थ्य हमारे अधीन होगी। हम व्यक्तिगत रूप में भूमि की सामर्थ्य का लाभ उठाकर उसमें से मानवोपयोगी पदार्थ बनाएँगे। अभी तक हमने वहाँ लगभग पाँच सौ सेब और खुमानियों आदि के पेड़ लगाए हैं। वह अभी छह मास की आयु के हैं। दो वर्ष में वे फल देने लगेंगे। अब उन पेड़ों की देख-रेख हम व्यक्तिगत रूप में करेंगे और फिर दो वर्ष उपरांत उसके फल प्राप्त करेंगे। इस कार्य में हम एक-दूसरे की सहायता की आकांक्षा करेंगे और हम परस्पर सहायता करेंगे भी। इस पर भी यह सहयोग का क्षेत्र समाज की स्वाभाविक इकाई तक ही सीमित रहेगा। मेरा अभिप्राय है पति-पत्नी और अधिक-से-अधिक लड़के-लड़की तक। इससे कम-से-कम सामाजिक बंधन होंगे और हम स्वतंत्रतापूर्वक निर्वाह कर सकेंगे। मैं जानती हूँ कि यह फलोद्यान का

द्वितीय परिच्छेद

कार्य पूरे जीवन को नहीं भर सकेगा। हमारा बहुत सा काल इस कार्य से बच जाएगा। इस काल का प्रयोग वहाँ के रहनेवाले अपनी-अपनी रुचि के अनुसार कर सकेंगे।

"सर्वप्रथम मैंने अपने लिए अवकाश-काल में कार्य ढूँढ़ लिया है। मैं अर्थशास्त्र की विषमता का विश्लेषण कर उससे छुटकारा पाने का मार्ग निर्माण करना चाहती हूँ। हमारे इस नए प्रयोग का लक्ष्य यह है कि मनुष्य बिना किसी दूसरे का शोषण किए अपना जीवन चला सके। परिश्रम करने में और उसका फल पाने में कोई दूसरे पर निर्भर न हो। इससे शोषण समाप्त हो जाएगा।"

"परंतु बहनजी," रामलोक ने कहा, "मेरा काम भी तो व्यक्तिगत ही है। मैं किसी की सेवा बलपूर्वक नहीं प्राप्त करता। एक दुकान है, उसमें माल खरीदता हूँ और बेचता हूँ। इस खरीदने और बेचने में दूसरे मेरी सहायता करते हैं। परंतु मैं किसी को भी अपनी सहायता के लिए विवश नहीं करता। यह मैं देश के कानून से कर भी नहीं सकता। फैक्टरियों के एजेंट आते हैं और अपनी फैक्टरी का माल बेचने के लिए दे जाते हैं। मैं उनका माल अपनी दुकान पर दो सेल्स-मैन की सहायता से बेचता हूँ, परंतु मैं किसी को अपनी दुकान पर काम करने के लिए विवश नहीं करता। वे एक दिन का नोटिस देकर मेरी दुकान पर का काम छोड़ सकते हैं।

"अब बताइए, यह व्यक्तिगत प्रयास है अथवा नहीं? नगर में रहने के कारण म्युनिसिपल नियमों का पालन करना पड़ता है। तो आप अपने फार्म में भी रहने का कोई कायदा-कानून बनाएँगी। मैं अपना जीवन वैसा ही समझता हूँ, जैसा आप फार्म पर व्यतीत करना चाहती हैं।

"रही बात निर्माण की अर्थात् प्रकृति के पदार्थों को उपयोगी रूप देने की तो यह मैं नहीं करता, यह आप करेंगी। मैं तो आपके फलों को भी वैसे ही बेच दूँगा, जैसे किसी कारखाने के बने माल को बेचता हूँ।"

"हाँ, एक दुकान, कारखाने से भिन्न प्रकार का कार्य है। कारखाने अथवा ठेकेदारी में दूसरों का परिश्रम मोल लिया जाता है। मैं उसी का विरोध कर रही हूँ। दूसरी बात मैं यह बताना चाहती हूँ कि यह बड़ी-बड़ी मशीनों से कार्य महँगा पड़ता है।"

"परंतु बहनजी, मैं तो इस पाप में उत्तरदायी नहीं। देखिए, एक दूध का डिब्बा नौ रुपए का आता है। उसकी परचून बिक्री का मूल्य उस पर लिखा रहता है। मैं उसी मूल्य पर बेचता हूँ। मैं अधिक दाम नहीं ले सकता। बताइए, मैं शोषक तो नहीं हूँ; न ही मेरे यहाँ मशीनें चलती हैं।

"एक बात और पूछूँ? आप अपने उद्यान में जो फल पैदा करेंगी, उन्हें बेचेंगी अथवा नहीं? कहाँ और कैसे बेचेंगी? उसे बिक्री करने में दूसरों की सहायता लेनी पड़ेगी।"

राज ने कहा, "हमारा विरोध बिक्री करनेवालों से नहीं है। यह तो सामूहिक उत्पादन करनेवालों से है।"

रामलोक ने प्रसन्नता से फूलते हुए कहा, "अब बताओ सोम! मेरी दुकान इनके फलोद्यान की भाँति ही व्यक्तिगत प्रयास हो गया है। मैंने ऐसी कोई मशीन नहीं लगाई हुई, जिसमें दो-तीन सौ कर्मचारी काम कर रहे हों?"

"परंतु," सोम ने कहा, "समाजवादी तो दुकानदारों को सबसे बड़ा शोषणकर्ता मानते हैं। ये पूँजी के आश्रय लाखों कमाते हैं।"

उत्तर राज ने दिया, "उन समाजवादियों के कहने पर मैं अपना फार्म नहीं बना रही। इन मूर्खों का पूर्ण बल पूँजी पर है, क्योंकि पूँजी के बिना तो कोई छोटे-से-छोटा काम भी चल नहीं सकता।"

सोम ने कहा, "समाजवादी कहते हैं कि पूँजी निर्जीव वस्तु है। इसके बल पर लाभ उठाना पाप है।"

"ठीक है, परंतु पूँजी तो हमको भी फार्म पर लगानी पड़ी है। न तो हमें किसी ने भूमि निःशुल्क दी है, न ही सेब और खुमानियों की पेड़ियाँ बिना मूल्य मिली हैं। मकान बनाने के लिए ईंटों का, सीमेंट का और बनाने का भी दाम देना पड़ा है।"

"समाजवादी कहते हैं कि यह पूँजी सरकार लगाएगी और इससे सरकार न्यूनातिन्यून लाभ उठाकर वह भी लोकहित के कामों पर व्यय करेगी।"

रामलोक हँस पड़ा। हँसते हुए बोला, "जैसे नई दिल्ली का सुपर-बाजार लोकहित कर रहा है। पिछले पंद्रह वर्ष में पूर्ण लगी पूँजी से अधिक घाटे में जा चुका है। देखो सोम, मैं बताता हूँ। सुपर बाजार के दस गज के अंतर पर ही 'शंकर मार्केट' है। वहाँ व्यक्तिगत दुकानदार सुपर बाजार के मुकाबले में माल बेच रहे हैं। उनमें से कई लखपति बन गए हैं और सुपर बाजार वाले एक करोड़ रुपए से अधिक घाटा दिखा चुके हैं। सरकारी क्षेत्र में उद्योग अथवा व्यवसाय कभी भी लाभ नहीं देगा। उत्पादन महँगा होगा। उनका बेचना भी महँगा होगा।"

राजकुमारी का कहना था, "समाजवाद तो एक महान् छलना है, जो धूर्त राजनीतिज्ञ और सरकारी नौकरशाही चला रही है। मेरा प्रयास पूँजी के विरुद्ध नहीं। इस पूँजी के साथ परिश्रम व्यक्तिगत होना चाहिए। यदि किसी मशीन की आवश्यकता हो तो वह इतनी बड़ी ही हो, जितनी एक व्यक्ति स्वयं चला सके।"

एकाएक सोम ने पूछ लिया, "तो हम विवाह कर लें?"

अब मालती ने कह दिया, "तुम्हारी वर्तमान मनःस्थिति में तो यह ठीक प्रतीत होता है।"

रामलोक उठ पड़ा और सोम से बोला, "चलिए, हमारे प्रश्न का उत्तर मिल गया।"

◻

तृतीय परिच्छेद

अविनाश और राजकुमारी का विवाह जनवरी सन् 1976 में हुआ था। अब जनवरी 1977 आ गया था। राजकुमारी प्रसव के लिए पूसा रोड पर एक नर्सिंग होम में ठहरी हुई थी। उसके साथ सूर्यदेवी रह रही थी।

'बाली उद्यान' मंडी से दस मील के अंतर पर कुल्लू की सड़क से आधा फर्लांग एक ओर हटकर एक पहाड़ी के पीछे स्थापित हो चुका था। इस फलोद्यान के चारों ओर लोहे की तार का जंगला लग चुका था। इसमें पाँच सौ के लगभग सेब और खुमानियों के पेड़ लगाए जा चुके थे और फार्म के एक कोने में तीन मकान बन चुके थे।

मालती देवी और शंकरदास तो दिल्ली छोड़कर, वहाँ जाकर रहने लगे थे। शंकरदास अपना कारोबार दिल्ली से समेट आए थे। इस पर भी सफदरजंग वाली कोठी अभी भी थी और अविनाश जब दिल्ली आता था तो इसी कोठी में ठहरा करता था।

राजकुमारी एक लड़के को जन्म देकर और नर्सिंग होम में दस दिन तक रहकर, वहाँ से छुट्टी पाकर निकलने के लिए तैयार बैठी थी कि अविनाश हाथ में समाचार-पत्र लिये हुए वहाँ पहुँच गया। राज और सूर्यदेवी नर्सिंग होम से विदा होने के लिए तैयार खड़ी थीं। अत: अविनाश के आते ही दोनों माँ-बेटी उसके साथ नर्सिंग होम से निकल आईं। वहाँ का चपरासी उनका सूटकेस लिये हुए साथ आ गया।

नीचे सड़क पर अविनाश की मोटर खड़ी थी। चपरासी ने सूटकेस रखा तो सूर्यदेवी बच्चे को ऊनी शॉल में लपेटे हुए पीछे की सीट पर सूटकेस के समीप बैठ गई। राज अगली सीट पर बैठी तो अविनाश ने दस रुपए का एक नोट चपरासी के हाथ में देकर मोटर चला दी। वह स्वयं ही मोटर चला रहा था। गाड़ी चलाते हुए अविनाश ने कहा, "आज एक विशेष समाचार है।" लोकसभा भंग हो गई है और नए निर्वाचन दो मास के अंदर करने की घोषणा हो गई है।"

समाचार सुन राज के मुख से अनायास ही निकल गया, "यह भी पाप कटा।"

"कैसा पाप कटा है?" अविनाश ने प्रश्न किया।

"यही कि आपातस्थिति अब समाप्त होगी।"

"परंतु उस विषय में तो केवल यह है कि समाचार-पत्रों पर से सेंसरशिप उठा ली जाएगी।"

"बस यही तो आपातस्थिति थी। शेष तो द्वार खुलते ही सब कूड़ा-करकट निकल बाहर हो जाएगा।"

"कल फकीरचंद एडवोकेट कह रहे थे कि आपातस्थिति के दुष्परिणाम देश और जाति पर सदा बने रहेंगे। ये अब मिट नहीं सकते।"

"हाँ, यह तो है ही। जो घाव जनता के हृदय पर इस आपातस्थिति ने लगाया है, वह मिटेगा नहीं। परंतु इस आघात की प्रतिक्रिया क्या होनी है, यह देखने की बात है।"

"मैं समझता हूँ कि वर्तमान सरकार अब सत्ता प्राप्त नहीं कर सकेगी, परंतु इसका विकल्प तो अभी दृष्टिगत नहीं होता।"

"कुछ भी हो। यह पाप था, मिटकर ही रहेगा।"

"और क्या इससे बड़ा पाप इसके स्थान पर नहीं आ सकता?" सूर्यदेवी, जो पीछे की सीट पर बैठी पति-पत्नी की बातें सुन रही थी, बोल उठी, "देखो बेटा! एक बुराई को निकालकर, स्थान को थाली छोड़ दें तो यह आवश्यक नहीं कि उसके स्थान पर कोई पुण्य ही आ सकेगा। संभावना तो यह है कि जो पाप जा रहा है, उसके स्थान पर कोई बड़ा पाप आ बैठेगा।"

"ऐसा क्यों, माताजी?" अविनाश ने पूछ लिया।

"यह इसलिए कि जा रहे पाप का स्थान लेने के लिए अभी पुष्ट तैयार नहीं हुआ।"

"मैं समझता हूँ कि अब विरोधी पक्ष के नेता छूटेंगे तो वह वर्तमान सरकार की स्थानापन्न सरकार बना सकेंगे।"

"हाँ, यदि वे परस्पर लड़ने न लगें तो!"

"उनको नहीं लड़ना चाहिए? डेढ़ वर्ष जेल में रहकर तो उनको समझ आ ही जानी चाहिए।"

"तो जेल कोई स्कूल-कॉलेज है अथवा वह कोई धर्म-मंदिर है, जहाँ नेक और बुद्धियुक्त व्यवहार सिखाया जाता है?"

"परंतु वहाँ बैठकर चिंतन तो किया होगा?"

"जो लोग संसार को खुली आँखों से देखते हुए जीवन भर में कुछ सीख न सके, वे बंद कोठरी में बैठे-बैठे दीवारों से क्या सीख सके होंगे? मुझे यही समझ में आता है कि यदि वे पहले से अधिक मूर्ख नहीं बने तो कम भी नहीं हो सके होंगे।"

सूर्यदेवी का कथन कटु था, इस पर भी अकाट्य था। राज ने बात बदल दी। उसने कहा, "सोम आज प्रात:काल आने के लिए कह गई थी?"

"उसकी नींद अभी खुली प्रतीत नहीं होती!" अविनाश ने कह दिया।

"वैसे कल वह कह रही थी कि वह अपने पति के साथ संतुष्ट और प्रसन्न है।"

"एक बात तो माननी पड़ेगी," सूर्यदेवी ने कहा, "कि रामलोक एक बुद्धि-संपन्न और विशेष विचारों का स्वामी है। जिसे आप लोग नहीं मानते, वह उसे मानता हुआ उसकी सार्थकता को सिद्ध भी कर सकता है।"

"हाँ, वह पूँजीवादी है, परंतु पूँजी का सदुपयोग करने के लिए। वह समझता है कि पूँजी तो केवल एक शक्ति है। यदि पूँजी ठीक बुद्धिवाले के पास हो तो पूँजी में कोई दोष नहीं। दोष तो पूँजी रखनेवालों में होता है, जो उसका दुरुपयोग करते हैं।"

"अभी उस दिन कह रहा था कि आपातस्थिति अति भयंकर होते हुए भी अव्यवस्था से अच्छी है।"

अविनाश का कहना था, "आपातस्थिति में विचार-प्रचार के माध्यमों पर ताला जो लगा है?"

"परंतु यह ताला कुछ बुरा नहीं, क्योंकि विचार, जिनको ताला लगाया गया है, वे महा गंदे थे।"

राज, यह देखकर कि माँ पुन: आपातस्थिति और भारतीय राजनीति पर आ गई है। उसने पुन: बात बदलने के लिए कह दिया, "मैं तो शीघ्रातिशीघ्र अपने फलोद्यान पर जाना चाहती हूँ।"

उत्तर सूर्यदेवी ने दिया, "पर तुम अभी लंबी यात्रा के योग्य नहीं हुईं।"

"कब तक हो सकूँगी?" राज का प्रश्न था।

उत्तर अविनाश ने दिया, "डॉक्टर से राय करनी होगी।"

"वह क्या जानता है? कुछ अंग्रेजी दवाइयों के नाम स्मरण कर डॉक्टरी करने से किसी शरीर में हो रही उथल-पुथल को वह नहीं बता सकेगा?"

"क्या उथल-पुथल मच रही है तुममें?" सूर्यदेवी ने पूछ लिया।

"शरीर तो पहले से किंचित् दुर्बल हो गया है। उस दुर्बलता को कब पूरा कर सकूँगी, मैं ही बता सकती हूँ। इसमें डॉक्टर क्या बताएगा? और मैं समझती हूँ कि एक सप्ताह बाद मैं यहाँ से चल सकूँगी।"

"और तुम्हारी समय की तसदीक डॉक्टर से करानी होगी?"

"यही तो कह रही हूँ कि वह मानव-शरीर के विषय में क्या जानता है? वह केवल बीस-पच्चीस दवाइयों के नाम जानता है और यह जानता है कि किस रोग में क्या देनी है।

"जब उसे समझ में नहीं आता कि क्या कष्ट है तो चार-पाँच दवाइयाँ एक साथ दे देता है, जिससे कोई-न-कोई तो ठीक लग जाएगी।"

अविनाश हँस पड़ा। इस समय मोटर कोठी में पहुँच गई।

कोठी पर भगवती, बैरा और दो सेवक रहते थे। भगवती ने गाड़ी को आते देखा तो तुरंत आगे आ गया। उसने सूटकेस उठा लिया और सब भीतर चले आए। ये अभी ड्राइंग-रूम में बैठे ही थे और सूर्यदेवी ने सोफे पर एक तरफ बच्चे को लिटाया ही था कि सोम व रामलोक आ पहुँचे। रामलोक ने आते ही कहा, "भैया, बधाई हो!"

पूर्व इसके कि अविनाश पूछे कि किस बात की बधाई है, सोम ने कह दिया, "राज बहन को तो नर्सिंग होम से दस बजे चलना था। हम वहाँ साढ़े नौ बजे पहुँचे तो पता चला कि आप वहाँ से जा चुके हैं।"

"हाँ, नर्सिंग होम के मैनेजर ने साढ़े आठ बजे ही छुट्टी दे दी थी। हम दोनों वहाँ साढ़े आठ बजे तैयार हो गई थीं। ये नौ बजे पहुँचे तो हम वहाँ से चल दिए।

अविनाश ने भगवती को चाय लाने के लिए कह दिया।

सोम ने कहा, "राज दुर्बल हो गई प्रतीत होती है।"

"मैं अपने में दुर्बलता अनुभव नहीं करती।"

"तो तुम इसका भाई बनाने के लिए तैयार हो?" सोम ने मुस्कराकर पूछा।

अविनाश हँस पड़ा और बोला, "देखो राज! तुम्हें सोम बहन की कमी की पूर्ति भी तो करनी चाहिए?"

"हाँ, यही तो कह रही हूँ। हम तो कल ही योजना बना रहे थे कि राज बहन की अगली संतान हमारी होगी?"

"क्यों? अब संतान की लालसा जाग पड़ी है?" राज ने मुस्कराकर पूछा।

"हाँ, तुम्हारे बच्चे को देखकर। मैं कह रही थी कि मैं इतना सुंदर बालक बना ही नहीं सकती। इस पर आपके जीजाजी बोल उठे कि हम एक राज बहन से माँग लेंगे। आज तुम्हें यह कहते सुनकर कि तुम दुर्बलता अनुभव नहीं कर रही, मैंने अपनी माँग उपस्थित कर दी है।"

"गाँव बसा नहीं और लुटेरे पहले आ गए हैं?" अविनाश ने कह दिया।

"पर भैया!" सोम का कहना था, "गाँव तो बस रहा है और लुटेरे तो अभी विचार ही कर रहे हैं।"

रामलोक ने बात बदल दी, "भैया, अब तो आपातस्थिति हट गई है। पाप का राज्य गया। इस कारण आपको फलोद्यान पर जाने की आवश्यकता नहीं रहेगी। पुन: ठेकेदारी चल सकेगी।"

तृतीय परिच्छेद

"पर माताजी कह रही हैं," अविनाश ने सूर्यदेवी की बात बता दी, "इनका कहना है कि यह अधिक संभव है कि वर्तमान सरकार के जाने पर इससे भी बुरी, पापी सरकार आ जाए।"

"और यह क्यों नहीं कि इससे अच्छी आ जाए?"

"पर वह है कहाँ? कांग्रेस के विरुद्ध कुछ नेता हैं, जो पिछले तीस वर्ष से परस्पर लड़ना ही सीखे हैं। वे भला सरकार कैसे बना सकेंगे? कहीं बना भी बैठे तो इनकी जूतियों में दाल बँटेगी।"

रामलोक मुख देखता रह गया। फिर उसने कहा, "घर से निकलते ही मुझे किसी ने बताया है कि मिस्टर देसाई छूट चुके हैं और वे अपने यहाँ सरकार विरोधी नेताओं को एकत्र कर रहे हैं।"

"परंतु वह तो सन् 1968 में कहता था कि वह जनसंघ को चिमटे से भी नहीं छूएगा।"

"और जनसंघ के बिना सरकार नहीं बन सकेगी क्या?"

"तो क्या चरणसिंह से यह सहयोग और बात करेगा?"

रामलोक हँस पड़ा।

राज ने कहा, "यह राजनीतियों के पंडितों की बात छोड़ो। हमें तो अपनी कुटिया की सुध लेनी चाहिए। मैं इस बात के लिए कृतसंकल्प हूँ कि यह सिद्ध कर दूँ कि बड़ी-बड़ी मशीनों के चलाने से अधिक सस्ता और सुखप्रद होता है—व्यक्तिगत परिश्रम।"

"मैं भी इसी बात में विश्वास रखता हूँ। और मैंने पिछले पाँच वर्ष में अधिक उन्नति की है, बनिस्बत किसी बड़े कारोबार वाले से।"

इस पर सोम ने अपने पति की बात का संशोधन कर दिया, "इनका अभिप्राय सुख, शांति और अर्जन के विचार से है।"

"अर्जन का अभिप्राय है अपने परिश्रम से उत्पन्न करना, दूसरे का अर्जित धन छीनना नहीं। हाँ, हमारी अर्जन करने की सामर्थ्य बहुत है।" रामलोक का कहना था।

"यही मैं वहाँ 'बाली उद्यान' में सिद्ध करने जा रही हूँ।"

इस समय भगवती चाय ले आया। चाय लेते हुए सोम ने पूछ लिया, "राज बहन! वहाँ का क्या कार्यक्रम है?"

उत्तर सूर्यदेवी ने दिया, "मैं राज के साथ वहाँ फलोद्यान में जाऊँगी। रामी इसके बच्चे की देख-रेख करेगी और यह स्वतंत्रता से परिश्रम करेगी। हमें विश्वास है कि हम वहाँ पर पाँच व्यक्ति इतनी सुख-सुविधा और धन अर्जन कर सकेंगे, जितना कोई भी व्यक्ति कहीं भी कर सकता है।"

रामलोक ने कहा, "हम वहाँ आपसे मिलने आएँगे।"

"अभी एक-डेढ़ वर्ष पीछे आना। तब पेड़ फल देने लगेंगे तो आप वहाँ फल खरीदकर उसका भोग कर सकेंगे।"

"खरीदकर ? कहें तो दाम पहले ही जमा करा दूँ ?" रामलोक ने हँसते हुए कहा।

सब हँसने लगे। अविनाश ने गंभीर होकर कहा, "आप दुकान से दूध का एक डिब्बा बिना मूल्य के दे सकते हैं, क्योंकि उस पर आपका धन लगा होता है, जो उसके मूल्य का दो-तिहाई ही होता है। और हमारे उद्यान के फलों में तो शत-प्रतिशत हमारा परिश्रम ही होगा। बीज तो बहुत ही नगण्य मूल्य का होता है।"

"तो जो मूल्य हमने फैक्टरी को दिया होता है, वह हमारा नहीं होता ?"

"वह लाभ होता है, किसी दूसरे के परिश्रम का। उसमें भी जो पूँजी होती है, वह उससे पूर्व के परिश्रम की दो-तिहाई होती है ? इस प्रकार दो-तीन राउंड पहले का परिश्रम देखें तो वह नगण्य ही रह जाएगा। हमारे यहाँ तो सबका-सब परिश्रम ही होता है। और एक ही राउंड में किया हुआ।"

रामलोक इस तर्क को समझने के लिए मौन हो गया।

बात सोम ने पहले समझी और कहा, "तो भैया के परिश्रम का मूल्य बहन दे देगी।"

बात सूर्यदेवी ने सुलझा दी, "परंतु रामलोक तो ग्राहक बनकर बात कर रहा है न, भाई बनकर नहीं ?"

"भाई कैसे बना जा सकता है ?" रामलोक का प्रश्न था।

"वहाँ रहते हुए सिंचाई इत्यादि में सहयोग देकर।"

"हाँ, यह तो होगा ही। वहाँ उद्यान पर पहुँचकर मक्खियाँ तो मारूँगा नहीं, कुछ उधेड़-बुन में लग जाऊँगा।"

इस पर सब फिर हँसने लगे।

"देखो, मैं समझाती हूँ।" सूर्यदेव का कहना था, "अविनाशजी कह रहे हैं कि वहाँ की उपज निन्यानबे दशमलव नौ-नौ प्रतिशत परिश्रम का रूपांतर ही होगा। इस कारण दुकान पर रखे माल से अधिक मूल्यवान होगा।"

सोम ने बात समझते हुए कहा, "मौसी का कहना है कि परिश्रम में परिश्रम सम्मिलित कर हमारा वहाँ की उपज का प्रयोग धर्मयुक्त हो जाएगा।"

"हाँ, धर्म-युक्त और पुण्यमय में अंतर नहीं। आप भी पुण्य के भागी बन जाएँगे।

"तो फिर बहन-भाई के संबंध का क्या हुआ ? भाई की बहन को भेंट बंद ?

"वह बात दूसरी है।" अविनाश ने कह दिया, "उसको फार्म पर जाकर फल खाने से पृथक् समझो।"

"परंतु भेंट भी तो फलों की भाँति परिश्रम का फल होता है?"

"हाँ, परंतु दोनों में सीमा का अंतर है—मोल लेकर खाने में और मेरे कहने पर खाने में। पहले की सीमा हमारे उद्यान की उपज है। और दूसरे की सीमा मेरे मन में बहन के प्रति स्नेह की।"

"तो कौन असीम है?"

"यह बताना बहुत कठिन है। समय पर ही बता सकूँगा।"

"देखो, मैं बताती हूँ," सूर्यदेवी ने कहा, "दोनों की सीमा धर्म से बनी है। धर्म कर्म को कहते हैं, पुण्यमय कर्म को। और कर्म की सीमा समय-समय पर देनेवाले की सामर्थ्य पर निर्भर करती है।"

"यह पाप और पुण्य का झगड़ा हमारी समझ में नहीं आता।" रामलोक का कहना था।

सूर्यदेवी ने, जो चाय पी नहीं रही थी, क्योंकि वह अपने घर से आज चाय बनाकर नहीं लाई थी, रामलोक के प्रश्न का उत्तर दिया। उसने कहा, "बात तो सरल ही है। जो करने योग्य है, वह धर्म है और वही पुण्य है। जो करने योग्य नहीं, वह पाप है और उसे ही अधर्म कहते हैं।

"कभी-कभी विवाद इस बात में उत्पन्न हो जाता है कि इस देश का कानून अथवा समाज के रीति-रिवाज न करने योग्य होते हैं। तब वे कानून के अनुसार होते हुए भी अधर्म हो जाते हैं। उदाहरण के रूप में कर्मचारियों को दिया जानेवाला बोनस है। बोनस है लाभ में कर्मचारियों का भाग। परंतु बाद में सरकार ने यह कानून बना दिया था कि सबको अपने कर्मचारियों को बोनस देना ही चाहिए, चाहे लाभ हो अथवा न हो।

"इसका अर्थ मैं यह समझी थी कि सब कारखाने वालों को अपने कारखाने के माल का दाम बढ़ा देना चाहिए। इससे महँगाई और अधिक हो गई।

"यह न करने योग्य कानून था। यह किया गया तो अधर्म हुआ और पाप हुआ था।"

"परंतु धर्म-अधर्म का मापदंड क्या है?"

"इसकी कई परख है। एक तो स्मृतियों ने कुछ धर्म गिनाए हैं। वे दस हैं और सदा तथा सर्वत्र पालन के योग्य हैं। वे धर्म शाश्वत हैं। वे ही पुण्यमय कर्म हैं। उनके विपरीत कर्म पापमय हैं।"

धर्म के दस नियमों के विषय में पहले भी बात हो चुकी थी। इससे बात बंद हो गई।

रामलोक उठा और जाने से पहले पुनः बधाई देने लगा।

अविनाश ने कहा, "भाई साहब! यह बधाई तो फार्म पर स्वीकार करूँगा और वहीं इसके लिए शुक्रिया अदा करूँगा।"

पति-पत्नी दोनों हँस पड़े और चल दिए।

: दो :

रामलोक अपनी पत्नी सोम को लेकर कोठी से निकला और अपनी मोटर में सवार होकर करोल बाग की ओर चल पड़ा। सोम पति के समीप ही अगली सीट पर बैठी थी। जब गाड़ी चली तो वह पति से उस दिन के समाचार पर बात करने लगी। उसने कहा, "यह तो विख्यात हो रहा है कि इस आपातस्थिति में देश की प्रधानमंत्री ही एकमात्र कारण है। इस समय उसका सिक्का चलता है। फिर किस कारण उसने यह लोकसभा के चुनाव की घोषणा कर मुसीबत मोल ले ली है?"

"हमारे पड़ोसी श्री शिवदयाल कह रहे थे कि इसमें कश्मीरियों का रक्त बोल उठा है। उसका कहना था कि प्राय: कश्मीरियों की भाँति यह भी अति कायर स्वभाव रखती है। इस कारण इसने यह समझा है कि यदि अपनी नीति को कुछ और काल तक चलाया तो कहीं उसका भी वही अंत न हो जाए, जो बँगलादेश के प्रधानमंत्री का हुआ है। मैं कुछ दूसरी बात समझी हूँ। यह मौसी ने एक दिन बताया था। वह यह कि मनुष्य के पाप ही उससे ऐसे कर्म कराने लगते हैं कि उसके बुरे कर्मों का फल प्रकट होने लगता है। मैं समझती हूँ कि इसने पापकर्म की अति कर दी है और उन पापकर्मों ने ही इससे यह कर्म कराया है। इसने लोकसभा भंग कर नए निर्वाचनों की घोषणा की है।"

"परंतु आज तो तुम्हारी मौसी कह रही थी कि संभव यह है कि कांग्रेस का राज्य समाप्त हो और कोई अन्य इसके स्थान पर आ जाए, जो इससे भी बुरा हो। तो यह किसके पापकर्म का फल होगा?" रामलोक गाड़ी चलाने के लिए सामने सड़क पर देखता हुआ बात कर रहा था।

सोम गंभीर भाव में सूर्यदेवी की भविष्यवाणी पर विचार कर रही थी। एकाएक उसने कह दिया, "दो-तीन दिन में ही बिल्ली थैले से बाहर आ जाएगी और इस चाल का रहस्य पता चल जाएगा। यह किंवदंती है कि एक औरत जब सत्ता-संपन्न हो जाए तो वह नरक का ही सृजन करती है।"

रामलोक हँसकर बोला, "मेरा अनुभव इससे उलट है। मैंने एक औरत को भूमि से उठाकर अपना सरताज बनाया है और मैं समझता हूँ कि मेरा जीवन आनंदपूर्ण हो गया है।"

"परंतु वह औरत आपके सिर पर चढ़ बैठी है क्या? मैं समझती हूँ कि आप भूल कर रहे हैं। आपने उसे भूमि से उठाया अवश्य है, परंतु वह आपके सिर पर सवार नहीं हुई?"

"तो कहाँ बैठी हो?"

"बता दूँ?" हँसते हुए सोम ने कह दिया।

"तो कुछ भय की बात है सत्य बताने में?"

"भय की नहीं, अति स्वादिष्ट और रसयुक्त है। वह औरत आपकी गोदी तक चढ़ पाई है। परंतु हमारी प्रधानमंत्री को पहले उसके पिता ने सिर पर चढ़ाया, फिर जनता ने उसे अपना हृदय-सम्राट् बना लिया। परंतु वह हृदय-स्थल से लपककर देश के सिर पर जा बैठी और इसने वही किया, जो मौसी ने एक ऐसी औरत से आशा की थी। वह भारत देश को नरक बना रही थी।

"कहते हैं कि नरक में रहनेवालों ने भी सड़कें, महल, बाग-बगीचे लगा लिये हैं। भाँति-भाँति के सुख-सुविधा के साधन निर्माण कर लिये हैं, परंतु उनकी नरक की प्रवृत्ति उनके पीछे लगी हुई है और प्रतिवर्ष वहाँ ऐसे तत्त्व उत्पन्न होते रहते हैं, जो क्रांति उत्पन्न कर एक-दूसरे का संहार करते रहते हैं। यह कहा जाता है कि वहाँ के लोगों ने कामनाओं की पूर्ति के लिए साधन बनाए हैं और उन कामनाओं का भोग करने में लड़ पड़ते हैं, तब रक्त की नदियाँ बह जाती हैं। यह समय-समय पर होता है।"

इस समय वे अपने घर के नीचे पहुँच गए। घर के नीचे गैरेज था, परंतु रामलोक ने गाड़ी गैरेज में नहीं रखी। उसे घर की ड्योढ़ी के बाहर खड़ी कर ताला लगाया और मकान पर चढ़ गया।

पति को ड्राइंग-रूम में बैठाकर सोम अल्पाहार बनाने चली गई। वास्तव में यह प्रातः का पूरा भोजन होता था। पेट भरकर रामलोक दुकान पर जाता था और फिर रात को ही आकर खाना खाता था। मध्याह्नोत्तर रामलोक दुकान पर और सोम घर पर हलका भोजन लेते थे। रात को दोनों जी भरकर खाते थे और सो जाते थे।

सोम का यह विवाहित जीवन चलते हुए छह मास से ऊपर हो चुके थे। वह मध्याह्न के समय सर्वथा खाली होती थी। इस समय वह सामान्य साहित्य की पुस्तकें लाकर पढ़ा करती थी। मध्याह्नोत्तर आसपास की कुछ औरतों से उसका मेल-जोल चलता था।

बिल्कुल साथ के मकान में भी एक दंपती रहते थे। सोम के विवाह से कुछ दिन पहले ही बगल का मकान मोल लेकर उसमें आए थे। उसमें रहनेवाले मालिक का नाम था—श्रीकृष्ण सब्बरवाल। वह एक फैक्टरी में चीफ मैनेजर था और दो सहस्र रुपए वेतन पाता था। मकान तो उसने अपनी सगाई होते ही मोल ले लिया था, परंतु मकान में वह विवाह के उपरांत ही अपनी पत्नी के साथ रहने आया था।

मिस्टर सब्बरवाल ने मन में संकल्प किया हुआ था कि वह विवाह तब तक नहीं करेगा, जब तक दो सहस्र वेतन वाले स्थान पर न पहुँच जाए और फिर अपनी कमाई से दिल्ली में मकान न ले ले। यह उसने प्राप्त किया तो वह अपने शहर बटाला पंजाब में गया और वहाँ से मनपसंद की बीवी ले आया। बीवी का नाम था—रमणी।

जब दंपती अपने नए मकान में आए तो उनको पता चला कि पड़ोस के मकान में कनॉट प्लेस में एक दुकान करनेवाला कोई रहता है और अविवाहित है। इससे उन्हें निराशा हुई थी।

परंतु रमणी को अपने मकान में आए अभी कुछ दिन ही हुए थे कि एक सायंकाल बाजे बजने की आवाज सुनकर वह अपने मकान की खिड़की में से झाँककर देखने लगी कि क्या हुआ है, तो यह देख कि पड़ोस के मकान में एक नवयुवक एक वधू को डोली में ले आया है, तब उसे अत्यंत प्रसन्नता हुई थी।

रमणी के पति को भी यह घटना शुभ ही समझ में आई। वह पड़ोसी को न जानते हुए भी उसे बधाई देने और उससे परिचय बढ़ाने चल पड़ा।

"किधर जा रहे हैं?" रमणी ने पति को डोली आने का समाचार पाकर उलटे पाँव नीचे उतरते देखकर पूछ लिया।

"तनिक इस नए दूल्हे से परिचय बढ़ाना चाहता हूँ। तुम्हारी एक सहेली बनाने का यत्न कर रहा हूँ।"

"तो मैं भी साथ चलूँ?"

"हाँ, चल सकती हो। परंतु जरा तुम भी नववधू के से कपड़े पहन लो।"

"पर मैं तो अब बासी हो गई हूँ।"

"नहीं, प्राणी बासी नहीं होता। इसमें नव-निर्माण का प्रबंध प्रकृति ने किया हुआ है। तुम तो अभी बिल्कुल ताजी ही हो?"

रमणी ने जल्दी-जल्दी वस्त्र बदले, एकाध भूषण पहना और पति के साथ चल पड़ी।

मकान के नीचे की मंजिल पर ही रामलोक ने सोम को लाकर बैठाया था। स्वयं वह डोली के साथ आए मित्रों को विदा कर रहा था। उसने घर पर मिठाई के बहुत से डिब्बे लाकर रखे हुए थे और डोली के साथ आनेवाले मित्रों और संबंधियों को विदा करते समय वह मिठाई बाँट रहा था। पुरुष-स्त्री, बच्चे, कुल मिलाकर चालीस के लगभग थे।

लगभग सब विदा हो चुके थे, जब तक रमणी और श्रीकृष्ण आ पहुँचे। रामलोक जानता था कि उनके पड़ोस में भी एक नव-दंपती आकर रहने लगे हैं। इस कारण वह श्रीकृष्ण को पहचानकर उठा और उनका स्वागत करता हुआ उनको समीप सोफा पर बैठाने लगा। रमणी सोम के समीप जा बैठी। रामलोक ने पूछा, "तो आप हैं इस पड़ोस के मकान में रहनेवाले?"

"जी, मुझे आए अभी चार-पाँच दिन ही हुए हैं।"

तृतीय परिच्छेद

"खैर, आपके दर्शन कर बहुत प्रसन्नता हुई। और ये आपकी धर्मपत्नी हैं?"

"हाँ, यह है रमणी। मेरा विवाह हुए भी दस-पंद्रह दिन ही हुए हैं।"

"तब तो और भी ठीक है। देखो सोम, यह तुम्हारी प्रथम सहेली है, जो इस घर में आकर बनी है।"

तब से रमणी और सोम में परिचय बढ़ने लगा। रमणी चौथे मास में थी, जब सोम राजकुमारी की कोठी पर उसके नवजात बच्चे को देखकर आई थी। मध्याह्न के समय नित्य की भाँति रमणी उसके पास आई और पूछने लगी, "आज बहुत प्रात:काल कहाँ गई थीं?"

"मेरी एक भावज है। वह अस्पताल में प्रसव कर घर लौटी थी और हम उसे बधाई देने गए थे।"

"कहाँ रहती है वह?"

"सफदरजंग रोड पर।"

"तो वहाँ आपका भाई रहता है?"

"वह भाई भी बना हुआ है। मेरा सगा भाई कोई नहीं।"

"सोम बहन! तुम्हारा और मेरा विवाह साथ-साथ ही हुआ था, परंतु तुम्हारा कुंभ तो अभी खाली प्रतीत होता है?"

"मेरे पति बूढ़े हो गए हैं, वे बेचारे यह शुभ कार्य नहीं कर सके।"

"परंतु देखने में तो मेरे घरवाले से कम आयु और अधिक स्वस्थ मालूम होते हैं?"

"परंतु मुझे इस बात का अभाव अनुभव नहीं होता।"

"मैं तो पहले दिन से ही लालसा और आशा करती थी कि मैं कुछ बनाऊँ और ईश्वर की कृपा से मैं उसी दिशा में चल पड़ी हूँ।"

"मुझे इसकी लालसा नहीं। कदाचित् इसीलिए भगवान् ने इस ओर दृष्टि नहीं की। मेरी एक मौसी है। वह कहा करती है कि संतान-फल बिना पूर्वजन्म में पुण्य-कर्म किए प्राप्त नहीं होता। इस कारण मैं अपने पुण्य-कर्मों के फलने की प्रतीक्षा कर रही हूँ।"

"किसी लेडी डॉक्टर से राय क्यों नहीं करतीं?"

"मैं समझती हूँ कि अभी कुछ देर और प्रतीक्षा करनी चाहिए। व्यर्थ में मूर्ख डॉक्टरों को कष्ट देने की आवश्यकता नहीं।"

इस तरह बात समाप्त हो गई। इस पर रमणी ने उस दिन के नवीन समाचार पर बातचीत आरंभ कर दी। सोम ने बताया कि रेडियो पर समाचार है कि विरोधी दलों के नेता छोड़े जा रहे हैं। रमणी का कहना था, "मैनेजर साहब कह रहे थे कि प्रधानमंत्री अपनी इस उदारता पर पश्चात्ताप करेंगी।"

"क्यों?"

"उनका विचार है कि ये अब प्रधानमंत्री बन न सकेंगी।"

"तो फिर क्या हुआ? हमने सुना है कि इसने बहुत धन एकत्र कर रखा है। जीवन भर खाने-पहनने के लिए पर्याप्त है।"

"परंतु," रमणी का कहना था, "इन राजनीतिक लोगों का पेट केवल धन से नहीं भरता। इनमें एक अहं की भावना होती है। उसके अनुरूप ये सर्वश्रेष्ठ पद-प्राप्ति की लालसा रखते हैं और मैनेजर साहब का कहना है कि राजनीति में पूर्ण प्रगति अथवा विगति इस अहं की भावना से चलती है।"

रमणी अपने पति को मैनेजर कहकर प्रकट किया करती थी।

सोम ने मौसी सूर्यदेवी की बात बता दी। उसने कहा, "इनकी अहं भावना की पूर्ति भी तो हम लोग ही करते हैं। जनता ने ही तो इंदिरा गांधी की महिमा आसमान पर चढ़ाई हुई है।

"अब लोग समझ गए प्रतीत होते हैं। परंतु मेरे मन में एक बात बार-बार आती है कि पिछले तीस वर्ष के वृहद् प्रयास से जनता की आशाएँ और अभिलाषाएँ इतनी बढ़ा दी गई हैं कि कोई भी ईमानदार दल अथवा व्यक्ति उनकी पूर्ति नहीं कर सकेगा। और पुन: झूठे, फरेबी तथा धूर्त लोग राज्य करेंगे। वही कर सकेंगे।"

"यह तो घोर अनर्थ होगा?"

"यह सब डेमोक्रेटिक पद्धति के राज्यों में हो रहा है। यही कारण है कि यूरोप और अमेरिका में भी प्राय: राज्यों में बेचैनी और अव्यवस्था है। हवाई जहाज, उसमें बैठी सवारियों सहित चुराए जा रहे हैं। बड़े-बड़े लोगों का अपहरण कर उनके प्रतिकार में करोड़ों रुपए पाए जा रहे हैं। चोर, डाकू एवं अपहरणकर्ता पकड़े नहीं जा रहे और कहीं कोई पकड़ा जाता है तो जनता में से ही कुछ लोग उसको छोड़ दिए जाने के लिए हो-हल्ला करने लगते हैं।

"समाचार-पत्र वाले बात का बतंगड़ बना लोगों को भड़का देते हैं अथवा दुष्टों को शौर्यवान प्रकट कर जनता के मतों से बनी सरकारों को डरा-धमकाकर उलटे काम करने पर विवश कर देते हैं।"

"यही तो कह रही हूँ कि महान् अनर्थ हो रहा है।"

सोम का आगे कहना था, "मेरी एक बहन है। वह उसी मौसी की लड़की है, जिनके पास मैं रहती थी। वह संसार की ऐसी गतिविधि देख, सबकुछ छोड़-छाड़कर जंगल में रहने जा रही है।"

"सच! कौन है वह?"

"वही, जिसके बच्चा हुआ है और जो आज ही नर्सिंग होम से घर गई है तथा जिसे हम दोनों बधाई देने गए थे।"

"कहाँ जंगल मिल गया है उसे? मैंने तो सुना था कि भारत में कोई जंगल रहा नहीं?"

"परंतु उसने तो ढूँढ़ लिया है। मंडी से कुल्लू को जाते हुए एक पहाड़ी स्थान पर दस एकड़ भूमि ले ली है। दो महीने हुए मैं और मेरे पति वहाँ गए थे। एक पहाड़ी ढलान पर स्थान है। उसमें से एक छोटी सी नदी बहती थी। उस पर उन्होंने छोटा सा 'डैम' बनाकर उसके आगे डायनेमो लगाकर उन्होंने अपने मकानों में रोशनी और रहने का प्रबंध कर लिया है और वे वहाँ इस मूर्ख संसार से अलग-थलग होकर रहना चाहते हैं। उसके श्वसुर-सास तो वहाँ जाकर रहने भी लगे हैं और वह अपने पति एवं माँ के साथ वहाँ जानेवाली है।"

"तो वे संसार की क्रूरता से बच जाएँगे?"

"हाँ, वह कहती है कि नगरों की समाज में अर्थ का ढाँचा विकृत हो गया है और वह ही सब पापकर्म करा रहा है। वह इस आर्थिक ढाँचे से पृथक् होने की योजना बनाकर वहाँ जा रही है।"

रमणी सोम का मुख देखती रह गई। कुछ देर विचार कर बोली, "आपकी इस बहन के दर्शन करने चाहिए।"

"दर्शन करने से क्या होगा?"

"उसकी मूर्खता को सुन और देखकर चित्त प्रसन्न होगा।"

"परंतु मुझे तो इसमें कुछ भी मूर्खता दिखाई दी नहीं। थोड़ा समझने की बात है। वह कहती है कि न किसी को अपने अधीन रखो, न स्वयं किसी के अधीन रहो। यही आज के समाज के रोग की चिकित्सा है।"

"परंतु जंगल में जाकर रहने से क्या होगा?"

"देखो रमणी बहन! वह इकोनॉमिक्स में एम.ए. है। पिछले वर्ष उसे विश्व विद्यालय का रिकॉर्ड बीट करने पर स्वर्ण-पदक मिला था। और वह अपनी पढ़ाई का लाभ उठाने वहाँ जा रही है।

"उसका श्वसुर यहाँ का एक बहुत धनी ठेकेदार था। वह भी अपनी पतोहू की बात पर लट्टू होकर वहाँ रहने चला गया है। हम भी वहाँ देखने गए थे। हमें वह ठेकेदार बताता था कि वहाँ जाकर वे गंदे जल की नदी से निकलकर एक पवित्र सरोवर में जा पहुँचे हैं। वहाँ का जल निर्मल और स्वच्छ है। अभी उनके फलों के पेड़ फल नहीं देने लगे हैं। वे अगले वर्ष तक फल देने लगेंगे। तब वे देखेंगे कि क्या कर सके हैं। इस वर्ष उन्होंने एक

थोड़ी सी भूमि पर धान बोया था और कुछ मुरगियाँ रख ली हैं। एक में गेहूँ बो दी गई है। सब्जियाँ भी वहीं पैदा कर ली हैं। इस प्रकार पति-पत्नी और एक सेवक वहाँ रहता है।

"जब मैं वहाँ गई थी तो यहाँ से समाचार-पत्र ले गई थी, परंतु वे कह रहे थे कि उनको पढ़ने की अब रुचि नहीं रही।"

"अच्छा मैनेजर साहब से बात करूँगी। फिर तुम्हारे साथ तुम्हारी इस बहन से मिलने चलूँगी। एक बात मैं समझ रही हूँ, वह यह कि शीघ्र ही ये लोग लाखों का घाटा उठाकर दिल्ली लौट आएँगे। यहाँ का सुख और आनंद वहाँ नहीं मिल सकता।"

: तीन :

सोम के मन में आया कि अविनाश के लड़के के लिए कुछ भेंट ले जानी चाहिए। इस विचार सें वह अपने पति की दुकान पर जा पहुँची। उसके पति की दुकान 'प्रोविजन स्टोर' थी। वहाँ बच्चों, युवाओं और बूढ़ों के लिए डिब्बों में बंद खाने के तथा अन्य प्रयोग की वस्तुएँ बिकती थीं।

वह वहाँ गई तो सेल्स-गर्ल वहाँ काउंटर पर बैठी ग्राहकों से दाम वसूल कर रही थी और सेल्समैन बिक्री कर रहा था। जब से रामलोक, राजकुमारी और अपनी सास सूर्यदेवी के संपर्क में आया था, वह समझ गया था कि इस मशीन-युग में सबसे बड़ा पाप हो रहा है मालिक-सेवक संबंध में। इसी कारण उसने अपनी दुकान के तीनों सेवकों को बुलाकर उनसे लेन-देन का प्रबंध बदल दिया था।

दुकान पर दो बिक्री करनेवाले थे। उनमें से एक प्रौढ़ावस्था का व्यक्ति था और दूसरी एक अविवाहित लड़की थी। जब रामलोक को यह समझ आया कि स्वामी-सेवक संबंध के स्थान सहयोगी का संबंध बनाना चाहिए तो उसने एक रात दुकान बंद होने के बाद उन दोनों और दुकान पर झाड़-फूँक करने तथा अन्य छोटे-मोटे कार्यों के लिए नियुक्त चपरासी को बुलाकर, अपने सामने बैठाकर कहा, "देखो रघुनाथ और सावित्री! मैं समझता हूँ कि मालिक-सेवक का रिश्ता सदा कल्याणकारी होता है। मुझे एक व्यक्ति की यह बात पसंद आई है। इस कारण मैं अपनी दुकान पर भी तुम लोगों से अपने संबंध बदलना चाहता हूँ।"

सावित्री ने तुरंत कह दिया, "तो आप हमें दुकान में पट्टीदार बना लीजिए।"

"मैं कुछ ऐसा ही करनेवाला हूँ। देखो, दुकान की मलकीयत में भागीदार तो नहीं बना सकता। कारण यह है कि दुकान पर दो-ढ़ाई लाख रुपयों की पूँजी लगी है। आप उसमें भागीदार नहीं हैं। हाँ, इसकी जो आय होती है, उसमें आपको भागीदार बना सकता हूँ। देखो, दुकान का मालिक मैं रहूँगा। हम चार व्यक्ति दुकान पर काम करते हैं। हमारा

काम भी समान नहीं है। यह ऐसा ही है, जैसे किसी लिमिटेड कंपनी में न्यूनाधिक हिस्से रखनेवाले मालिक हों।

"इस कारण मैंने दुकान पर लगे रुपयों का ब्याज बैंक दर पर लगाकर तथा दुकान का किराया मरम्मत इत्यादि तथा दुकान पर हो रहे खर्चे निकालकर शेष जो आय बचे, उसका वितरण आप सबमें करने का निश्चय किया है। यह वितरण वेतन के अनुपात में होगा। कुल आय के सौ भाग किए जाएँगे। सौ में से दस भाग सोहन के, बीस भाग सावित्री के और बीस भाग रघुनाथजी के, शेष पचास मेरे।

"मैंने पिछले वर्ष की आय का अनुमान लगाया है और मुझे यह समझ में आया है कि आपके वेतन में कम-से-कम दस प्रतिशत वृद्धि तुरंत हो जाएगी और इस वर्ष तो काम पहले से अधिक हो रहा है। इस कारण आप लोगों की आय में और भी वृद्धि होगी।

"बताइए, ऐसा प्रबंध आपको स्वीकार हो तो मैं अनुबंध-पत्र लिखकर सबके हस्ताक्षर करा लेता हूँ। और फिर उस अनुबंध के अनुसार हम इस चल रहे वर्ष में लाभ वितरण करेंगे।"

सावित्री ने पूछा, "परंतु मुझे जो दिनानुदिन खर्चे के लिए चाहिए; मैं वर्ष के अंत तक प्रतीक्षा नहीं कर सकती?"

"उस विषय में भी मैंने विचार किया है। तुम्हारे वर्तमान वेतन का पचहत्तर प्रतिशत मिलनेवाले लाभ में से पेशगी मिलती रहेगी और फिर वर्ष के समाप्ति पर शेष लाभ दे दिया जाएगा।"

रघुनाथ को बात पसंद नहीं आई। उसने कहा, "और लालाजी, यदि दुकान में घाटा हो गया तो?"

"ऐसे लक्षण दिखाई तो नहीं देते। कम-से-कम इस वर्ष तो लाभ अधिक ही प्रतीत होता है। इस पर भी यह तो विचार करना ही पड़ेगा कि यदि कभी घाटा हुआ तो घाटा हम सबको भरना होगा।"

अब मोहन चपरासी ने कह दिया, "लालाजी! मैं तो ऐसे ही रहना चाहूँगा। यदि आपको लाभ अधिक हो जाए तो मुझे वर्ष के उपरांत बोनस दे दिया करिए।"

अब सावित्री ने योजना पसंद की तो रघुनाथ ने कह दिया, "लालाजी! मैं इस विषय में अपने लड़के और पत्नी से राय करके बताऊँगा।"

"पर सावित्री! तुम्हें क्या समझ में आया है, जो तुरंत मान गई हो?"

"मैं यह समझी हूँ कि मैं जितना प्रयत्न करूँगी, उतना मेरे लाभ में वृद्धि होगी। मैं पहले ही समझती हूँ कि रघुनाथजी से मैं अधिक सफलता से कार्य करती हूँ। इस कारण मैं अधिक लाभ की अधिकारिणी हो जाऊँगी।"

"यही मेरा आशय है कि हम दुकान पर काम करें, मानो हम अपने लाभ के लिए कर रहे हैं, परंतु इससे भी बड़ा लाभ इसमें यह है कि हम मालिक–नौकर नहीं रहेंगे। सब समान रूप से दुकान पर काम करनेवाले हो जाएँगे।"

अब रघुनाथ ने पुनः बातों में हस्तक्षेप करते हुए कहा, "तो क्या हम दुकान के प्रबंध तथा इसमें बिकने वाली वस्तुओं के विषय में भी राय दे सकेंगे?"

"हाँ, परंतु उस राय को मानना अथवा न मानना मेरे अधिकार में होगा। मैं ऐसी कोई वस्तु नहीं बेचना चाहूँगा, जिसमें घाटा हो अथवा जो बहुत धीरे–धीरे बिके।"

"मैं तो यह कहूँगा कि आप शराब बेचनी बंद कर दें।"

"परंतु इसमें लाभ सबसे अधिक होता है।"

"परंतु यह हानिकर है।"

"तो तुम सरकार को कहो कि इसके बेचने का लाइसेंस न दे। पर मैं तो यह कहूँगा कि इस बात का कि शराब न पी जाए, प्रचार करना धर्म–संस्थानों का कार्य है। न मेरा है, न सरकार का। पता है अंग्रेजी दवाओं की दुकान पर पोटैशियम साइनाइट बिकती है। इसकी एक रत्ती का दसवाँ भाग भी मनुष्य निगल जाए तो तुरंत मर जाता है। परंतु सरकार उसका बेचना बंद नहीं करती और न ही दुकानदार बंद करना चाहते हैं, क्योंकि इसका कुछ अन्य प्रयोग भी है।

"इसी प्रकार शराब की बात है। सरकार इसे रोके अथवा न रोके, यह विचार करना उसका काम है। मैं इसके पीने का प्रचार नहीं करता। और जिनको इसके पीने से हानि होती है, उनको समझाना धर्म–संस्थाओं का काम है। वे काम नहीं करतीं। कदाचित् उनके अधिकारी स्वयं पीनेवाले हैं।"

"मैं बेचता हूँ, परंतु पीता नहीं; न ही किसी को आकर मेरी दुकान से खरीदने की प्रेरणा देता हूँ!"

"पर मैं शराब की कमाई में पट्टीदार बनना नहीं चाहता।"

"तो तुम मत बनो। मैं सावित्री को लाभ में भागीदार बना लूँगा। मैं एक इकरारनामा वकील से बनवाकर कल लाऊँगा। सावित्री, तुम भी किसी से राय करना चाहती हो तो कर लेना।"

रामलोक का यह प्रस्ताव सावित्री ने अपनी माँ को बताया तो वह अगले दिन स्वयं इस विषय में पूछने दुकान पर चली आई। जब उसने रामलोक से पूछा कि वह ऐसा किस कारण कर रहा है तो रामलोक ने बताया, "मैं दुकान के कर्मचारियों में दुकान की भलाई के लिए अधिक रुचि उत्पन्न करने का यत्न कर रहा हूँ।"

"लाभ में कर्मचारियों को केवल बीस प्रतिशत कम नहीं है क्या?"

तृतीय परिच्छेद

"यदि दूसरे कर्मचारी सम्मिलित न हुए तो सम्मिलित होने वाले कर्मचारी के लाभ का अनुपात कुछ अधिक हो जाएगा।"

"मुझे लड़की ने बताया है कि आपने कहा है कि इस वर्ष काम अधिक रहा है और इस प्रकार कर्मचारियों को भी वेतन से अधिक ही मिलेगा।"

"मैं यही आशा कर रहा हूँ।"

"तो ठीक है। मैंने लड़की को कह दिया है कि अनुबंध कर ले।"

"देखिए माताजी! इस समय इसका वेतन चार सौ रुपए मासिक है। तीन सौ रुपए प्रतिमास मिलता रहेगा और फिर वर्ष के अंत में जितना अधिक इसको मिलेगा, वह देने का इकरारनामा लिख दूँगा।"

सावित्री से अनुबंध हुआ तो एक मास उपरांत सोहन चपरासी भी सम्मिलित हो गया और तीन महीने उपरांत रघुनाथ ने भी रामलोक से अनुबंध कर लिया।

जब राजकुमारी प्रसव कर घर लौटी थी और सोम उसके बच्चे के लिए कुछ ऊनी स्वेटर व टोपी इत्यादि लेने बाजार आई थी तो दुकान का प्रबंध इस प्रकार का हो चुका था। यह एक प्रकार से को-ऑपरेटिव प्रबंध था।

सोम का सावित्री से अच्छा परिचय था, इस कारण जब वह दुकान पर आई तो सावित्री ने आगे आकर पूछ लिया, "बहनजी! लालाजी से कुछ काम है?"

"हाँ।"

"परंतु वह तो अभी घर को गए हैं। एक स्त्री यहाँ आई थी और लालाजी से केबिन में बैठ कुछ बातें करती रही थी। तदनंतर दोनों अपनी मोटर में अभी-अभी गए हैं। जाते हुए लालाजी कह गए हैं कि वे उस औरत को अपने घर छोड़ने जा रहे हैं।"

सोम इसका कुछ सिर-पैर न समझ सकी। उसने एक स्कूटर पकड़ा और वापस करोल बाग घर की ओर चल पड़ी।

सोम घर के द्वार पर पहुँची तो उसका पति घर पर सुब्बालक्ष्मी के साथ खड़ा परेशानी अनुभव कर रहा था। मकान के बाहर ताला लगा था।

"सोम! कहाँ गई थीं?" रामलोक ने सोम को स्कूटर से उतरते देखकर पूछा।

"मैं कनॉट प्लेस से राज के बेबी के लिए कुछ ऊनी कपड़े खरीदने गई थी। मैं उसे भेंट देना चाहती हूँ।"

"ओह! मैं इसे तुम्हारे पास रखने के लिए आया हूँ।"

"सुनाओ मौसी, कैसे आई हो?"

"द्वार खोल, भीतर चलो तो बताती हूँ।"

सोम ने द्वार खोला और पति तथा सुब्बालक्ष्मी के साथ भीतर ड्राइंग-रूम में आ गई। वहाँ दोनों को बैठाकर सोम पूछने लगी, "मौसी, चाय लोगी अथवा कॉफी?"

"पहले बैठकर सुन लो कि मैं क्यों आई हूँ। पीछे चाय इत्यादि हो जाएगी।"

सोम बैठी तो सुब्बालक्ष्मी ने बताया, "जिस दिन तुम्हारी इनसे सगाई हुई थी, उस दिन मेरे साहब ने मुझे बहुत पीटा था। मैं रो-रोकर बहन सूर्यदेवी को अपनी बात बता रही थी, जब तुम दोनों आए थे। पीटने का कारण यह था कि तब मुझे दिन चढ़े हुए थे और साहब कहते थे कि बच्चा उनका नहीं हो सकता। उनका विचार था कि मैं वह किसी अन्य से ले आई हूँ। तुम्हारी मौसी ने मुझे यह राय दी थी कि मुझे घर में ही रहना चाहिए। मैं घर लौट गई थी, परंतु यह पिटाई और उनकी गालियाँ चलती रहीं। अब मुझे प्रसव दो-तीन दिन में होने वाला है और मिस्टर मूर्ति ने मुझे धक्के दे-देकर घर से निकाल दिया है।

"मैं तुम्हारी मौसी के घर भी गई थी, पर उसके घर को ताला लगा था। मैं तुम्हारे घर का पता नहीं जानती थी, परंतु दुकान का पता मालूम था, इस कारण वहाँ जा पहुँची। ये मुझे यहाँ ले आए हैं और तुम्हें घर पर न देखकर परेशानी अनुभव कर रहे थे कि तुम आ गईं।"

"आप इनको यहाँ किसलिए लाए हैं?" सोम ने पति से पूछ लिया।

"मैं इसकी दयनीय अवस्था देखकर इसकी सहायता करना चाहता था, परंतु जानता नहीं कि कैसे और क्या सहायता करूँ?"

"मेरी राय में आप इन्हें नर्सिंग होम में दाखिल करवा दीजिए और इनसे पुलिस में रिपोर्ट करवा दीजिए कि घर से निकाल दी गई है और वहाँ पर है।"

"पुलिस और इनका घरवाला पूछेंगे कि इनके पास खर्चा कहाँ से आया तो इनको कहना चाहिए कि मौसी ने दिया है।"

"और वह कहाँ है?" सुब्बालक्ष्मी ने पूछ लिया।

"मैं अभी पता करती हूँ। वे राज के घर पर होंगी।"

"तो राज के बच्चा हो गया है?"

"हाँ, लड़का हुआ है।"

"बहन सूर्यदेवी की अभिलाषा पूर्ण हुई है।"

"हाँ, और परमात्मा तुम्हारी भी अभिलाषा पूर्ण करेगा। परंतु यह वृद्धावस्था में क्या झगड़ा मोल ले लिया है?"

"मैं समझती हूँ कि पति की लातें खानी भाग्य में लिखी थीं। उसके लिए ही यह जीव मुझे दंड देने आया है।"

"मैंने तुम्हें पति को सन्मार्ग दिखाने का मार्ग बता दिया है। तुम नर्सिंग होम चली

जाओ और वहाँ का खर्चा मैं दे दूँगी। मेरा अनुमान है कि एक-डेढ़ सहस्त्र के भीतर सब काम हो जाएगा।"

"कोई सस्ता प्रबंध बता दो।"

"बता तो सकती हूँ, परंतु जो नौ मास तक पति की लातें खाती रही हो, उसका प्रतिकार कुछ तो मिलना चाहिए।"

रामलोक हँस पड़ा और सुब्बालक्ष्मी से बोला, "चलिए बहनजी! यह सब प्रबंध हो जाएगा।"

सुब्बालक्ष्मी गई तो सोम विचार करने लगी कि किस प्रकार यह नई समस्या उत्पन्न हुई है और उसका प्रतिकार कैसे किया जा सकता है? उसे मौसी सूर्यदेवी की याद आई, इस कारण वह उठी। वह घर को ताला लगाकर पुनः वहाँ से चल पड़ी। पूसा रोड से स्कूटर पकड़कर वह सफदरजंग रोड पर जा पहुँची।

अविनाश वहाँ नहीं था और सूर्यदेवी ही लड़की के पास रह रही थी।

"आओ सोम! कैसे आई हो?"

"मौसी! आना तो था ही राज बहन से मिलने। दो दिन हो चुके हैं, परंतु इस प्रकार खाली हाथ तो तुमसे मिलने आई हूँ। राज बहन कहाँ है?"

"राज अपने स्टडी-रूम में कुछ पढ़ रही है और मैं इसकी देख-रेख के लिए यहाँ बैठी हूँ।" इतना कहकर उसने पालने में सोए हुए बच्चे की ओर संकेत कर दिया। उसने आगे बताया—"अविनाश कलकत्ता गया है। फार्म से उसके पिता का एक पत्र आया था और वह उसे पढ़कर कलकत्ता चला गया है।"

सोम ने माँ को सुब्बालक्ष्मी की बात बताई तो सूर्यदेवी ने कह दिया, "मैं यही आशा करती थी।"

"परंतु मौसी! कितनी आयु रही होगी सुब्बालक्ष्मी की?"

"मैंने उससे पहले दिन ही पूछा था। उसने तब बताया था कि वह पैंतालीस वर्ष की हो चुकी है। यह है तो विचित्र, परंतु असंभव नहीं। कभी-कभी इससे बड़ी आयु की औरतों के भी गर्भ ठहर जाता है। यह सब कर्मफल हैं। मैंने यही सुब्बालक्ष्मी को पहले दिन, जब उसने मुझे अपनी अवस्था का वर्णन किया था, कहा था। मैंने उसे कहा कि गर्भपात कराकर कर्मफल से बच सकती हो, परंतु यह पाप हो जाएगा। वह भी गर्भपात के लिए इच्छा नहीं करती थी, परंतु पति के व्यवहार से आतुर होकर आई थी। वह प्रति दूसरे-तीसरे दिन पीटी जाती थी और मुझे भय था कि इस पिटाई से कहीं उसके गर्भपात न हो जाए। परंतु कोई बहुत ही प्रबल कर्मों वाला जीव आ रहा है, जो इस सब मार-पीट पर भी वहाँ बैठा है।"

"मौसी, उसे नर्सिंग होम में इनके साथ भेज आई हूँ। साथ ही सुब्बालक्ष्मी को पुलिस में रिपोर्ट कर देने के लिए कह दिया है। पुलिस उसके खर्चे के स्रोत के लिए पूछेगी और उसे तुम्हारा नाम बता आई हूँ।"

"यह तो ठीक नहीं किया। उसे कहना चाहिए था कि वह अपने पति को टेलीफोन कर दे कि वह नर्सिंग होम में है और इसका खर्चा उसे देना होगा। हाँ, नर्सिंग होम वालों को विश्वास दिलाना चाहिए था कि तुम बीच में जामिन हो और उसके पति के न देने पर तुम दे दोगी।"

"परंतु आपके दामाद उसे नर्सिंग होम लेकर गए हैं और अब तक उन्होंने कुछ कर दिया होगा। मैं पता करती हूँ कि उन्होंने क्या प्रबंध किया है और पुलिस में रिपोर्ट लिखवाई है अथवा नहीं?"

इतना कहकर सोम ने ड्राइंग-रूम में रखे टेलीफोन से नर्सिंग होम पर फोन किया। वहाँ से सुब्बालक्ष्मी बोली और बताया, "तुम्हारा घरवाला नर्सिंग होम वालों से प्रबंध कर चला गया है। डॉक्टर आई है और मेरे शरीर पर मार-पीट के निशान देखकर एक रिपोर्ट लिख गई है। मैंने पुलिस में टेलीफोन कर दिया है और वहाँ से जाँच के लिए अभी कोई नहीं आया।" इस पर सोम ने अपनी मौसी का विचार बता दिया।

"ठीक है।" सुब्बालक्ष्मी ने कहा, "मैं भी कुछ इसी प्रकार का विचार कर रही हूँ।"

टेलीफोन के उपरांत सोम राजकुमारी के अध्ययन-कक्ष में चली गई। वह वहाँ बैठी कुछ लिख रही थी। सोम को आया देखकर उसने कलम रख दी और पूछा, "सोम, बच्चे को देखा है?"

"नहीं, अभी नहीं।

"तो चलो, पहले दिखाऊँ।"

"क्या दिखा रही हो?"

राज ने हँसते हुए कहा, "पहले देख लो, फिर बात करूँगी।"

दोनों बाहर ड्राइंग-रूम में आ गईं, जहाँ सूर्यदेवी पालने के समीप बैठी गीता पढ़ रही थी। राज ने पालने के समीप कुरसी पर बैठकर बेबी के मुख पर से कपड़ा उठा लिया।

सोम समझ गई। लड़का अविनाश की एक छोटी तसवीर ही था। उसे देखकर वह हँस पड़ी।

"तो यह दिखाने लाई हो कि तुम नौ मास तक इसकी पालना करती हुई पति का चिंतन करती रही हो। तभी तो यह उसकी प्रतिलिपि बन गया है।"

"आज का विज्ञान यह नहीं मानता। वह कहता है कि पिता के 'स्पर्म' में 'जीन' की संख्या और उसका वही क्रम ही बच्चों के भ्रूण वाले कीटाणु में होता है।"

"यह तो मैंने भी पढ़ा है। परंतु राज, वह क्रम बनाता कौन है? तुमने ही तो बनाया है। यह कहा जाता है कि जैसे फिटकरी के क्रिस्टल से फिटकरी के क्रिस्टल ही बनते हैं। इससे फुटबॉल-प्लेयर का लड़का भी फुटबॉल खेलनेवाला बन गया है।"

"यह तो पीछे देखेंगे। इस समय तो मुख की आकृति ही देख रही हूँ।"

"बहन राज, तुम बहुत ही योग्य शिल्पी प्रतीत होती हो?"

दोनों हँसने लगे। अब सूर्यदेवी ने कहा, "मैंने कल राज का ध्यान इसके रूप की ओर कराया, तो यह अति प्रसन्न हुई थी।"

सोम ने बात बदल दी, "भैया कहाँ गए हैं?"

"उनके पिताजी का परसों एक पत्र आया था। उसमें उन्होंने कलकत्ता की एक इंजीनियरिंग फर्म का पता लिखा था और कहा था कि वहाँ जाकर उनसे कहो कि हमारी आवश्यकता यह है कि एक चरखा बनाया जाए, जिससे एकदम बीस तारें बँटती रहें और बिजली की मोटर से चल सके।

"और साथ ही एक कपड़ा बुनने की मशीन हो, जो बिजली से चल सके। फिर ताना-बाना बुनने की मशीन का भी पता किया जाए।

"वे पिताजी का पत्र लेकर कलकत्ता गए हैं। आज किसी भी समय उनकी वहाँ से सूचना आ सकती है।"

"तो यह भी तुम्हारी योजना है?"

"हाँ, मेरी योजना यह है कि हम घर के पाँच प्राणी वहाँ जा रहे हैं। हम वहाँ एक इकाई के रूप में काम करें और भोजन, वस्त्र तथा मकान, इन विषयों में हम बाहर से स्वतंत्र रहें। पीछे वहाँ पर रहते हुए सब बौद्धिक कार्य भी करें। मैं अपना पुस्तकालय वहाँ शिफ्ट कर रही हूँ।

"देखो, मेरी सोम बहन! योजना मूल रूप में तो यह है कि मनुष्य का मनुष्य के अधीन रहना एक महान् पाप है। इससे अन्य सब पापों का सृजन होता है। परंतु ज्यों-ज्यों मशीन-युग आ रहा है, मनुष्य का मनुष्य पर शासन बढ़ता जाता है। और इसी से सब पापकर्मों का प्रसार हो रहा है। स्वतंत्र मनुष्य यदि कुछ बुरा करता है तो यह उसके अपने ही साथ संबंध रखने से उसका दोष हो जाता है। यह दोष पाप तब बनता है, जब उसके इस दोष का प्रभाव किसी दूसरे पर हो। इस कारण मैंने इस योजना की कल्पना की थी कि वे सब पदार्थ जीवन से निकाल देने चाहिए, जिनसे कोई एक-दूसरे पर शासन कर सके।

"जब से शक्ति का भंडार ऊष्मा और विद्युत् के रूप में हमारी पहुँच में आया है, तब से मनुष्य ने इन शक्तियों की सहायता से दूसरों को अधीन करने का यत्न किया है।

इस अधीनता से मुक्ति प्राप्त करने की मेरी योजना है। मैं चाहती हूँ कि समाज की बहुत छोटी-छोटी इकाइयाँ हों और इकाइयों में प्राकृतिक बंधन हों, कृत्रिम न हों।

"मैंने यह योजना तुम्हारे भैया को दी तो उन्होंने अपनी माताजी को बताई। माताजी ने पिताजी को समझाया और हमारी एक इकाई बन गई। उसमें मेरी माताजी के सम्मिलित होने से इकाई में पाँच घटक हो गए हैं। अब पिताजी मेरे सिद्धांतों के अधीन ही उस पारिवारिक इकाई को अधिक, और अधिक शक्ति-संपन्न करने की योजना बना रहे हैं। उन्होंने फार्म पर एक छोटा सा 'डैम' बनवाकर विद्युत् उत्पादन यंत्र लगा लिया है और उस विद्युत् से फार्म जगमगा उठा है। उन्होंने अब उसी विद्युत् से ऐसी मशीनें लगवाने की योजना बनाई है, जिनसे मनुष्य की शक्ति में वृद्धि हो सके। मेरा यह कहना है कि कृत्रिम मशीन मानव रूपी मशीन से कम एफिशियेंट (उत्पादक) होती है। मनुष्य रूपी मशीन की गति कम है, परंतु इसमें उत्पादन व्यय बहुत कम होता है। कृत्रिम मशीनें सदा अधिक महँगा उत्पादन करती हैं। अब पिताजी ने दोनों में एक मध्यमवर्ती मार्ग निकालने का यत्न किया है। वे ऐसी मशीनें, जो एक व्यक्ति ही प्रयोग कर सके, बनवाने का प्रबंध कर रहे हैं। इससे संसार में होने वाले अनर्थकारी कार्यक्रम कम हो सकेंगे।"

सोम समझ रही थी।

इस योजना का एक अंश उसके पति ने भी अपनी दुकान पर चालू किया था। दुकान के कर्मचारियों में रघुनाथ तो अभी भी संतुष्ट प्रतीत नहीं होता था, परंतु चपरासी सोहन और सावित्री अधिक प्रसन्न प्रतीत होते थे।

: चार :

पुलिस नर्सिंग होम में सुब्बालक्ष्मी के बयान लेने आई। इससे अगले दिन मिस्टर कृष्णमूर्ति को थाने में बुलाया गया। थाने से बुलावा आने पर वह अपने सचिव महोदय के पास गया और उससे संरक्षण पाने की बात कहने लगा।

"तुमने क्या अपराध किया है, जो पुलिस से डर रहे हो?" सचिव का प्रश्न था।

"मैंने अपनी बदकार औरत को पीटा है और पुलिस से पता चला है कि वह एक बहुत महँगे नर्सिंग होम में जाकर मुझसे वहाँ का खर्चा माँग रही है?"

"तो तुमने उसे इतना पीटा था कि उसे अस्पताल में जाना पड़ा?"

"वह बदकार है। उसके पेट में किसी दूसरे का बच्चा है।"

"और तुम नेक तथा धर्मात्मा हो क्या?"

परंतु ये पुलिसवाले तो मुझसे रुपया ऐंठना चाहते हैं?"

तृतीय परिच्छेद 159

"तो उनको पकड़वा दो। रुपया देते समय सी.बी.आई. को बुला लो।"

"तो आप मेरी कुछ भी सहायता नहीं कर सकते ?"

"कर सकता हूँ, परंतु तब, जब तुम पत्नी से सुलह कर लो।"

"यह तो कुछ न हुआ। इतना तो मैं स्वयं भी कर सकता हूँ।"

"और मुझसे क्या आशा करते हो ?"

"गृह-विभाग के सचिव को कहकर पुलिस की जाँच रफा-दफा करा दीजिए, तब पत्नी से मैं स्वयं निपट लूँगा।"

चंद्रमोहन ने कुछ विचार किया और फिर गृह-मंत्रालय के सचिव को टेलीफोन करने लगा। वहाँ से सूचना मिली, "उस व्यक्ति को कहो कि थाने चला जाए। तब मैं पाँच मिनट में उसे छुड़ा लूँगा।"

इस प्रकार निश्चय कर कृष्णमूर्ति पुलिस अधिकारी के साथ थाने में जा पहुँचा। थानेदार वहाँ नहीं था। इस कारण उसे थानेदार के कमरे में बैठा दिया गया। थानेदार अभी आया नहीं था कि गृह-मंत्रालय के सचिव ने कृष्णमूर्ति के खिलाफ रिपोर्ट मँगवा ली और उसे भी रिपोर्ट के साथ वहाँ भेजने का आदेश आ गया।

सुब्बालक्ष्मी जिस दिन नर्सिंग होम में दाखिल हुई थी, उसी दिन पुलिस जाँच के लिए आई थी। उसके उपरांत उसे पता नहीं चला कि उसकी जाँच-पड़ताल का क्या परिणाम हुआ है। उसके वहाँ पहुँचने के तीसरे दिन उसको एक लड़की उत्पन्न हुई।

प्रसव से पूर्व और उसके उपरांत जब तक वह वहाँ रही, सोम उससे मिलने आती रही। लड़की पाँच दिन की हुई तो सोम और सुब्बालक्ष्मी में विचार होने लगा कि अब वह कहाँ जाए ?

सोम के कहने पर रामलोक एक दिन पार्लियामेंट स्ट्रीट के थाने पर पता करने गया कि सुब्बालक्ष्मी की रिपोर्ट और उसकी जाँच के विषय में पुलिस ने कोई काररवाई की है अथवा नहीं ? वहाँ से सूचना मिली कि चूँकि मारपीट की घटना कश्मीरी गेट के थाने के क्षेत्र में हुई है, इस कारण यहाँ से जाँच-पड़ताल की रिपोर्ट वहाँ भेज दी गई थी।

रामलोक वहाँ भी गया और पता कर आया कि कश्मीरी गेट पुलिस ने इसे पति-पत्नी की एक सामान्य बात समझकर रिपोर्ट पर कोई काररवाई नहीं की। पुलिस का कहना था कि यदि किसी को इस घटना पर शिकायत हो तो उसे स्वयं अदालत का द्वार खटखटाना चाहिए।

यह पृष्ठभूमि थी, जिस पर सोम और सुब्बालक्ष्मी विचार कर रही थीं कि अब क्या किया जाए ? यही निश्चय हुआ कि अभी सुब्बालक्ष्मी रामलोक के मकान में ही ठहरे और वहाँ से अपने गाँव के किसी संबंधी को लिखे कि वह आकर उसे ले जाए।

सूर्यदेवी ने भी सुब्बालक्ष्मी को राय दी कि उसे अब पति के घर नहीं जाना चाहिए और अपने गाँव में जाकर गुजारे के लिए दावा कर देना चाहिए।

सुब्बालक्ष्मी अभी अपने किसी संबंधी के आने की प्रतीक्षा ही कर रही थी कि अविनाश कलकत्ता से लौट आया था। उसको कलकत्ता की एक इंजीनियरिंग कंपनी ने ऑर्डर के अनुसार चरखा और खड्डियाँ बनाने का आश्वासन दिया था। कंपनी ने चरखा और खड्डी बनाकर पेटेंट कराने का अधिकार अपना रखा और वचन दिया कि वे दो मास में ऐसी मशीनें बनाकर दे सकेंगे। अविनाश ने पिता को अपने काम की सूचना तो कलकत्ता से ही भेज दी थी।

सोम ने अविनाश को सुब्बालक्ष्मी की कथा बताई। इससे वह गंभीर हो गया। कुछ देर मौन रहकर विचार करता रहा। तदंतर उसने अपनी पत्नी राज को कहा, "हम समाज को छोड़ भागे जा रहे हैं, परंतु चिपकने का गुण होने से समाज हमें छोड़ नहीं रहा। देखो, सोम पूछ रही है कि सुब्बालक्ष्मी को यदि उसके गाँव से कोई संबंधी लेने नहीं आया तो क्या फार्म पर उसके लिए स्थान नहीं बन सकता ?

"मैं समझता हूँ कि आज हम इस सुब्बालक्ष्मी को 'न' कर भी दें, परंतु यदि हम वहाँ अपना जीवन-स्तर सुविधाजनक निर्माण कर सके तो अन्य लोग भी आएँगे, जो हमारे साथ रहने लगेंगे। जिस इंजीनियरिंग कंपनी में मैं मशीनें बनवाने के लिए गया था, उसमें मैंने अपनी माँग उपस्थित की तो उसका मैनेजर कहने लगा, 'ये मशीनें लाभ नहीं देंगी।'

"मैंने पूछा, 'क्यों ?'

"उसने बताया कि एक चरखा और एक करघा लगाने से लाभ नहीं होगा।

"इस पर मैंने उसे अपनी योजना बताई तो उसने पूछा, 'आप एक घरेलू योजना बना रहे हैं क्या ?'

"मैंने उसे तुम्हारी सब युक्तियाँ और तुम्हारा उद्देश्य बताया। वह कहने लगा कि इन मशीनों को बनाकर वह स्वयं यहाँ चालू करने आएगा और यदि हमारी योजना को उसने वैसा ही पाया, जैसा उसने समझा है तो स्वयं वह भी योजना में सम्मिलित होना चाहेगा।

"मैंने उसे पूछा कि वह स्वयं आएगा अथवा अपनी पत्नी को भी साथ लाएगा ? उसने बताया कि वह अपनी पत्नी के साथ चार छोटे-छोटे बच्चों को भी लाएगा।"

राज ने बताया, "मैं इस संभावना की आशा तो पहले से ही करती थी। यदि यह इंजीनियरिंग कंपनी के इंजीनियर महोदय न आए, तब भी हमारे बच्चे बड़े वहीं होंगे। यदि उनके मन में भी समाज से बाहर आकर रहने की इच्छा हुई और वे भी हमारी भाँति

तृतीय परिच्छेद

कहीं अन्यत्र कॉलोनी बनाकर रहना चाहेंगे, तब भी हमारा संपर्क दोनों अवस्थाओं में बाहरी संसार में बनेगा। इस कारण मैंने इस समस्या की आशा पहले से ही की हुई है और उस अवस्था में अपने व्यवहार का भी विचार किया है। हम अपनी कॉलोनी में पाँच सक्रिय व्यक्तियों के लिए ही स्थान रखते हैं। इन पाँच पर निर्भर करनेवाले पाँच बच्चों का विचार तो किया है, परंतु यदि उससे अधिक प्राणी हो गए तो उनको वहाँ से बाहर कहीं रखना होगा।"

"परंतु राज! दूसरे तुम्हारे और हमारे स्वभाव वाले होंगे क्या? मैं समझता हूँ कि पिताजी और मुझको देखकर मत भूल जाओ कि दूसरे लोग भी हमारे जैसे ही होंगे। वे प्राय: भेड़ों की भाँति गड़रियों से हाँके जानेवाले प्राणी भी हो सकते हैं। उनमें जोखिम मोल लेने की सामर्थ्य नहीं हो सकती, जैसी हममें है।"

"तो फिर?"

इस पर अविनाश ने कह दिया, "फिर यह कि अब तुम लंबी यात्रा के अनुकूल हो गई हो और कल हम यहाँ में मंडी की सड़क पर मोटर चला रहे होंगे।"

"अर्थात् यहाँ से कुल्लू?"

"हाँ, माताजी को आज अपने घर का प्रबंध कर हमारे साथ चलने के लिए तैयार रहना चाहिए। मैं अब निश्चिंत होकर अपने भावी जीवन का कार्यक्रम बनाना चाहता हूँ। यह वहाँ जाए बिना नहीं हो सकेगा। अभी यह कोठी यहाँ ऐसे ही रहेगी। बाद में इसे भाड़े पर उठा देंगे।"

इस पर सोम ने कहा, "मेरे पति भी कह रहे थे कि आप जब वहाँ जाएँगे तो वहाँ घूमने के लिए हम आएँगे और यदि वह स्थान पसंद आया तथा आपने आपत्ति न की तो हम भी आपकी कॉलोनी में एक-दो कमरे का मकान अपने रहने के लिए बना लेंगे और कभी-कभी छुट्टी मनाने वहाँ आया करेंगे।"

"अर्थात् आप उसे हिल स्टेशन बनाना चाहेंगे?"

"हाँ, परंतु आपकी स्वीकृति से ही।"

अविनाश ने कहा, "ठीक है। हमारे संबंधी भी आने लगेंगे। मानव-कल्याण मनुष्य से दूर भागने में नहीं, परंतु सहयोग देने से है। और जब एक बार सहयोग आरंभ हुआ तो पहले गाँव और फिर नगर बनेंगे ही और उनमें रहनेवाले कृष्णमूर्ति और सुब्बालक्ष्मी भी होंगे।"

सुब्बालक्ष्मी का भाई आया और बहन तथा उसकी नवजात लड़की को लेकर दक्षिण को चला गया।

: पाँच :

अविनाश के अपने 'बाली फलोद्यान' के चले जाने के सात-आठ दिन उपरांत एक दिन रामलोक दुकान पर पहुँचा तो सोहन चपरासी परेशानी में दुकान के बाहर खड़ा था।

यह सोहन का नित्य का काम था कि वह मालिक के घर से चाबी लेकर प्रात: नौ बजे दुकान खोलकर झाड़-फूँक देता था। उसके झाड़ते-फूँकते ही दुकान के दोनों कर्मचारी आ जाया करते थे और मालिक की मेज की दराज में से अलमारियों की तालियाँ निकालकर दुकान पर बिक्री आरंभ कर देते थे।

रामलोक दुकान पर दस बजे पहुँचा करता था। आज वह आया तो मोहन इधर-उधर देख रहा था और दो ग्राहक दुकान में खड़े अलमारियों को देख रहे थे।

"क्यों सोहन! यहाँ खड़े क्या कर रहे हो?" रामलोक ने पूछा।

"लालाली! आज दोनों में से कोई नहीं आया।" और उसने दुकान में खड़े ग्राहकों की ओर संकेत कर दिया।

रामलोक कुछ कहे बिना दुकान में खड़े ग्राहकों से पूछने लगा, "क्या चाहिए?"

वह उनको वस्तुएँ दे ही रहा था कि नए ग्राहक आने लगे। अत: वह भूल गया कि सावित्री के लिए पूछे कि उसका कोई समाचार भी आया है अथवा नहीं? आज वह स्वयं ही माल दिखाता रहा, दाम प्राप्त करता रहा और नकद प्राप्ति की रसीद बनाता रहा। मोहन दरवाजे पर खड़ा देख रहा था कि कोई बिना दाम दिए ही वस्तु उठाकर न चलता बने। ग्यारह बजे रघुनाथ आया। उसे देखकर रामलोक ने बिना यह पूछे कि वह आज देरी से क्यों आया है, उससे कहा, "तनिक ग्राहकों को देखो, मैं रसीद बना रहा हूँ।"

"पर मैं तो आपसे दो महीने की छुट्टी लेने आया हूँ।"

रघुनाथ ने देखा कि सावित्री भी दुकान पर नहीं है। इस कारण वह काम करने लगा। बारह बजे के लगभग सावित्री आई। उसके साथ उसका बड़ा भाई था। दोनों की रूप-राशि कुछ-कुछ मिलती थी।

सावित्री ने काउंटर पर मालिक को बैठे देखकर कह दिया, "मैं क्षमा चाहती हूँ कि आपको बता नहीं सकी कि मुझे देरी हो सकती है। देखिए, ये हैं मेरे भाई श्रवण कुमार। ये आज एकाएक जेल से छूटकर आए हैं, इस कारण मुझे आने में देरी हो गई है।"

"और ये जेल क्यों गए थे?"

"जी, गए नहीं थे। पकड़कर ले जाए गए थे। ये न तो जेल जाना चाहते थे, न ही इन्होंने जाने योग्य कोई कर्म किए थे।"

"तो आपातस्थिति में पकड़े गए थे?"

"जी।" उत्तर श्रवण ने दिया।

"और तुम राष्ट्रीय स्वयंसेवक संघ में हो?"

"जी था, परंतु अब तो संघ है ही नहीं।"

रामलोक मुस्कराया। वह देख रहा था कि सामने खड़ा युवक स्वस्थ और सुदृढ़ शरीर रखता है। इससे ही उसने अनुमान लगाया था कि वह राष्ट्रीय स्वयंसेवक संघ से संबंधित हो सकता है।

"तो अब बिना शर्त के छूटे हो?"

"शर्तों से छूटने की बात को छह महीने पहले हुई थी। मैंने मानी नहीं थी।"

"मालूम होता है कि जेल में खूब खाने-पीने को मिलता रहा है।"

"मिलती तो सूखी रोटी और दाल इत्यादि ही थी, परंतु मैं वहाँ निश्चिंत होकर डंड-बैठक लगाता था और नित्य प्रातः कंपाउंड में दौड़ लगाता था। इससे सूखी दाल-रोटी भी हज्म होकर शरीर को ताकत देती रही है। और लालाजी! मैं एक बात कहने आया हूँ।"

"हाँ, कहो!"

"जब मैं जेल में गया था तो मेरी पत्नी प्रसवने वाली थी। घर में कोई अन्य आय करनेवाला नहीं था। माँ वृद्धा है और पत्नी की सेवा में थी। मेरी अनुपस्थिति में सावित्री नौकरी ढूँढ़ने चल पड़ी और आपने अत्यंत कृपा कर इसे सेवा-कार्य देकर हमारी डूबती नौका को बचा लिया था। मैं आपका धन्यवाद करने आया हूँ।"

"और पकड़े जाने के पहले कहाँ काम करते थे?"

"वहाँ मैं अभी-अभी गया था। 'लक्ष्मण ऐंड कंपनी' में मैं अकाउंटेंट था। पाँच सौ रुपए वेतन पाता था। मैं वहाँ इसी कारण गया था कि यदि वहाँ काम मिल जाए तो मैं सावित्री को छुट्टी दिलवा दूँ, जिससे यह अपनी पढ़ाई जारी रख सके।"

"तो वहाँ सेवा मिली है?"

"जी नहीं, वहाँ से यह उत्तर मिला है कि मेरे स्थान पर जो व्यक्ति रखा गया है, उसे अब निकाला नहीं जा सकता। वास्तव में वे कट्टर कांग्रेसी विचार के हैं और जान गए हैं कि मैं राष्ट्रीय स्वयंसेवक संघ के कारण पकड़ा गया था। इस कारण वे मुझे अब सेवा देने को तैयार नहीं। इसी कारण मैं अब आपके पास आया हूँ। लगभग डेढ़ वर्ष तक सावित्री ने अपनी पढ़ाई बंद कर परिवार का पालना की है। मैं चाहता हूँ कि आप मुझे इसके स्थान पर रख लें, जिससे इसको पढ़ाई करने का अवसर मिल सके।"

रामलोक ने एक क्षण ही विचार किया और कह दिया, "सावित्री, पढ़कर क्या करोगी? कहीं अफसर तो बन नहीं सकोगी, करोगी तो सेवा-कार्य ही। मेरी राय यह है कि तुम दोनों बहन-भाई इसी दुकान पर काम करने लगो तो कैसा रहे?"

"परंतु आपने तो सावित्री को लाभ में भागीदार बनाया हुआ है न?"

"तुम भी बन सकते हो। मेरा अनुमान है कि पाँच सौ से अधिक ही तुम्हारा भाग भी बन जाएगा?"

"परंतु मुझे तो पहले कर्मचारियों के भाग में से ही मिलेगा?"

"हाँ, परंतु तुम्हारे आने से काम भी तो बढ़ेगा।"

श्रवण कुमार सावित्री का मुख देखने लगा। सावित्री ने कहा, "भैया! मान जाओ।"

"लालाजी! मैं तो आज से ही काम आरंभ कर सकता हूँ।"

"ठहरो," रामलोक ने रघुनाथ को बुलाया और सावित्री को कहा, "तुम उन ग्राहकों को अटैंड करो।"

रघुनाथ आया तो रामलोक ने पूछा, "रघुनाथजी! छुट्टी किसलिए माँग रहे हो?"

"लालाजी, बात यह है कि लोकसभा के निर्वाचन आ रहे हैं। मुझे कांग्रेस दल ने पचास रुपए दैनिक पर चुनाव-कार्य के लिए रख लिया है।"

"परंतु तुम तो यहाँ भागीदार हो?"

"मुझे दो मास की छुट्टी दे दीजिए। इन महीनों में मैं भागीदार नहीं रहूँगा।"

"अच्छी बात है, तुम जा सकते हो। कब जाओगे?"

"यदि आप छुट्टी दें तो अभी से जाना चाहता हूँ।"

"जा सकते हो। तुम्हारा हिसाब पहली तारीख को कर दूँगा।"

रघुनाथ ने हाथ जोड़ नमस्ते कही और दुकान से निकल गया।

रघुनाथ गया तो रामलोक ने श्रवण कुमार को काउंटर पर बैठा दिया और स्वयं ग्राहकों को देखने लगा। श्रवण कुमार अकाउंटेंट का काम तो पहले भी करता था। इस कारण वह काम सुचारु रूप से करने लगा।

एक बजे से तीन बजे तक दुकान बंद रहती थी। दुकान बंद कर रामलोक ने कहा, "सावित्री! आज तो तुम भोजन लाई नहीं?"

"जी, मैं तो छुट्टी लेने आई थी।"

"खैर, आप दोनों आज कहीं रेस्तराँ में भोजन कर लो। भोजन का दाम दुकान से ले लेना। भविष्य में आप घर से मध्याह्न का भोजन ले आया करें।"

रामलोक ने अपनी मोटर पकड़ी और घर को चल दिया।

श्रवण कुमार ने समीप ही रेस्तराँ में बैठे-बैठे कहा, "ये तुम्हारे लाला तो बड़े सज्जन प्रतीत होते हैं!"

"हाँ, इनकी एक बात बताती हूँ। हमारी दुकान से एक औरत तीन-चार सौ रुपए की शराब खरीदने प्रतिमास आया करती थी और वह कुछ ढीले चाल-चलन की प्रतीत

होती थी। मैं जब दुकान पर आई थी तो वह नियम से आया करती थी। परंतु एकाएक उसका आना बंद हो गया। तीन-चार मास के उपरांत एक दिन वह लालाजी के साथ आई। तब वह चुस्त, स्वस्थ और अधिक आकर्षक लग रही थी। इसके कुछ दिनों के उपरांत लालाजी ने उससे विवाह कर लिया। अब पता चला है कि उसने बच्चा न होने का ऑपरेशन कराया हुआ है। मैं इनकी पत्नी के निमंत्रण पर कई बार इनके घर जा चुकी हूँ। इनकी पत्नी तो नास्तिक है। आत्मा-परमात्मा को नहीं मानती। कभी मेरे मुख से परमात्मा और परलोक की बात निकल जाए तो हँस पड़ती है। इस पर भी दोनों ने कभी भी मुझसे अशिष्टता का व्यवहार नहीं किया।"

"और तुमने मेरे विषय में इनसे कभी पहले कुछ कहा है?"

"मैंने अपने परिवार की अवस्था का कभी कथन नहीं किया। मैं डरती थी इनसे नहीं, वरन् इनकी पत्नी की एक सहेली से। वह एक श्रीकृष्ण सब्बरवाल की पत्नी है। नाम है—रमणी। इनके घर के साथ के ही घर में रहती है। वह आर्यसमाजी है और सदा इमरजेंसी की प्रशंसा किया करती है। वह कहा करती है कि अब देश में शांति है। न हड़तालें होती हैं और न हिंदू-मुसलमान फसाद। अदालतों में मुकदमों की भी कमी हो गई है। मजिस्ट्रेट हाथ-पर-हाथ रखकर बैठे रहते हैं। उसके ऐसे विचार सुन मैं चुप रहना ही ठीक समझती थी।"

"और वे आर्यसमाजी हैं?"

"हाँ, नित्यप्रातः हवन करते हैं तथा स्वामी दयानंद की तथा वेदों की कूक लगाते हैं।"

श्रवण कुमार हँस पड़ा और बोला, "तब तो वे सर्वथा मॉडर्न आस्तिक हैं। मेरा मतलब है फैशन से राजनीतिक और फैशन से ही आर्यसमाजी। इनकी हवन-संध्या भी इनके वस्त्राभूषणों की भाँति इनकी सजावट का अंग प्रतीत होते हैं।"

दोनों कनॉट सरकस यार्क होटल के सामने एक ढाबे में बैठे भोजन ले रहे थे। भोजन करते हुए सावित्री ने बताया, "वैसे इन लालाजी और इनकी पत्नी को कभी पूजा-पाठ करते नहीं देखा। इस पर भी व्यवहार में तो दोनों सज्जन प्रतीत होते हैं। एक बात इनकी पत्नी कहती थीं कि इस संसार की एक ही समस्या है कि मनुष्य-मनुष्य पर अधिकार जमाकर उसका शोषण करता है, यही सब बुराइयों का मूल है।"

"तो वे साम्यवादी हैं? साम्यवादी ही शोषण और शोषणकर्ता का कथन गायत्री मंत्र की भाँति जपा करते हैं?"

"नहीं भैया!" सावित्री ने समझाते हुए कहा, "एक दिन वे बता रही थीं कि उसी विचार के अधीन उनके पति ने दुकान पर मालिक-नौकर में साझेदारी बना ली है।

साझेदारी का अर्थ समानता नहीं। यह तो लालाजी ने भी हमें दुकान के लाभ में पत्तीदार बनाते हुए कहा था। उनका कहना था कि मेरा अनुभव और कार्य तुम दोनों से अधिक है और मैं तुमसे अधिक लाभ का भागीदार हूँ। इस पर भी हम एक-दूसरे के अधीन नहीं। और हम यत्न कर लाभ को अधिक कर अपने लाभ का भाग भी बढ़ा सकते हैं।"

"परंतु यह तो साम्यवादी भी कहते हैं। रूस में भी नौकर और मालिक के वेतन में अंतर है।"

"परंतु भैया! इन्होंने जब से हमें साझीदार बनाया है, कभी आज्ञा नहीं की। और दुकान की उन्नति में हमसे राय भी करते रहते हैं। एक दिन दुकान के चौथे भागीदार रघुनाथ ने कहा था कि शराब बेचना बंद कर दो, क्योंकि यह लोगों की जिंदगी खराब करती है?

"इस पर लाला ने कहा, 'पोटैशियम साइनाइड तो एक क्षण में खानेवाले की हत्या ही कर देती है, परंतु वह भी दुकानों पर बिकती है।'

"लाला का कहना था कि शराब बेचने में कोई हानि नहीं। इसको नशे के लिए पीने में हानि है। पीने से मना करने के लिए सनातन धर्म सभा, आर्यसमाज और अन्य मजहबी सभाएँ हैं। स्कूल-कॉलेजों में भी इसके दुरुपयोग के विषय में समझाया जा सकता है। मैं इसकी बिक्री में हानि नहीं समझता।"

"यह तो कोई फिलॉसफर है?"

"हाँ, और इनकी पत्नी उससे भी बढ़कर है। एक दिन उससे बात हुई तो उसने बताया कि उसकी एक सहेली है। उसने एम.कॉम. में अपने विश्वविद्यालय का रिकॉर्ड तोड़ा है। उसकी ही विचारित बात है कि सब एक-दूसरे पर शासन कर एक-दूसरे का शोषण करना चाहते हैं।

"उसकी सखी राजकुमारी, एक धनी ठेकेदार के लड़के की पत्नी है। उसने अपनी बात ऐसी युक्ति से अपने पति और श्वसुर को समझाई कि दोनों ठेकेदारी छोड़कर एक फलोद्यान में जाकर स्वतंत्र जीवन चलाने लगे हैं। उन्होंने इस उद्यान में अपने भोजन, वस्त्र तथा मकान की आवश्यकताएँ अपने परिश्रम से पूर्ण करने का उपाय किया है। इन बातों में वे किसी पर निर्भर नहीं रहे। उनका कहना है कि इन बातों के लिए उनको अपनी दिनचर्या में से एक न्यून अंश ही देना पड़ता है। उनका बहुत सा समय बच जाता है, जिसे वे स्वाध्याय में व्यतीत करते हैं।"

"कहाँ, रहती है वह?"

"बता रही थी कि कुल्लू और मंडी के बीच में, सड़क से कुछ हटकर एक गाँव में बीस एकड़ भूमि पर वह उद्यान है। वहाँ उन्होंने फलों के पेड़ लगा लिये हैं। स्वयं ही

उनकी देख-रेख करते हैं। अपने लिए अन्न तथा साग-भाजी भी अपने फार्म पर उत्पन्न करते हैं।"

भोजन समाप्त हुआ तो दोनों दाम देकर कनॉट प्लेस के पार्क में बैठकर दुकान के खुलने का समय होने की प्रतीक्षा करने लगे।

: छह :

लोकसभा के निर्वाचन मार्च 1977 में संपन्न हुए और उत्तरी भारत, बिहार, उत्तर प्रदेश, मध्य प्रदेश, दिल्ली, हरियाणा, राजस्थान, गुजरात और पंजाब में कांग्रेस को करारी हार मिली। परंतु दक्षिण भारत में कांग्रेस की विजय हुई। केरल और बंगाल में मार्क्सवादी-साम्यवादी सफल हुए। इनको कुछ अन्य दलों का सहयोग लेना पड़ा।

इस समाचार से श्रवण कुमार और सावित्री, दोनों अति प्रसन्न थे। रामलोक ने उस रात अपनी दुकान और घर पर दीपमाला की।

अगले दिन अविनाश कलकत्ता से इंजीनियरिंग कंपनी के मैनेजर और मिस्त्री को साथ लेकर कुल्लू जाता हुआ मार्ग में दिल्ली ठहरा। मैनेजर और मिस्त्री फार्म में मशीनें फिट करने के लिए साथ जा रहे थे। उसने कोठी पर पहुँचते ही रामलोक की दुकान पर टेलीफोन किया और बताया कि "मैं आज रात दिल्ली में अपनी कोठी पर ठहरा हूँ। तुम्हें और सोम को मैं अपने यहाँ रात के खाने पर निमंत्रण देता हूँ।"

"ओह! पर...।"

"क्यों, क्या बात है?" अविनाश का प्रश्न था।

"मेरी दुकान पर आजकल एक बहन-भाई काम करते हैं। वे आज निर्वाचन में जनता पार्टी की विजय पर हमें निमंत्रण दे रहे हैं।"

"उनके यहाँ कल चले जाना।"

"उनको बहुत निराशा होगी।"

"तो उनको भी यहाँ अपने साथ ही ले आओ।"

"अच्छा ठहरो। मैं पूछकर बताता हूँ।"

रामलोक ने श्रवण कुमार को अविनाश के निमंत्रण की बात बताकर कहा, "ये मेरे संबंधी हैं। कल प्रातःकाल दिल्ली से चले जाएँगे।

"उनका कहना है कि इस विजय के उपलक्ष्य में तुम लोग भी उनके यहाँ भोजन कर लो। देखो श्रवण, यदि कहोगे तो कल हम आपका निमंत्रण भी स्वीकार कर सकते हैं।"

"ठीक है, परंतु हमारा आपके संबंधी के यहाँ जाने में कोई तथ्य नहीं।"

"तथ्य तो है, एक बुद्धिशील व्यक्ति से परिचय होगा। यह क्या कम तथ्य की बात है?"

"जी, मेरा कहना था कि हमारा परिचय तो उनसे है नहीं?"

"मुझसे तो है। और वे मेरी मार्फत ही तुम बहन-भाई को निमंत्रण दे रहे हैं।"

सावित्री ने भाई को कहा, "ठीक है, वहाँ जाने में कोई हानि तो है नहीं; लाभ हो सकता है।"

अत: रामलोक ने अविनाश को टेलीफोन में बता दिया, "हम रात सवा आठ बजे आपके यहाँ पहुँच रहे हैं। सोम भी आएगी।"

रात रामलोक सोम, सावित्री और उसके भाई को लेकर अविनाश की कोठी पर जा पहुँचा। भोजन के पूर्व परिचय होने के उपरांत स्वाभाविक रूप में इमरजेंसी और निर्वाचनों पर बात होने लगी।

श्रवण कुमार का कहना था, "हम तो इमरजेंसी का यह एक वरदान मानते हैं कि तीस वर्ष के उपरांत कांग्रेस दिल्ली के सिंहासन से पदच्युत हुई है।"

"श्रवण कुमारजी! दिल्ली से विजयी होने वाले संसद्-सदस्यों में से किसी से परिचय है?"

श्रवण कुमार ने समझा कि अविनाश कुछ अपने सुख-सुविधा संबंधी काम कराने के लिए पूछ रहा है। उसने आधे मन से कहा, "जनसंघी सदस्यों से कुछ-कुछ परिचय है।"

"परंतु इनमें कुछ अन्य भी तो हैं?"

"सामान्य रूप में उनको भी जानता हूँ।"

"क्या ये सभी किसी राजकीय विषय में एकमत हैं?"

"किस विषय में आप कह रहे हैं?"

"आज अर्थव्यवस्था को राज्य-कार्यों में सर्वोपरि विषय बना लिया गया है, उसी के विषय में पूछ रहा हूँ।"

"मेरी इनसे इस विषय में कभी बातचीत नहीं हुई, परंतु इनके सार्वजनिक व्यवहार से मैं समझता हूँ कि ये इस विषय पर एकमत नहीं हैं।"

"जनसंघ की ही बात बताता हूँ। एक नेता हैं, जो संपत्ति रखने का विरोध करते हैं। अन्य इस विषय में कुछ उत्साह नहीं दिखा रहे। सामान्य कार्यकर्ता तो संपत्ति की बात को नेताओं का 'स्टंट' मानते हैं, सर्वसाधारण को फुसलाकर अपने साथ करने का बहाना मानते हैं। और तुम्हारे ये नेता इस विषय पर लड़ मरेंगे।"

"क्यों? क्या ये सब मूर्ख हैं?"

तृतीय परिच्छेद

"सब नहीं, परंतु इस विजयी दल में भाँति-भाँति के पक्षी एकत्र हो गए हैं। इनमें जनसंघी तो हैं ही। वे एक विशाल संख्या में व्यापारी श्रेणी के घटक हैं। इससे उनको संपत्ति का विलीन करना, समझ में नहीं आ सकता। और उनके उलट विचार वाले समझते हैं कि आज के युग में संपत्ति सबसे दूषित वस्तु है। आज यही सब बुराइयों की जड़ है। मेरा अभिप्राय है समाजवादियों से। ये सब समाजवादी भी एकमत नहीं। इनके भी कई उपदल हैं। इनके अतिरिक्त इस दल में एक अछूतों का प्रतिनिधि है। वह अपने को उनका प्रतिनिधि मानता है। वह देशहित से अधिक अपने जातिहित को मानता रहता है। साथ ही पुरानी कांग्रेस के कुछ लोग भी इस दल में हैं, जो अपने को गांधी के चेले मानते हैं। गांधी के चेले अहिंसावादी हैं। राज्य-कार्य में हिंसा-अहिंसा का विचार छोड़कर सुप्रबंध करना होता है। ये गांधीवादी नहीं कर सकेंगे।"

अभी अविनाश श्रवण कुमार को समझा ही रहा था कि जनता पार्टी एक अति दुर्बल दल है कि कलकत्ता से आए इंजीनियरिंग कंपनी का मालिक, उसकी पत्नी और उनका इंजीनियर आ गए। वे दिल्ली की सैर करने गए हुए थे और भोजन के समय पर आकर उपस्थित हुए थे।

अविनाश ने इनका परिचय रामलोक इत्यादि से करा दिया, "ये हैं रमण बाबू। ये कलकत्ता में मशीनरी मर्चेंट हैं। जनता की आवश्यकतानुसार मशीनें बनवाने का काम करते हैं। ये हैं सरोजिनी देवी, रमण बाबू की पत्नी। और ये हैं सोम बाबू। ये इंजीनियर हैं और घरेलू छोटी-छोटी मशीनों के डिजाइन बनाकर मशीनें बनवाते हैं।

"पिताजी को इनका पता मिला तो मुझे कलकत्ता भेजकर पता किया कि एक अकेले व्यक्ति द्वारा संचालित बीस तार का चरखा और कपड़ा बुनने का करघा इत्यादि बिजली से चलनेवाले बना सकेंगे अथवा नहीं? इन्होंने बनाने का वचन दिया और मार्केट में उपस्थित कल-पुर्जों को जोड़कर चरखा और करघा इत्यादि की मशीनें, जो बिजली से चलती हैं, तैयार कर दीं। मैं इनके कार्य को देख आया हूँ और मशीनें रोड ट्रांसपोर्ट से मंडी भेजवा दी हैं। हम वहाँ से उनको फार्म पर ले जाएँगे। इंजीनियर सोम बाबू मशीनों को फिट करने वहाँ चल रहे हैं। रमण बाबू तो हमारे फार्म की सैर करने जा रहे हैं।"

खाने के समय सब डाइनिंग-हॉल में जा बैठे और मेज पर बैठने में घटनावश अथवा किसी की योजना से सोम, सरोजिनी तथा सावित्री इकट्ठी बैठीं तो सावित्री के साथ सोम बाबू बैठ गए। अविनाश सोम के समीप बैठ, उससे उसके पति रामलोक के व्यवहार इत्यादि का पता करने लगा। आरंभ से ही अविनाश का विचार था कि दंपती-जीवन बिना संतान के फीका होगा और शीघ्र ही इसकी नीरसता का प्रभाव उनके जीवन पर होने लगेगा।

सोम ने बताया कि उनका जीवन वैसे ही सरलता और सहिष्णुता से चल रहा है, जैसे आरंभ हुआ था। अविनाश ने यह सुनकर अपनी प्रसन्नता प्रकट की। सोम ने कहा, "लालाजी आपके फार्म पर चलने का विचार प्रकट कर रहे हैं। विशेष रूप में जब से श्रवण कुमार दुकान पर आया है, वे कुछ दिन के लिए दुकान उसके हवाले कर छुट्टी मनाने का विचार रखते हैं।"

"तो चलो, कल हमारे साथ ही चलो। यहाँ से मंडी तक तो बस में चलेंगे और वहाँ से टैक्सी कर फार्म पर पहुँच जाएँगे।"

"तो मंडी में टैक्सी मिल जाती है?"

"हाँ, वहाँ एक 'मॉडर्न गैरेज' के नाम से मोटर रिपेयरिंग कंपनी है। उनके पास दो टैक्सियाँ हैं, जो वे मंडी और कुल्लू के भीतर चलाते हैं।"

"तब तो हम शीघ्र ही आने का प्रबंध करेंगे?"

"हाँ, इस इंजीनियरिंग कंपनी के मालिक और इनकी पत्नी कह रहे हैं कि यदि पिताजी स्वीकृति देंगे तो वे भी हमारे समीप एक मकान बना, ग्रीष्म ऋतु में वहाँ आकर रहा करेंगे।"

"और आप इनको स्वीकृति दिलवाएँगे?"

"बात यह है कि समीप पहाड़ पर यदि कोई आकर रहेगा तो हम मना कैसे कर सकेंगे?

"हाँ, हमने उस फार्म पर कई लाख रुपया लगा दिया है। बिजली, पानी का प्रबंध करने तथा रहने के मकान बनवाने में बहुत धन व्यय हुआ है। अब इन मशीनों में एक लाख रुपए के लगभग व्यय हो जाएगा। इतने रुपए लगाकर हम अपनी सुख-सुविधा का प्रबंध करना चाहते हैं। जिस नाले पर हमने बिजलीघर बनाया है, उसको सुरक्षित करने के लिए हमने वन-विभाग से बातचीत शुरू की है। साथ ही हम उस सड़क को सुरक्षित करने का प्रबंध करना चाहते हैं, जो हमने फार्म तक मोटर ले जाने के लिए निर्माण की है।"

"तो वहाँ भी सरकारी विभागों से वास्ता पड़ता है?"

"देश में रहते हुए सरकार से अलग होकर कैसे रह सकते हैं? हाँ, सरकार का हम अपनी अर्थव्यवस्था पर प्रभाव नहीं पड़ने देना चाहते।"

इस प्रकार बातें हो रही थीं। रामलोक रमण बाबू से उसके व्यापार की बातें कर रहा था। रमण बाबू ने बताया, "मैं कलकत्ता में कबाड़ियों की दुकान करता था। टूटी-फूटी मशीनों की बिक्री किया करता था। लोग पुरानी मशीनों के टुकड़े खरीदने आते थे। एक दिन ये सोम बाबू आए और मुझसे लोहे के किसी टूटी मशीन का एक पुर्जा लेकर मोल-भाव करने लगे। मैंने पूछा, 'इस लोहे के टुकड़े का क्या करोगे?'

"ये बोले, 'इसे सोने में बदल दूँगा।'

"'कैसे?'

"इसने बताया, 'इस स्क्रैप से एक प्रिंटिग-प्रेस निर्माण कर दस हजार रुपए की लागत की मशीन बन जाएगी।'

"मैंने इससे राय की और एक इंजीनियरिंग वर्कशॉप चालू कर दी। अब हम नई-नई प्रकार एवं डिजाइन की मशीनें बनाते हैं। पिछले तीन वर्ष में हमने बीस लाख का माल बेचा है।

"'स्टेट्समैन' के एक संवाददाता एक दिन आए और हमारी वर्कशॉप की फोटो लेकर मेरे बयान ले गए। कुछ दिन उपरांत उसने एक लंबा लेख छपवा दिया। उस लेख को पढ़कर ही अविनाशजी के पिता ने हमसे पत्र-व्यवहार किया और मैंने उनको अपनी माँग लिखने के लिए कहा तो अविनाशजी हमारे यहाँ पहुँच गए। इन्होंने अपनी आवश्यकता वर्णन की और हमने चार मशीनें बना, चालू कर दिखा दी हैं।

"जब इन्होंने अपने फार्म की बात बताई तो मैं कभी-कभी इनके पिता की संगत में रहने का विचार बना बैठा हूँ। इसी कारण वहाँ जा रहा हूँ।"

इस प्रकार बातें करते और खाना खाते हुए दो घंटे व्यतीत हो गए। रात के ग्यारह बजे सब उठे। जब रामलोक अपनी मोटरगाड़ी में विदा होने लगा तो सोम बाबू अविनाश के पास आया और बोला, "मैं अभी दिल्ली में एक दिन और रहने का विचार रखता हूँ। यदि आपको फार्म जाने की जल्दी हो तो आप कल जा सकते हैं। मैं एक-दो दिन बाद आ जाऊँगा।"

"क्यों, क्या काम है?"

"दिल्ली देखकर, अभी जी भरा नहीं।"

"क्या देखा है आपने यहाँ?"

"यदि आप भी एक दिन और ठहर जाएँ तो आपको भी दिखा सकता हूँ।"

अविनाश ने रमण बाबू को बुलाकर कहा, "ये आपके सोम बाबू तो दिल्ली पर मुग्ध हो गए प्रतीत होते हैं। ये यहाँ अभी एक दिन और रहकर जाना चाहते हैं।"

रमण बाबू ने सोम बाबू की ओर देखकर पूछ लिया, "सोम! क्या बात है?"

"दादा! यहाँ एक वस्तु दिखाई दी है। कल उसका भाव-ताव करने के लिए रहना चाहता हूँ।"

"तो लौटने तक उसकी खरीद रुक नहीं सकती?"

"नहीं दादा, यदि इन दिनों उसे कोई और ले गया तो मुझे बहुत अफसोस होगा।"

"क्या देखा है तुमने?"

"दादा, तुम भी कल तक ठहरो तो दिखा सकता हूँ।"

रमण ने अविनाश की ओर देखा तो अविनाश ने कह दिया, "मैं एक दिन और यहाँ ठहर सकता हूँ।"

"तो ठीक है। हम कल के स्थान पर परसों प्रातः सात बजे यहाँ से चलेंगे। चंडीगढ़ के लिए बस यहाँ से सात बजे चलती है।"

अविनाश ने रामलोक को रोककर कहा, "हमारा कार्यक्रम कुछ बदल गया है। हम कल भी दिल्ली रहेंगे।"

"तो भैया," सोम ने कहा, "आप कल मध्याह्न का भोजन हमारे यहाँ लें।"

अविनाश ने विचार किया और कह दिया, "हाँ! मैं राज की माँ के विचार का व्यक्ति नहीं, जो बहन के घर का भोजन नहीं कर सकता।"

"तब ठीक है।" रामलोक ने कह दिया, "आप दुकान पर आएँगे अथवा मैं आपको यहाँ लेने आऊँ?"

"आप आ सकते हैं। यहाँ मेरे पास अपनी मोटरगाड़ी तो है नहीं।"

इस प्रकार अगले दिन का कार्यक्रम बन गया।

: सात :

अगले दिन बहुत प्रातःकाल ही रमण बाबू की पत्नी और सोम बाबू सफदरजंग रोड वाली कोठी से चल दिए। अविनाश अभी स्नान इत्यादि में ही लगा था कि वे दोनों कोठी से जा चुके थे।

प्रातः के अल्पाहार के समय अविनाश ने रमण बाबू से पूछ लिया, "आपकी पार्टी के अन्य लोग कहाँ हैं?"

"आज बहुत प्रातः सरोजिनी और सोम उठे थे। शौचादि से अवकाश पाकर, मुझे जगाकर बोले, 'हम एक काम से जा रहे हैं। आशा करते हैं ग्यारह बजे तक लौट सकेंगे।'

"मैंने श्रीमतीजी से पूछा भी कि कहाँ जा रही हो। वह बोली, 'सोम बाबू कुछ दिखाने ले जा रहे हैं।'

"'तो मैं देखने साथ नहीं चल सकता?' मैंने पूछा। श्रीमतीजी कहने लगीं, 'आपको दिखाने का प्रबंध करने ही जा रही हूँ।'"

अविनाश ने मुस्कराते हुए कहा, "ठीक है, आप भी जहाँ चाहें, जा सकते हैं। मैं यहाँ से ग्यारह बजे चल दूँगा।"

"कहाँ?"

"मध्याह्न का भोजन लेने लाला रामलोक के घर जाना है, परंतु मैंने विचार किया है

तृतीय परिच्छेद

कि उसकी दुकान पर ही पहुँच जाऊँ। वहाँ कुछ काम भी है।"

रामलोक ने रमण को भोजन का निमंत्रण नहीं दिया था। इस कारण रमण अपने मन में अकेला ही कहीं जाने का कार्यक्रम बनाने लगा।

ग्यारह बजे अविनाश बस से कनॉट प्लेस रामलोक की दुकान पर जा पहुँचा। रामलोक अपने पुराने कर्मचारी रघुनाथ से बात कर रहा था और श्रवण कुमार ग्राहकों से। अविनाश पहुँचा तो रामलोक ने रघुनाथ से कह दिया, "अभी काम करो, पक्की बात सायंकाल करूँगा।"

रघुनाथ भी दुकान का काम देखने लगा तो अविनाश ने पूछा, "आपने तो कहा था कि इसको छुट्टी दे दी है?"

"मैंने छुट्टी नहीं दी थी। यह स्वयं काम छोड़ गया था। कांग्रेस पार्टी का काम करने लगा था। इसका विचार था कि कांग्रेस ने सरकार बनाई तो यह भी सरकारी काम पा जाएगा। परंतु कांग्रेस की पराजय हुई तो यह खाली हो गया और कहता है कि पिछले कुछ दिनों का वेतन भी नहीं मिला।"

अविनाश ने मुस्कराते हुए पूछा, "और वह लड़की नहीं आई? उसका भाई तो काम कर रहा है?"

"उसका समाचार आया है कि उसे कुछ देरी हो जाएगी। उसके भाई ने बताया कि जब वह बहन के साथ यहाँ आने के लिए घर से निकलने लगा था कि सोम बाबू और रमण बाबू की पत्नी वहाँ आ पहुँचे। इस पर सावित्री ने कहा है कि वह उनको अपनी माँ से परिचय कराकर और उनको चाय-पानी पिलाकर आएगी। भाई चला आया है।"

"मैंने विचार किया है कि तुम्हें सफदरजंग रोड पर आने का कष्ट देने के स्थान पर स्वयं ही यहाँ चला आऊँ।"

"ठीक है, आप बैठिए। मैं कॉफी मँगवाता हूँ।"

अविनाश बैठा तो रामलोक ने सोहन को साथ के रेस्तराँ से कॉफी लाने भेज दिया। अविनाश अभी बैठा ही था कि सोम बाबू, सरोजिनी और सावित्री आ गए। अविनाश की हँसी निकल गई। उसने सोम बाबू से पूछा, "इंजीनियर साहब! मोरी दरवाजे का पता कहाँ से पा गए थे?"

"वहाँ रहनेवालों ने ही बताया था, इस पर भी घर ढूँढ़ने में एक घंटा लग गया। नौ बजे ही इन देवीजी का घर पा सका।"

"अविनाशजी! रात इन्होंने ही आज प्रातः का निमंत्रण दिया था। मैंने इनको कलकत्ता चलने के लिए आमंत्रित किया तो इन्होंने कह दिया, 'मेरी माँ से कहो। वह कलकत्ता भेजेगी तो जा सकूँगी।'

"इस पर मैंने पूछा, 'आपकी माताजी कहाँ रहती हैं?'

"उन्होंने पता बताया, परंतु साथ ही कह दिया कि माताजी वहाँ भेजना अस्वीकार भी कर सकती हैं। उनको मछली की दुर्गंध बिल्कुल भी नहीं भाती।

"मैंने इनकी माँ का पता नोट कर लिया। वहाँ हमने रमण बाबू से भी नहीं बताया। कारण यह कि भाभी को भी संदेह था कि इनकी माताजी मानेंगी नहीं।

"परंतु लालाजी, वे मान गई हैं और हमने निश्चय किया है कि आज सायं चार बजे विवाह होगा। उसमें लालाजी और इनकी पत्नी वधू-पक्ष की ओर से साक्षी होंगी और अविनाशजी तथा रमण बाबू लड़के की ओर से विवाह वधू की माँ के घर पर होगा।

"और मैं अपनी पत्नी को कल अपने साथ ही लेकर दिल्ली से विदा हो सकूँगा।"

अविनाश हँस पड़ा। उसने सोम बाबू से पूछ लिया, "बहुत जल्दी प्रबंध किया है?"

"जी नहीं, घंटा भर इनकी माँ से कौल-करार होते रहे हैं। वास्तव में इन देवीजी की भाभी ने हमारी सहायता की है और अब सावित्रीजी लालाजी से छुट्टी लेने आई हैं।"

रामलोक ने आवाज देकर श्रवण को बुला लिया और बोला, "श्रवणजी! एक बजे दुकान बंद होगी और आज दुकान सायंकाल नहीं खुलेगी।"

श्रवण भौचक्का हो मुख देखने लगा तो सावित्री ने समझाया, "भैया! इन इंजीनियर साहब का आज चार बजे विवाह होने वाला है और ये लालाजी को और आप सबको उसमें चलने का निमंत्रण दे रहे हैं।"

श्रवण को बात समझ में आने लगी तो वह मुस्कराकर पूछने लगा, "तो तुम दुकान से छुट्टी ले रही हो?"

"यही तो लालाजी से कह रही हूँ।"

वास्तव में रात खाने के समय सोम बाबू सावित्री के साथ की कुरसी पर बैठा तो दोनों में बातें होने लगीं। सोम को एक पंजाबी लड़की, किसी बंगाली लड़की से अधिक आकर्षक प्रतीत हुई तो उसने पूछ लिया, "कब से दुकान पर काम करती हैं?"

"दो वर्ष हो गए हैं। भैया 'मीसा' में पकड़े गए तो मुझे घर का खर्च चलाने के लिए नौकरी करनी पड़ी। इनको छूटे हुए अभी डेढ़ मास ही हुआ है। और मैं तथा भैया दोनों दुकान पर काम करते हैं।"

"तो विवाह नहीं किया अभी?"

"उसके लिए विचार करने का अवकाश ही नहीं मिल रहा था।"

"परंतु अब तो भैया छूट आए हैं और फुरसत हो गई है।"

"हाँ, इस दिशा में विचार करने का अवसर आ गया है।"

तृतीय परिच्छेद

"तो मेरा सुझाव है कि आप कलकत्ता चलिए। मैं आपको वहाँ का निमंत्रण देता हूँ।"

सावित्री ने प्रस्ताव का अर्थ समझकर नजर घुमाकर साथ बैठे युवक की ओर देखा तो कह दिया, "यदि मेरी माँ भेजेगी तो वहाँ भी जा सकती हूँ।"

"और वे कहाँ रहती हैं?"

"मोरी गेट, निकलसन रोड, नंबर एक सौ दस में।"

"तो मैं कल उनसे आपको माँगने आऊँगा।"

"यत्न करिए। परंतु आशा नहीं है कि वह माने। उनको मछली की गंध बिल्कुल पसंद नहीं।"

"यह स्वभाव की बात है। समय पड़ने पर दुर्गंध-सुगंध समझ आने लगेगी।"

बस इतनी सी बात हुई थी। सावित्री इस चर्चा को भूल चुकी थी कि प्रात: नौ बजे से कुछ पहले ही सोम बाबू और सरोजिनी देवी उसके मकान पर आ पहुँचे।

रामलोक ने लेजर निकाल, उस दिन तक का सावित्री के भाग के लाभ का अनुमान लगा लिया और जितना वह जनवरी, फरवरी में अग्रिम ले चुकी थी, वह गिनकर शेष का चेक बनाकर सोहन को भेज दिया कि बैंक से रुपया ले आए।

सोम बाबू और सरोजिनी तो पहले ही सफदरजंग रोड रमण बाबू को सूचना देने चले गए थे। एक बजे दुकान बंद हुई तो सावित्री ने सोहन को अपने घर चले आने का निमंत्रण दे दिया। जब सब जाने लगे तो रघुनाथ ने रामलोक से पूछ लिया, "लालाजी! मेरे विषय में क्या निश्चय किया है?"

"कल से दुकान पर आया करो। शेष कल आओगे तो बात करेंगे।"

सब लोग रात का खाना सावित्री की माँ के घर खाकर ही सफदरजंग की कोठी पर पहुँचे। सावित्री माँ के घर से अपने पहनने के कपड़े और केवल एक गले का लॉकेट लेकर ही विदा हुई थी। जल्दी में माँ ने एक जरीदार साड़ी तथा जंपर लाकर पहना दिया था। वर को भी सावित्री की माँ ने एक अँगूठी दी थी।

सफदरजंग कोठी पर पहुँचे तो अविनाश ने सोम बाबू से कहा, "अब आराम करो और देखो, प्रात: सात बजे की बस पकड़नी है। इस कारण बस अड्डे पर साढ़े छह बजे पहुँचना है, अर्थात् यहाँ से टैक्सी में छह बजे चल देंगे।

"यदि कल आप तैयार न हुए तो आपको बाद में आना होगा। मैं पहले ही एक दिन अधिक रुक गया हूँ।"

"परंतु अविनाशजी! मैंने आपकी पार्टी में एक व्यक्ति की वृद्धि जो कि है, उसके लिए कुछ ग्रेस मार्क्स नहीं मिलेंगे?"

"बात यह है कि यदि पहली बस से न गए तो दूसरी बस नौ बजे मिलेगी और फिर

हमें चंडीगढ़ ठहरना पड़ेगा। मंडी की कोई बस ऐसी नहीं मिलेगी, जो दिन रहते फार्म पर पहुँचा सके।"

"ठीक है, मैं आपकी श्रीमतीजी से क्षमा माँग लूँगा।"

"और वह सावित्री को लेकर अपने लिए नियत कमरे में जा पहुँचा।

"प्रात: सवा छह बजे अविनाश इत्यादि कश्मीरी गेट बस-स्टैंड पहुँच गए। वहाँ सोम, रामलोक तथा श्रवण, उसकी पत्नी और माँ पहले ही पहुँचे हुए थे।

उसके पहले दिन न पहुँचने पर फार्म पर तो अविनाश की पत्नी तथा उसके माता-पिता चिंता करने लगे थे। उनके पहुँचने का समय सायंकाल पाँच बजे का था। जब अविनाश नहीं आया तो सूर्यदेवी ने शंकरदास तथा मालती को कहा, "चिंता करने की बात नहीं, कुछ कारण हो गया होगा। क्या जाने दिल्ली में सोम ने एक दिन अधिक ठहरा लिया हो?"

सूर्यदेवी पूरे जीवन को एक खेलमात्र समझती थी। वह इसी विचार से लड़की की योजना में सम्मिलित हुई थी। यद्यपि राजकुमारी ने युक्ति से सिद्ध कर दिया था कि इस योजना से उनका जीवन सुलभ और रसमय हो जाएगा, परंतु सूर्यदेवी तो इस सबको इस दृष्टि से देख रही थी कि मनुष्य ने समाज को एक बंद गली में लाकर खड़ा कर दिया है। राज वहाँ से लौटने की योजना पर कार्य करने लगी है। राज का सबसे बड़ा समर्थक अविनाश था। मालती देवी तो योजना की सरलता और सुगमता पर मुग्ध थी।

अभी तक फार्म पर कार्य यह था कि प्रात: उद्यान में जल इत्यादि का प्रबंध करने में आधा घंटा से अधिक नहीं लगता था। तदनंतर सूर्यदेवी और मालती चक्की से गेहूँ पीसती थीं। अपने खेत में गेहूँ अभी नहीं हुआ था। उन्होंने अक्तूबर में बीज डाला था। दिसंबर तक पौधे फूट पड़े थे। तब सर्दी आ गई और बर्फ पड़ गई। अत: गेहूँ के पौधे बर्फ में दब गए। मार्च के प्रथम सप्ताह में वे बर्फ के पिघल जाने पर पुन: बढ़ने लगे थे।

इस काल में खाने के लिए वे मंडी से गेहूँ, चावल ला रहे थे। साग-भाजी खेत में खाने योग्य पैदा हो रही थी। एक पर्याप्त दूध देनेवाली गाय भी रखी हुई थी और मालती का नौकर भगवती गाय की देख-रेख एवं दूध का प्रबंध करता था।

ये सब काम वे दिन के ग्यारह बजे तक समाप्त कर लेते थे। तब बारह बजे भोजन कर कुछ विश्राम कर तीसरे और चौथे प्रहर वे सब अपनी-अपनी रुचि अनुसार स्वाध्याय करते थे। रात को भी विद्युत् का प्रबंध हो जाने से दस बजे तक कुछ-न-कुछ काम करते रहते थे।

इस सबसे न तो राजकुमारी संतुष्ट थी और न ही शंकरदास। उनकी योजनानुसार व्यक्ति की सब आवश्यकताएँ फार्म पर ही पूर्ण होनी चाहिए थी। कपड़े और अन्न की कठिनाई थी। अभी दोनों के विषय में प्रबंध नहीं हो सका था।

अन्न के लिए तो एक बीघा भूमि पर गेहूँ, चावल, साग-भाजी लगाई गई थी। साग-भाजी तो मिलने लगी थी, परंतु गेहूँ अभी तैयार नहीं हुआ था और चावल का प्रबंध इस वर्ष करने का विचार था।

कपड़ा बुनने के लिए शंकरदास ने योजना बनाई थी और उसके लिए ही अविनाश को कलकत्ता भेजा हुआ था।

अविनाश सदा काम समय पर करता था, इस कारण उसके नियत दिन न आ सकने पर माता-पिता को चिंता लग रही थी। यद्यपि राज भी विस्मय तो करती थी। उसका इस घर के जीवन में पहला दिन था, जब उसका पति समय पर पहुँच नहीं सका था। इस पर भी वह इतनी चिंतित नहीं थी, जितने अविनाश के माता-पिता।

अगला दिन भी माता-पिता के लिए चिंतायुक्त ही था। यद्यपि उन्होंने दिनचर्या पूर्ववत् की थी, परंतु उनका चित्त लड़के के नियत समय पर न आने पर चिंता अनुभव कर रहा था।

उस दिन ठीक पाँच बजे सायं फार्म के फाटक पर मोटर का हॉर्न बजा तो फार्म के सब लोग लपककर फाटक पर ज पहुँचे।

वे आशा कर रहे थे कि अविनाश और उसके साथ इंजीनियरिंग कंपनी का इंजीनियर आएगा। परंतु तीन प्राणी आशा से अधिक आए थे।

राज को सावित्री देखी-भाली प्रतीत हो रही थी, परंतु वह स्मरण नहीं कर सकी थी कि उसने उसे कहाँ देखा है!

जब भगवती और रामी मोटर से सामान उतारकर भीतर ले जाने लगे तो अविनाश अपने साथ आए हुओं का माता-पिता से परिचय कराने लगा।

"पिताजी! ये हैं कंपनी के मालिक रमण बाबू और ये हैं इनकी धर्मपत्नी सरोजिनी देवी। ये लोग फार्म का वृत्तांत सुन इसे देखने चले आए हैं। और ये हैं सोम बाबू (इंजीनियर), जो मशीनों को चालू करने आए हैं। ये महाशय आते-आते एक मछली पकड़ लाए हैं।

"राज, पहचाना नहीं? रामलोकजी की दुकान की सेल्स-गर्ल सावित्री। अब ये मिसेज सोम बाबू हैं। कल इनके विवाह पर मुझे दिल्ली में ही रहना पड़ा।"

शंकरदास और मालती अभी सावित्री को देख और समझ ही रही थीं कि राज ने सावित्री की बाँह में बाँह डाली और अपने साथ बैठकघर में ले गई।

अविनाश ने टैक्सीवाले को भाड़ा दिया और वह मंडी को लौट गया। अविनाश इत्यादि माता-पिता के साथ फार्म में प्रवेश कर उसमें बनी इमारत की ओर चल पड़े। रमण सूर्यदेवी के साथ चलता-चलता पूछने लगा, "आप अविनाशजी की 'मदर-इन-लॉ' प्रतीत होती हैं?"

"हाँ, मगर कैसे जाना है? अविनाश मेरी निंदा करता रहा प्रतीत होता है?"

"नहीं माताजी! निंदा नहीं, वे कह रहे थे कि इस फार्म का बीज आपका बोया हुआ है। उस बीज की भूमि अविनाशजी की माताजी हैं और उसे जल देकर प्रस्फुटित करनेवाली उनकी पत्नी हैं, जो नव-वधू को लेकर उससे परिचय बढ़ा रही हैं।"

"हाँ, अविनाश ने इस सब योजना की परंपरा का वर्णन ठीक ही किया है, परंतु एक बात उसने नहीं कही मालूम होती है। इन सुकुमार पौधों को खाद दे-देकर इनको पुष्ट करने का श्रेय अविनाश के पिता भाई शंकरदासजी को है। इसे खाद देने के लिए ही तो आप लोगों को यहाँ आने का कष्ट करना पड़ा है।"

रमण ने मुस्कराते हुए कहा, "बहनजी! कष्ट या प्रसन्नता, इसका अनुमान बाद में लगाऊँगा। हाँ, यह बता देना चाहता हूँ कि हम मशीनें इत्यादि लगाने नहीं आए। उनके विषय में मुझे वैसा ही ज्ञान है, जैसे किसी पहली दूसरी श्रेणी के लड़के को ज्योमेट्री-एल्जेबरा का ज्ञान होता है। मैं स्वयं दूसरों की विकास योजनाओं में झाँकने के अपने स्वभाव से विवश होकर आया हूँ।

"मेरे इस स्वभाव के कारण ही मेरा सोम बाबू से परिचय हुआ था। मेरी कबाड़िए की दुकान थी। सोम बाबू जब तीन-चार बार वहाँ आए और दुकान में ढूँढ़-ढूँढ़कर मशीनों के पुर्जों को ले गए तो एक बार मैंने पूछा, 'क्या काम करते हो?'

"यह बोला कि बूढ़ों को जवान करने का अथवा यह कहो कि 'कहीं की ईंट, कहीं का रोड़ा, भानुमति ने कुनबा जोड़ा' की कहावत चरितार्थ करता हूँ। मैं पुरानी मशीनों के पुर्जों को जोड़कर नई मशीनें बनाता हूँ।

"इसने बताया कि इस समय भी इसकी वर्कशॉप में एक पिन-मेकिंग मशीन तैयार रखी है और उसके खरीदार की प्रतीक्षा में है। मैं अपने स्वभाववश इसकी वर्कशॉप को देखने चल पड़ा। तब मेरा इससे परिचय हो गया। मैंने इसकी वर्कशॉप का विज्ञापन किया तो बस हम दोनों साझेदार हो गए। अब यह एक अच्छी-खासी वर्कशॉप का मालिक है और मैं उसमें भागीदार हूँ। यह मशीनों को बनाने में विशेष प्रतिभा रखता है और मैं इसको उनका उचित मूल्य दिलवाता हूँ।

"इस स्वभाववश ही मैं यहाँ आया हूँ। यदि मुझे समझ में आया कि जो कुछ अविनाशजी ने कहा है, उसका एक अंश भी ठीक है तो मैं अपना विज्ञापन देने की प्रतिभा से आपका नाम दुनिया में विख्यात कर दूँगा।"

इस समय दोनों, जो सबके पीछे रह गए थे, बैठकघर में प्रवेश करने लगे। सूर्यदेवी कहने लगी, "तब तो आप बहुत बुरे व्यक्ति हैं?"

"क्यों बहनजी?'

"इस कारण कि आप दूसरे के रहस्य जान-जानकर सबमें उनकी डुग्गी पीटते हैं। आप ढिंढोरची हैं। यह तो कोई अच्छा काम नहीं?"

"मैं ढिंढोरची तो हूँ, परंतु इससे किसी को आज तक हानि नहीं पहुँची। सोम बाबू को तो बहुत सहायता मिली है।"

"हम सहायता के इच्छुक नहीं हैं। हम तो संसार-रूपी कीचड़ से बाहर निकलकर वहाँ किए अपने पापकर्मों को धो रहे हैं।"

"और यह कोई खराब काम नहीं। इसमें आपकी सफलता का विज्ञापन देना तो अनेक का भला करनेवाला होगा।"

सब वहाँ बैठ गए। घर के दोनों सेवक—भगवती और रामी सबके लिए चाय बनाने के लिए चले गए थे।

: आठ :

दिल्ली में रामलोक रघुनाथ को देख-देखकर विस्मय करता था कि यह कैसी खोपड़ी का जीव है। यह अपनी उन्नति के विषय में विचार तो करता है, परंतु उन्नति के लिए सदा मिथ्या मार्ग ही पकड़ता है।

पिछले वर्ष रामलोक ने उसे अपनी दुकान के लाभ में भागीदार बनाने की योजना सम्मुख रखी थी तो यह समझा था कि रामलोक किसी प्रकार की धोखाधड़ी से उसका शोषण करना चाहता है। परंतु जब उसने महीना भर सावित्री और सोहन को मजे में काम करते देखा तो उनके साथ हुए अनुबंध-पत्र का विचार कर वह स्वयं दुकान में भागीदार बन गया। जनवरी 1977 को दुकान की लाभ-हानि का चिट्ठा तैयार हुआ तो वह अति संतुष्ट था। पूर्व वर्ष से उसकी आय में दस प्रतिशत की वृद्धि हुई थी। जनवरी की बिक्री देखकर वह यह भी समझ रहा था कि 1977 में दुकान की आय बढ़ेगी, परंतु जब लोकसभा निर्वाचन हुए तो अपने भाग्य को और उज्ज्वल करने के लिए वह कांग्रेस दल में सम्मिलित हो गया।

यद्यपि वह जानता था कि इमरजेंसी ने लोगों को नाराज तो किया है, परंतु वह समझता था कि कांग्रेस की परंपरा में चली आ रही ख्याति इसे डूबने नहीं देगी। अत: वह निर्वाचनों में कांग्रेस की ओर से काम करने लगा। पहले तो उसे पचास रुपए नित्य के हिसाब से भत्ता मिलता रहा। परंतु ज्यों-ज्यों विपक्षी दल का प्रचार-कार्य बढ़ने लगा और जनता दल के अनुकूल वातावरण बनने लगा तो उसे भत्ता मिलने में ढील होने लगी। जिस दिन निर्वाचनों का अंतिम परिणाम पता चला तो कांग्रेस को राजनीतिक क्षेत्र से सर्वथा लोप होते देखकर वह बहुत निराश हुआ। तब तक उसका दस दिन का वेतन बकाया

रहता था। दिल्ली में कांग्रेस की दुर्दशा देखकर वह निर्वाचन अभियान चलानेवालों के पास पहुँचा तो वहाँ घोर मातम के लक्षण देखकर वह बिना माँग किए लौट आया। उसी दिन वह रामलोक की दुकान पर पहुँचा। दुकान पर कार्य करनेवाली सावित्री का विवाह हुआ तो उसको पुनः दुकान में काम मिल गया।

विवाह के अगले दिन रामलोक दुकान पर आया तो रघुनाथ दुकान के बाहर सोहन को लाला के घर से चाबी ले आने की प्रतीक्षा कर रहा था।

इस दिन रामलोक स्वयं दुकान खोलने आया था। सोहन भी उसके साथ ही मोटर में था।

जब सोहन दुकान खोलकर झाड़ू लगा रहा था तो रामलोक ने कहा, "रघुनाथजी! तुम भाग्य के धनी ही हो। मेरा विचार तुमको पुनः दुकान पर वापस लेने का नहीं था। परंतु जब मैं तुम्हें जवाब देकर लौटाने ही वाला था कि सावित्री ने अपने विवाह की सूचना दे दी।

"अभिप्राय यह कि तुम्हारे लिए जगह खाली हो गई और मैं अब विचार कर रहा हूँ कि तुमको ही फिर से रख लूँ।"

"परंतु आप मुझसे नाराज क्यों हैं?"

"एक तो इस कारण कि जो कुछ देश में कांग्रेस ने पिछले दो वर्ष में किया है, उसे देखकर कोई सही दिमाग वाला व्यक्ति कांग्रेस का कार्य करने जाएगा, मैं समझ नहीं सका था। मैं तुम्हें महामूर्ख समझता था।"

"परंतु लालाजी! इसमें कांग्रेस का क्या दोष है? कुछ दोष इंदिराजी का अवश्य है, परंतु वह कांग्रेस तो नहीं?"

"और कांग्रेस के साढ़े तीन सौ से ऊपर संसद्-सदस्यों ने, जो इमरजेंसी का समर्थन किया था, क्या उनका भी दोष नहीं था?"

"हाँ, यह तो था।"

"और आज तक किसी एक भी कांग्रेसी ने कान को हाथ लगाकर लोगों से क्षमा माँगी है या अपने किए पर पश्चात्ताप किया है?"

रघुनाथ मुख देखता रह गया। उसे चुप देखकर रामलोक ने कहा, "इस पर भी मैं इस कारण तुम्हें दुकान से निकालना चाहता था कि तुम एक अस्थिर चित्त वाले व्यक्ति हो। तुममें दूरदर्शिता किंचित्मात्र नहीं। निर्वाचनों के अस्थायी काम के लिए तुमने दुकान के स्थायी काम को तिलांजलि दी। मैं तुम्हारे जैसे अदूरदर्शी व्यक्ति को दुकान पर सेवा-कार्य देना नहीं चाहता था, परंतु कल तुम्हारी रोनी सूरत देखकर मेरा विचार बदला है। मैं समझता हूँ कि मूर्ख होते हुए भी भाग्यशाली तो

हो ही, इस कारण तुम्हें रख लिया है। बताओ, नौकरी करोगे अथवा पहले की भाँति साझेदारी ?"

"जैसे भी आप चाहें।"

"मैं तुम्हारा भागीदार बनकर यहाँ काम करना, अपने लिए और तुम्हारे लिए भी ठीक समझता हूँ। इस योजना में अपना लाभ तो है ही, साथ ही मैं इस योजना में तुम्हारा भी लाभ समझता हूँ। तुम ग्राहकों से मालिक की सी जिम्मेदारी के साथ व्यवहार करोगे तो तुम्हारा कल्याण होगा।"

इस समय श्रवण कुमार भी आ गया। दुकान पर काम होने लगा। रामलोक ने देखा कि रघुनाथ रुचिपूर्वक काम करने लगा है। अब निश्चिंत होकर वह भविष्य की योजना पर विचार बनाने लगा।

दिन-पर-दिन व्यतीत होने लगे। जून मास में रामलोक की पड़ोसन मिस्टर सब्बरवाल की पत्नी रमणी के लड़का हुआ। लड़का स्वस्थ और सुंदर था। सोम को जब पता चला तो वह उसे देखने अस्पताल चली गई। वहाँ से लगभग मध्याह्न के भोजन के समय वह लौटी तो उसने देखा कि उसका पति घर के बाहर खड़ा उसकी प्रतीक्षा कर रहा है।

रामलोक मध्याह्न का भोजन लेने घर आया करता था। आज वह आया तो घर को ताला लगा था। वह अभी विचार ही कर रहा था कि सोम कहाँ गई होगी कि वह पूसा रोड की ओर से आती दिखाई दी।

"कहाँ से आ रही हैं, श्रीमतीजी ?"

"रमणी अस्पताल गई हुई है। उसका स्वास्थ्य समाचार लेने गई थी। उसके लड़का हुआ है।"

"ओह ! जनसंख्या में एक और की वृद्धि हो गई है।"

दोनों घर के भीतर आए तो रामलोक ने पूछा, "आज खाना तो बना नहीं होगा ?"

"अभी बना लेती हूँ।"

"नहीं, कोई आवश्यकता नहीं। चलो, किसी होटल में चलकर खा लेते हैं।"

"व्यर्थ में चालीस-पचास रुपए खर्च हो जाएँगे ?"

"परंतु सोमजी को खाना बनाने से छुट्टी भी तो मिल जाएगी।"

"आपको इससे क्या लाभ होगा ?"

"देखो सोम ! जब से मैंने तुमसे विवाह किया है, मैं अपने लाभ के अतिरिक्त तुम्हारे लाभ में अंतर नहीं समझता। यदि तुम कुछ सुख अनुभव करती हो तो मैं उसमें अपना लाभ ही समझता हूँ।"

"परंतु मैं तो कुछ और विचार कर रही हूँ।"

"क्या? मुझे छोड़ कहीं भाग जाने का विचार है?"

"भागने का विचार तो किया है, परंतु आपको छोड़कर नहीं।

"तो कहाँ भाग रही हो? मैं तो अभी दिल्ली से बाहर जाने का विचार नहीं रखता!"

"मेरी भागने की इच्छा हो रही है 'बाली फलोद्यान' को। आप यदि नहीं चल सकते तो मैं अकेली जाना चाहूँगी।"

"और वहाँ क्या आकर्षण है?

"देखना चाहती हूँ कि राज बहन की कल्पना कहाँ तक सफल हुई है और अपनी भी एक कल्पना कर रही हूँ।"

"क्या?"

"चलिए, पहले कुछ पेट में डाल लें। मेरे पेट की अग्नि पेट को ही जलाने लगी है।"

दोनों उठे, घर से निकले और कनॉट सरकस में यॉर्क होटल में जा पहुँचे। वहाँ एक खाली मेज पर बैठ बेयरा की प्रतीक्षा करते हुए रामलोक ने पूछा, "हाँ, अब बताओ, क्या कल्पना कर रही हो?"

"अपना एक लड़का बनाने की। मैं जानना चाहती हूँ कि राज बहन कब तक पुनः प्रसूति-गृह में जा रही है। यह भी विचार है कि मैं वहाँ सबसे मिलकर, यहाँ लौटकर अस्पताल में दाखिल हो जाऊँ। मुझे आज लेडी हार्डिंग अस्पताल के चीफ सर्जन ने कहा है कि ऑपरेशन हो सकता है और पचास प्रतिशत चांसेस हैं कि मेरे घर संतान हो सके।"

"संतान की बहुत लालसा है?"

"रमणी के लड़के को देखकर मन में प्रबल इच्छा जाग पड़ी है कि अँधेरे कुएँ में छलाँग लगा दूँ।"

"मेरी राय नहीं है। इस पर भी मैं तुम्हारी लालसा में बाधक बनना नहीं चाहता। भारत के अच्छे-से-अच्छे डॉक्टर की सहायता, जो मिल सकती है, वह प्रस्तुत कर सकता हूँ।"

"धन्यवाद है! मैं कल फार्म पर चल दूँगी। वहाँ मौसी सूर्यदेवी से राय कर मैं कुछ-न-कुछ निश्चय करके ही लौटूँगी।"

होटल से भोजन कर पति-पत्नी घर लौट आए। रामलोक आधा घंटा आराम कर दुकान पर चला गया और सोम चार बजते ही पुनः अस्पताल चली गई। वहाँ बटाला से रमणी की माँ आई हुई थी। रमणी के घरवाले ने अपनी सास को तार द्वारा सूचित किया था और वह मध्याह्नोत्तर ही दिल्ली पहुँच सकी थी। सोम वहाँ पहुँची तो रमणी की माँ

तृतीय परिच्छेद

उसके कमरे में उपस्थित थी। दोनों पहले भी एक-दूसरे के दर्शन कर चुकी थीं, यद्यपि रमणी की माँ को सोम का पूर्व इतिहास ज्ञात नहीं था।

औपचारिक बातचीत होने के उपरांत रमणी की माता सरस्वती ने पूछ लिया, "बेटी सोम! तुम कब तक इस कमरे में आनेवाली हो?"

"माताजी!" सोम ने मुस्कराते हुए कहा, "मैं इसी काम के लिए कल एक हिल स्टेशन पर जा रही हूँ।"

"परंतु कौन से महीने में हो?"

"बस माताजी! काम समीप ही है।"

रमणी बिस्तर पर लेटी हुई थी। प्रसव के समय रमणी के स्टिच्स लगे थे और डॉक्टर ने राय दी थी कि वह चौबीस घंटे तक हिले-डुले नहीं। उसने माँ का प्रश्न सुना तो हँस पड़ी। सरस्वती प्रश्न भरी दृष्टि से लड़की की ओर देखने लगी तो रमणी ने कह दिया, "माताजी! स्वयं पेट को हाथ लगाकर देख लें कि कौन से महीने में जा रही है।"

सरस्वती ने अब सोम की ओर देखा। वह रमणी की खाट पर पाँव की ओर बैठ गई थी।

सरस्वती की प्रश्न भरी दृष्टि पर सोम ने हँसते हुए कह दिया, "माताजी से पेट छुपाकर रखने का कोई कारण नहीं। आप देखकर बताइए, कितनी देर अभी माँ बनने में है?"

इतना कहकर उसने अपनी साड़ी का आँचल एक ओर कर नाभि का स्थान स्पष्ट दिखा दिया।

सरस्वती ने कह दिया, "तो माँ से भी मजाक कर रही हो?"

"नहीं माताजी! बात यह है कि मेरे संतान नहीं हो सकती और मैं अपनी एक बहन से पता करने जा रही हूँ कि कब तक वह दूसरा बच्चा पैदा करेगी, जिसे मुझे देने का वचन उसने दिया हुआ है।"

"तो अपना इलाज क्यों नहीं कराती? अभी तो तुम्हारी आयु बहुत बड़ी नहीं है?"

"जी, मैं अभी चौबीस वर्ष की अगले महीने होऊँगी।"

"तो फिर यह पुण्य-कर्म क्यों नहीं करती?"

"यत्न तो बहुत किया है, परंतु सफलता नहीं मिल रही। परंतु माताजी! मेरे धर्मशास्त्र में संतान पैदा करना पुण्य कार्यों में नहीं कहा।"

"इससे बढ़कर पुण्य-कार्य और क्या होता है? देखो सोम, यदि स्त्रियों की संख्या कम हो जाए तो पुरुष अविवाहित रह जाने से दु:खी एवं अतृप्त घूमेंगे और यदि पुरुषों की संख्या कम हो गई तो फिसलती स्त्रियाँ कामातुर आवारा घूमती फिरेंगी, जिससे घोर

पाप का विस्तार होगा। इस कारण संसार को इस पाप से बचाने के लिए सब युवा औरतों को संतान पैदा करनी चाहिए।"

"मेरे धर्मशास्त्र में आवारा घूमना किसी प्रकार का पाप नहीं है। पाप तब होता है, जब स्त्री अथवा पुरुष एक-दूसरे को विवश करें। जहाँ विवशता नहीं, वहाँ यह कर्म न पुण्य है, न पाप।"

"तो पाप क्या है?" सरस्वती का प्रश्न था। वह आज की एक आधुनिकतम स्त्री के विचार सुनकर स्तब्ध बैठी रह गई।

बात सोम ने ही की, "मेरे घरवाले अपनी दुकान पर शराब बेचते हैं। वे कहते हैं, शराब बेचना न पाप है, न पुण्य। इसको नशा करने के लिए पीना पाप है और औषधि के रूप में पीना पुण्य।"

"मेरे पतिदेव कहते हैं कि वह किसी को पीने के लिए कहने नहीं जाते, इस कारण न तो वे पाप करते हैं, न पुण्य। पुण्य-पाप वे करते हैं, जो खरीदकर इसका सदुपयोग अथवा दुरुपयोग करते हैं। उनका कहना था, इसमें यदि कोई पापी है तो निस्संदेह सरकार है, जो इसका भारी टैक्स वसूल करती है। मूर्ख सरकारी अधिकारी यह समझते हैं कि सब खरीदने वाले बदमस्त होकर कुछ कानून के विपरीत करेंगे। वास्तव में जो कोई किसी पाचन-क्रिया को तेज करने के लिए केवल आधा पैग भोजन से पहले लेता है और उस आधे पैग के लिए भी जब उसे सरकार को टैक्स देना पड़ता है तो शराब पर टैक्स लगानेवाला पापी माना जाएगा। इसी प्रकार माताजी, जब संसार में कुछ लड़के अथवा लड़कियाँ वासना-तृप्ति के लिए किसी दूसरे को विवश करते हैं तो वे पाप करते हैं। परंतु विचार करने पर ऐसे कई हैं, जो इस कार्य की लालसा नहीं रखते।"

जब सोम अपने विचार की बात समझा चुकी तो सरस्वती ने पूछा, "तुम स्वयं शराब तो नहीं पीती?"

"बहुत पी है। दो वर्ष तक प्रति रात धुत्त होकर सोई हूँ। परंतु एकाएक इससे अरुचि हुई तो बिना मूल्य पीने के लिए उपस्थित होने पर भी अब नहीं पीती।"

"तभी?" सरस्वती के मुख से अनायास निकल गया।

"तभी क्या, माताजी?"

"तुम्हारी बुद्धि मलिन हो चुकी है?"

"समझा दीजिए! मैं समझने का यत्न करूँगी।"

"देखो बेटी! शराब पीना और कामलिप्सा एक ही प्रकार के कार्य नहीं हैं। एक व्यक्ति शराब पीकर उसके नशे में गिर भी सकता है, परंतु कामातुर व्यक्ति तो दस कोस चलकर भी काम-तृप्ति करता है।"

तृतीय परिच्छेद

"परंतु माताजी! दस कोस जाने की आवश्यकता क्या है? कनॉट प्लेस में पग-पग पर रंगीले भवन मिल सकते हैं। वास्तव में दस कोस जाने की आवश्यकता कामतृप्ति के लिए नहीं, वरन् इच्छित साथी को खोजने के लिए होती है। इसे रोमांटिक भाषा में मुहब्बत कहते हैं। देखिए, मैं संतान की उत्कट लालसा रखती हूँ। मुझे डॉक्टर ने कह दिया है कि मेरे संतान नहीं हो सकती, इसलिए मैं इसे प्राप्त करने अपनी बहन के घर जा रही हूँ। वह मुझे अपनी दूसरी संतान देने का आश्वासन दे चुकी है।"

रमणी की माँ सोम की युक्ति सुनकर अपनी बात समझा सकी तो चुप कर गई। वह उठकर लड़की के लिए चाय बनाने लगी। इस समय रमणी का पति आ गया। वह सोम को वहाँ बैठे देखकर बोला, "मैं घर गया था, जिससे आपको अपनी मोटर में यहाँ ला सकूँ।"

"और मैं पैदल ही यहाँ पहुँच गई हूँ।"

श्रीकृष्ण ने बात बदल दी और पत्नी से पूछने लगा, "तबीयत कैसी है?"

"सीधे लेटे-लेटे कमर सुन्न हो गई है।"

"अब आठ घंटे तो हो गए हैं। शेष सोलह घंटे का आर्डिनेंस और है। वह भी निकल जाएगा।"

"मुझे तो बच्चा जनने से यह लेटे रहना अधिक कष्टकारक लग रहा है।"

श्रीकृष्ण हँस पड़ा। वह सोम के ऑपरेशन की बात जानता था। इस कारण उसने कह दिया, "सोम बहन इस कष्ट से छुट्टी पाए हुए है।"

"परंतु यह भी तो अब बच्चा जनने की लालसा करने लगी है। स्वयं न कर सकने पर अपनी बहन से कहने जा रही है कि शीघ्र दूसरा बच्चा पैदा करे, जिससे यह बिना किसी प्रसव का कष्ट भोगे माँ बन सके।"

इस पर तीनों हँसने लगे। हँसकर सोम ने कहा, "मैं बिना पुण्य-कर्म किए वैतरणी पार करने का उपाय कर रही हूँ।"

"देखें, क्या होता है। भाग्य की बात है, जिससे कोई माता-पिता इस पद को पाते हैं।"

"इसी कारण," सोम ने मुस्कराते हुए कहा, "मैंने एक अति पुण्यात्मा से विवाह किया है और उसे सब प्रकार से प्रसन्न रख रही हूँ, जिससे उसके पुण्यफलों का मैं भी भोग कर सकूँ।"

सरस्वती ने दूसरे कमरे में से ही श्रीकृष्ण के आने की आवाज सुन ली थी और वह चारों के लिए चाय बना लाई।

: नौ :

रात सोम ने अपने पति रामलोक को कह दिया, "मैं कल सात बजे की बस से चंडीगढ़ जा रही हूँ।"

"मेरा विचार है कि जिस आशा में तुम जा रही हो, उसकी पूर्ति का अभी समय नहीं आया।"

"किस आशा में जा रही हूँ?"

"राजकुमारी के दूसरे लड़के को, जो गोद लेना चाहती हो। अभी उसका पहला बच्चा सात मास का ही हुआ है। इतनी जल्दी तुम्हारी बहन दूसरा बच्चा पैदा करने की न तो इच्छा करती होगी, न ही वह इस दिशा में कार्य कर रही होगी।"

"यह तो मैं समझती हूँ। मेरा वहाँ जाना एक अन्य कारण से भी है।"

"किस कारण से?"

"आजकल वहाँ वर्षा आरंभ हो चुकी होगी और वहाँ की ऋतु अति लुभायमान हो रही होगी। मैं वहाँ का जीवन देखना चाहती हूँ। वे लोग वर्षा ऋतु में कैसे रहते हैं और किस प्रकार अपना काम चला रहे हैं?"

"अच्छा यह बताओ, वहाँ से कब लौटोगी?"

"देखिए जी! अविनाश भाई है। इस कारण मैं अपने मायके विवाह के उपरांत पहली बार जा रही हूँ। अब तो आपको लेने आना होगा। जब आप आएँगे, तब लौट आऊँगी।"

रामलोक आँखें मूँद विचार कर बोला, "आज अगस्त की पंद्रह तारीख है। सोलह तारीख को जाओगी और मैं आशा करता हूँ कि सायंकाल ही पहुँच जाओगी। दो सप्ताह वहाँ रहने के लिए पर्याप्त हैं। मैं प्रथम सितंबर को सायंकाल वहाँ पहुँचूँगा और तुम्हें लौटने के लिए तैयार रहना चाहिए। मैं दो-तीन दिन के लिए श्रवण कुमार को अपने स्थान पर काम सौंप आऊँगा।"

"यह ठीक है। केवल लौटने का एकाध दिन का मार्जिन रख लीजिएगा। आपकी भी वहाँ रहने की इच्छा होने लगे तो रह सकें।"

"ठीक है, जा सकती हो।"

अगले दिन मंडी पहुँचकर सोम 'गैरेज' पहुँच टैक्सी की माँग करने लगी तो एक टैक्सी जाने को तैयार खड़ी थी। टैक्सी में दो बंगाली महाशय पहले से बैठे थे। जब टैक्सीवाले को सोम ने बताया कि मैं बाली फार्म पर जाना चाहती हूँ तो टैक्सीवाले ने कह दिया, "आइए, दो सवारी पहले भी वहाँ जाने के लिए बैठी हैं।"

"कहाँ जाने के लिए?"

"बाली फार्म पर।"

वे दोनों बंगाली युवक टैक्सी की पिछली सीट पर बैठ थे। सोम अगली सीट पर बैठी तो ड्राइवर ने सोम को कह दिया, "पूरी टैक्सी इन्होंने की है। इस कारण आप अपने भाग का भाड़ा इनको दे दीजिएगा।"

सोम ने पिछली सीट पर बैठे युवकों से पूछ लिया, "भाई साहब! क्या देना होगा मुझे?

"कहाँ उतरेंगी?"

"बाली फार्म पर।"

"हम भी तो वहीं जा रहे हैं।

"आपको क्या काम है?

इस पर दोनों हँस पड़े। हँसते हुए एक ने कहा, "सुना है कि वहाँ कुछ मूर्खों ने स्वर्ग बनाया है। उसे देखने।"

"परंतु यह सब आपको किसने बताया है?" सोम ने मुस्कराकर पूछा।

युवक ने उत्तर देने के स्थान पर पूछ लिया, "आप वहाँ रहती हैं?"

"जी नहीं, मैं भी उस 'मूर्खलोक' को पहली बार ही देखने जा रही हूँ।"

"परंतु आपको उस लोक का पता कहाँ से चला?"

"मेरी बहन वहाँ रहती है। "

"ओह! तो आप इन मूर्खों से संबंध रखती हैं?"

"जी! जबसे यह फार्म बना है, मैं पहली बार ही वहाँ जा रही हूँ। परंतु मैं उसको न तो स्वर्ग समझी हूँ, न ही मूर्खतापूर्ण।"

"हमने," उस बंगाली युवक ने ही बताया, "पिछले रविवार के 'अमृत बाजार' पत्रिका के अंक में एक लेख पढ़ा था।

"उसके लेखक ने इसे एक विचित्र और अकेला तजुरबा कहकर वर्णन किया था। मैं पत्र 'न्यूयॉर्क टाइम्स' का संवाददाता हूँ और अच्छे लेख लिख सकने की आशा से वहाँ जा रहा हूँ।"

"'अमृत बाजार पत्रिका' में लेख किसने लिखा है?"

"एक मिस्टर रमण हैं। कलकत्ता में उनकी इंजीनियरिंग वर्कशॉप है। हम उसकी वर्कशॉप पर गए थे। वहाँ एक सोम बाबू मिल गए। वह इस फर्म की बहुत प्रशंसा करने लगे तो मैंने यहाँ आकर स्वयं देखने का विचार बना लिया। ये मेरे साथ मेरे मित्र एक वकील मिस्टर भट्टाचार्य हैं। यह इन्होंने अभी बताया है कि एक मूर्खतापूर्ण स्वर्ग की सैर करने जा रहे हैं।"

सोम मुस्कराई। वह अगली सीट पर बैठी, पर पीछे घूमकर इनसे बातें कर रही थी। इस समय टैक्सी ड्राइवर ने गाड़ी चला दी।

बंगाली जर्नलिस्ट ने अब गंभीर होकर कहा, "मैं तो जिज्ञासा के भाव से ही जा रहा हूँ। यह हम संवाददाताओं का व्यवहार है कि हम प्रत्येक विषय पर जिज्ञासा के भाव से ही विचार करते हैं।"

सोम ने कह दिया, "मैं भी बहन के पत्र पढ़-पढ़कर उत्सुकतावश फार्म देखने जा रही हूँ।"

सभी एक घंटे में फार्म के द्वार पर जा पहुँचे। सोम ने पर्स निकालकर प्रश्न भरी दृष्टि से बंगाली युवकों की ओर देखा तो वकील भट्टाचार्य ने कह दिया, "आप ड्राइवर को पाँच रुपए इनाम दे दीजिए। हम आपसे कुछ नहीं लेंगे।"

"क्यों?"

"आपकी यहाँ रहनेवाली बहन से स्वागत की अभिलाषा करते हुए।"

सोम हँस पड़ी। उसने पर्स में से पाँच का नोट निकालकर ड्राइवर को दे दिया। बंगाली जर्नलिस्ट ने चालीस रुपए टैक्सीवाले को दिए और फिर दोनों अपने-अपने सूटकेस हाथ में लटकाए फार्म के फाटक की ओर चल पड़े। सोम तो बिना सामान के केवल अपनी शॉल कंधे पर डाले हुए आई थी।

फार्म का फाटक बंद था। परंतु वहाँ बिजली की घंटी का बटन लगा था। सोम को इसका ज्ञान था। उसने बटन दबाया और उत्सुकता से किसी के आने की प्रतीक्षा करने लगी।

मालती का सेवक भगवती आया और सोम को दो युवकों के साथ खड़े देख हाथ जोड़ प्रणाम कर पूछने लगा, "बहनजी, आप? आपके आने का कोई समाचार नहीं था। हाँ, इनका तार कल आया था और पिताजी इनकी प्रतीक्षा कर रहे हैं।"

उत्तर बंगाली जर्नलिस्ट ने दिया, "हमें आधे घंटे की देरी हो गई है। टैक्सी में कुछ मरम्मत करने योग्य था। इसका लाभ हुआ है कि ये बहनजी मिल गई हैं।"

"आइए!" भगवती ने दोनों के सूटकेस स्वयं ले लिये और उनका पथ-प्रदर्शन करता हुआ चल पड़ा।

राज ने कोठी के ड्राइंग-रूम में बैठे हुए बंगाली बाबुओं के साथ सोम को आते देखा तो भागकर बाहर आकर सोम से गले मिलने लगी।

गले मिलकर उसने पूछा, "खबर क्यों नहीं भेजी? भेज देती तो हम अपनी गाड़ी से मंडी में तुम्हें लेने पहुँच जाते। हम अपनी गाड़ी यहाँ ले आए हैं। वह मंडी आने-जाने के लिए प्रयोग होती है।"

"तो गाड़ी प्रतिदिन मंडी जाती है?"

"नहीं, प्रति दूसरे दिन। डाक लाने, समाचार-पत्र लाने और यहाँ से डाक ले जाने के लिए।"

इस समय सब कोठी के ड्राइंग-रूम में बैठ गए थे। अविनाश ने बंगाली युवकों का स्वागत किया और उनको बैठाकर रामी को चाय तैयार करने के लिए कह दिया। फिर उसने सोम से पूछ लिया, "सोम बहन! रामलोकजी को साथ नहीं लाईं?"

"वे मुझे लेने आएँगे। पंद्रह दिन की छुट्टी लेकर आई हूँ।"

"ऐसा करो, लालाजी को एक पत्र लिख दो। कल गाड़ी मंडी जाएगी तो तुम्हारा पत्र डाक में डाल आएगी। उनको लिख दो कि वह भी पंद्रह दिन का दुकान से अवकाश का प्रबंध कर आएँ।"

"मैं लिख देती हूँ, परंतु आशा नहीं कि वे इतने दिन दुकान से अनुपस्थित होना स्वीकार करें।"

"और उनको लिख देना कि आने की तिथि पाँच दिन पहले सूचित कर दें तो उनको मंडी से यहाँ लाने के लिए अपनी गाड़ी पहुँच जाएगी।"

"मोटर भगाने की गुंजाइश से समझूँ कि यहाँ की आय में वृद्धि होने लगी है?"

"हाँ, राज के लेख कुछ समाचार-पत्रों में छपने लगे हैं। वह प्रति लेख सौ रुपया लेती है। इस महीने में चार लेख दिल्ली, बंबई और कलकत्ता में छप चुके हैं और चार सौ रुपए प्राप्त हो गए हैं। उससे मोटर कार का खर्च निकल आता है।"

"तो यह काम यहाँ वर्जित नहीं?" 'स्टेट्समैन' के संवाददाता ने पूछ लिया।

"यहाँ कुछ भी वर्जित नहीं। वर्जित एक व्यक्ति का दूसरे व्यक्ति पर अधिकार है।"

"परंतु मोटरगाड़ी गांधी विचारधारा की प्रतीक नहीं?"

अविनाश हँस पड़ा और कहने लगा, "यह गांधी-आश्रम नहीं है।"

"परंतु आपके इस फार्म के विषय में जो लेख 'अमृत बाजार पत्रिका' में छपा है, उसमें तो यह लिखा है कि आप गांधीजी की विचारधारा का प्रैक्टिकल तजुर्बा कर रहे हैं।"

"नहीं, हम गांधीजी के अनुयायी नहीं हैं। यद्यपि हम गांधीजी के कथन कि मनुष्य आवश्यकताएँ कम करके ही सुखी रह सकता है, को ठीक मानते हैं।"

इस समय रामी और भगवती चाय का सामान ले आए। राज ने सबके लिए चाय बनानी आरंभ कर दी। चाय पीते हुए समाचार-पत्र के संवाददाता ने पूछना आरंभ कर दिया, "मैं समझता हूँ कि आरंभ से ही आरंभ करूँ। दिल्ली जैसी सुख-सुविधा-संपन्न नगरी को छोड़कर यहाँ जंगल में चार-पाँच व्यक्ति आ बैठे हैं, इसका उद्देश्य क्या है?"

प्रश्न अविनाश से पूछा गया था। इस कारण अविनाश ने राज की ओर देखा तो राज ने उत्तर दे दिया, "मनुष्य के प्रत्येक कार्य का उद्देश्य सुख की प्राप्ति है। सुख की

प्राप्ति को दु:खों से छुटकारा पाना भी कहते हैं। परंतु मैं इसे नकारात्मक कथन मानती हूँ। मैं तो कहती हूँ कि मनुष्य के प्रत्येक काम का लक्ष्य सुख-प्राप्ति है। सुखों में सबसे बड़ा सुख है—स्वाधीनता। अर्थात् किसी दूसरे के अधीन न होना। इसका यह अभिप्राय है कि किसी को अधीन न बनाना। बस इसके लिए ही हमने यत्न किया है। मुझे यहाँ आए हुए छह मास से ऊपर हो चुके हैं और मैं यत्न कर रही हूँ कि कोई किसी के अधीन न रहे। यद्यपि यह सत्य है कि किसी-न-किसी अंश में और कभी-न-कभी हम एक-दूसरे के अधीन होते हैं। एक बच्चा है, वह माता के आश्रय पलता है। पति-पत्नी संबंध भी इस प्रकार है। सबसे बड़ी बात है—ज्ञान-वृद्धि, जो एक-दूसरे के संपर्क के बिना नहीं हो सकती। इस कारण हमने एक-दूसरे पर निर्भरता को न्यून-से-न्यून करने का यत्न किया है। एक-दूसरे पर निर्भरता, एक को दूसरे के अधीन बनाने के लिए नहीं है।

"इसके लिए हमने अपनी समाज को छोटी-से-छोटी बनाने का यत्न किया है और उसके घटकों में परस्पर अधिकारी एवं अधीनता का संबंध न रखकर एक-दूसरे के सहयोगी होने का रूप देने का यत्न किया है। हम परिवार को समाज की बड़ी-से-बड़ी इकाई मानकर चल रहे हैं और परिवार में प्रथम 'डिग्री' के संबंध ही स्वीकार किए हैं—बहन-भाई, पति-पत्नी, पिता-पुत्र इत्यादि। इसमें पितामह और परपौत्र का संबंध दूसरे दर्जे का है। इसका अभिप्राय यह नहीं कि पौत्र-परपौत्र अथवा नाती-नातियों के संतान होगी नहीं। न ही इसका यह अर्थ है कि उनके होने से हमारी रिश्तेदारी टूट जाएगी। केवल आर्थिक निर्भरता नहीं होगी। आर्थिक निर्भरता ही दासता की शुरुआत है।

"यह हमने इस प्रकार करने का विचार किया है कि जब लड़का सज्ञान हो तो उसका विवाह कर उसे अपनी पृथक् इकाई बनाने को कहें। लड़की का विवाह होने पर वह अपने पति के साथ पृथक् आर्थिक इकाई बनाए। स्नेहवश हम सामर्थ्यानुसार एक-दूसरे की सहायता तो कर सकेंगे, परंतु हानि-लाभ पृथक्-पृथक् होगा। यह तो हुई हमारे समाज की कल्पना। आज समाज में घटकों के जीवन-यापन की व्यवस्था ऐसी है कि हम भोजन, वस्त्र और निवास के लिए व्यक्तिगत रूप से स्वतंत्र होना चाहते हैं। प्रत्येक घटक अपनी इन आवश्यकताओं के लिए यत्न कर रहा है। यह हमारा विश्वास था और अब अनुभव है कि हम दिन में तीन घंटे परिश्रम कर अपने लिए इन तीन आवश्यकताओं को सुगमता से प्राप्त कर सकते हैं। हमने व्यक्ति के समय को बचाने के लिए व्यक्ति द्वारा संचालित मशीनें बनवाई हैं। हमने चरखा बनवाया है, जिसमें बीस तार एकदम बँट जाती हैं। वह चरखा एक व्यक्ति बिजली की मोटर से चलाता है। उस पर आधे घंटे में इतना सूत कात लेता है कि हाथ से चलनेवाले चरखे पर दिन भर में भी काता नहीं जा सकता।

"हमने बिजली से चलनेवाला करघा मँगवा लिया है। और वह द्रुतगति से कपड़ा

बुनता है। इसी प्रकार ताना-बाना करने की मशीन और कपड़ा धोने इत्यादि की मशीनें लगवा ली हैं। ये सब मशीनें एक व्यक्ति चला सकता है। यद्यपि ये चलती बिजली से हैं। हम इस फार्म पर पाँच सज्ञान व्यक्ति हैं। दो सेवक हैं। ये भी इन मशीनों पर काम करते हैं। प्रत्येक व्यक्ति दिन में आधा घंटा कपड़े की किसी-न-किसी मशीन पर काम करता है और अपने लिए हम सब खेत में काम करते हैं, जहाँ साग-भाजी, अन्न इत्यादि पैदा करते हैं। पोल्टरी फार्म का काम भी स्वयं ही करते हैं। तदनंतर हम आधा घंटा फलोद्यान पर व्यय करते हैं। हम आधा घंटा चिंतन और विचार-विनिमय भी करते हैं।

"यह सब काम प्रात: सात बजे आरंभ कर दस बजे तक समाप्त हो जाता है। दस बजे हम अल्पाहार लेते हैं और ग्यारह बजे से हम कुछ ऐसा काम करने लगते हैं, जिससे हम बाहर के संसार से अपनी आवश्यकताएँ क्रय करने के लिए धनोपार्जन कर सकें।

"उदाहरण के रूप में मेरी माताजी हैं। उन्होंने दिल्ली दरियागंज के एक रेडीमेड गारमेंट बेचनेवाली दुकान से संपर्क बनाया हुआ है। वह यहाँ नमूने के कपड़े भेज देती हैं और उस नमूने एवं नाप के सौ-दो सौ वस्त्र बनाकर वे वहाँ भेज देती हैं। वे अपनी हाथ से चलनेवाली कपड़ा सीने की मशीन यहाँ लाई हैं। इस प्रकार वे दो-तीन सौ रुपए महीने की आय कर लेती हैं। मैं अपना लेखन-कार्य करती हूँ और उससे तीन-चार सौ रुपए महीने की आय कर लेती हूँ। पिताजी बचपन से ही कहानी-उपन्यास लिखा करते थे। अब उन्होंने पुन: वह काम आरंभ कर दिया है। मेरे पतिदेव इतिहास पर एक ग्रंथ लिख रहे हैं।"

"क्या ग्रंथ लिख रहे हैं?"

"वे बौद्धकाल का इतिहास लिख रहे हैं।"

"परंतु," संवाददाता का कहना था, "इस प्रकार का काम आप यहाँ एकांत में बैठे कैसे लिख सकते हैं। कोई अच्छा पुस्तकालय तो यहाँ है नहीं?"

"इसके विषय में हम यत्न कर रहे हैं। मैं और मेरे पति पुस्तकालय निर्माण कर रहे हैं।"

"यह चल नहीं सकेगा।"

"अभी तो चल रहा है। जब गाड़ी रुकने लगेगी तो उसका कारण ढूँढ़कर उसे पुन: चलाने का कोई उपाय करेंगे।"

"देखिए, मेरा यह निश्चित मत है कि मशीन से वस्तुएँ महँगी बनती हैं। अधिक संख्या में तो बन जाती हैं, परंतु उन पर लागत अधिक आती है। उन अधिक लागतवाली वस्तुओं को खरीदने के लिए अधिक आय करनी पड़ती है। इससे मनुष्य अपने परिश्रम का मूल्य अधिक करने पर विवश होता है। परिश्रम का मूल्य अधिक होने से वस्तुओं का

मूल्य और बढ़ता है। इस प्रकार वस्तुओं के दाम और कर्मचारियों के वेतन में प्रतिस्पर्धा चल पड़ती है। यह मृगतृष्णा के पीछे भागने के तुल्य है।

"मानव मशीन जो परमात्मा ने बनाई है, वह कृत्रिम मशीन से अधिक कुशल होती है। यहाँ कम खर्च पर अधिक उपज देती है। इस कारण हमने बड़ी मशीनों का चलन बंद करने के लिए छोटी मशीनों का चलन करने का प्रयास किया है। इससे मानव परिश्रम गतिशील होता है। साथ ही बड़ी मशीनों से बेकारी बढ़ती है। बेकारी का अभिप्राय है आय और धन का केंद्रीयकरण। यह हमारे व्यक्तिगत परिश्रम के मूल में विचार है।"

उस रात संवाददाता और उसका मित्र वहाँ रहे और यात्रा की थकान मिटाई। अगले दिन उन्होंने फार्म पर काम होते देखा। शंकरदास सूत कात रहा था। सूर्यदेवी करघे पर बैठी कपड़ा बुन रही थी। राजकुमारी सूत का ताना बुन रही थी। अविनाश फलों के खेत में सिंचाई का प्रबंध कर रहा था।

समाचार-पत्र का संवाददाता घूम-घूमकर सबको काम करते देख रहा था और उनके फोटोग्राफ ले रहा था।

: दस :

दस बजे सब लोग मकान के ड्राइंग-रूम में चले आए। रामी ने सबके लिए अल्पाहार तैयार किया हुआ था। मेहमान और घरवाले—सबने एक ही स्थान पर खाया।

अल्पाहार लेते हुए संवाददाता अखिलेश सेन ने कहा, "मैंने जो कुछ देखा है, उसे पचाने में समय लगेगा। कारण यह कि जो कुछ हम बाहर-जगत् में देख रहे हैं, उससे यहाँ की गाड़ी 'रिवर्स गीयर' पर है। जो कुछ 'यूरोपियन टेक्नोलॉजी' की गति की दिशा हम देख रहे हैं, आप उसको यहाँ लौटाने का यत्न कर रहे हैं।"

संवाददाता के साथ आए उसके मित्र सुनंद कुमार भट्टाचार्य ने कहा, "जब आप सब लोग अपना-अपना काम कर रहे थे, मैं भी एक वस्तु देख रहा था। वह भी मुझे बाहर से विलक्षण दिखाई दी है।"

सब लोग भट्टाचार्य का मुख देखने लगे। भट्टाचार्य ने कहा, "कल मंडी से हमारे साथ टैक्सी में आनेवाली श्रीमती सोम के साथ तीन घंटे तक फार्म और आसपास के पहाड़ी स्थानों पर घूमने का अवसर मिला है। मैंने सोमजी को कहा है कि यदि ये मेरे साथ कलकत्ता चलें तो मैं इनकी कामना पूरी कर सकता हूँ। मैंने कल सुना था कि ये अपनी बहन से अपने लिए एक बच्चा जनने की याचना करने आई थीं। इस पर ही मैंने कहा था कि मेरे साथ चलें, एक नहीं, जितने चाहें, वहाँ से ला सकती हैं।"

तृतीय परिच्छेद

इस पर दोनों हँस पड़े। हँसते हुए मिस्टर सेन ने कहा, "भट्टाचार्य की पत्नी छोटे बच्चे को जन्म देनेवाली है।"

इस पर सूर्यदेवी ने हँसते हुए कह दिया, "लो सोम! तुम्हारा काम तो बन गया।"

इस पर सोम ने कहा, "मैंने इनको अपने ऑपरेशन की बात बताई है। इनका कहना है कि ऑपरेशन सफल होगा। शर्त यह है कि मैं कलकत्ता में रहकर मछली खाना सीखूँ।"

सब हँसने लगे। सोम गंभीर बैठी थी। अविनाश ने पूछा, "तो मिस्टर भट्टाचार्य के प्रस्ताव की क्या प्रतिक्रिया हुई है?"

अब सोम ने कहा, "मैंने यह कहा है कि पहले बच्चों को देख लूँ, उसके बाद ही बता सकती हूँ। मुझे तो बहन राज का लड़का पसंद आया है और ऐसे ही बच्चे के लिए इच्छा कर रही हूँ।"

इस पर राज ने सोम को राय दी, "सोम बहन! कलकत्ता का 'ट्रिप' लगा लो। देखो! उन बच्चों में कोई पसंद है अथवा नहीं।"

भट्टाचार्य का कहना था, "मैंने इनकी बहन के बच्चे को देखा है। मेरे बच्चे वैसे गौरवर्णीय तो नहीं, परंतु वे हबशी भी नहीं। हमारे समुदाय में वे गौरवर्णीय कहे जाते हैं। इसके साथ ही वे स्वस्थ भी हैं।"

सोम ने कह दिया, "मैंने इनके प्रस्ताव को स्वीकार कर लिया है। यह कहा है कि पहले अपनी पत्नी से राय कर लिखे तो मैं वहाँ आ जाऊँगी।"

"मैं तो यह कह रहा हूँ," भट्टाचार्य ने कहा, "अपनी पत्नी को मैं राजी कर लूँगा। मेरे पास एक और साधन है, जिससे मैं उसे राजी कर सकता हूँ।"

"क्या?"

"यह नहीं बताऊँगा। यह पति-पत्नी की परस्पर बात है। यह किसी अन्य को बताने की बात नहीं है।"

अविनाश ने बातों में हस्तक्षेप करते हुए कहा, "भट्टाचार्य बाबू! सबसे बड़ा किस आयु का है?"

"नौ वर्ष का है और पाँचवीं श्रेणी में पढ़ता है। उसे मैं नहीं दूँगा। न ही वह मुझे छोड़ना पसंद करेगा। ये किसी छोटे को पसंद कर सकेंगी।"

अब सेन ने बताया, "मैं आज मध्याह्न यहाँ से जाना चाहता हूँ। मैंने टैक्सीवाले को एक बजे आने को कहा हुआ है। रात चंडीगढ़ पहुँचकर वहाँ से मैं हावड़ा मेल पकड़ लूँगा।"

"मैं भी सेन बाबू के साथ जा रहा हूँ। मेरी इच्छा है कि सोमजी भी चलें तो इनकी मनोकामना अवश्य पूरी हो जाएगी।" भट्टाचार्य ने सोम की ओर मुस्कराते हुए देखकर कह दिया।

"मैं भैया अविनाश से राय कर अपना विचार बताऊँगी।"

"तो जाइए, दूसरे कमरे में विचार कर लीजिए।"

सोम खाने की मेज से उठकर राज से बोली, "राज बहन! तुम भी आओ।"

तीनों उठकर बगल के कमरे में चले गए।

उनके जाने के उपरांत सेन बाबू ने कहा, "भट्टाचार्य! एक बहुत बड़ी मछली को 'हुक' कर लिये जा रहा है।"

"मैं मछली को पकड़कर नहीं ले जा रहा। यह तो सोम किसी मछली को पकड़ने कलकत्ता के सागर में जा रही है।"

सब हँसते हुए बातें करने लगे। भट्टाचार्य ने कह दिया, "मेरी पत्नी से यदि इन्होंने एक बच्चा माँगा तो वह प्रस्ताव करेगी कि दो ले जाएँ—एक लड़का और एक लड़की।"

सूर्यदेवी ने इस बात को पसंद करते हुए कहा, "यह तो ठीक है। बहन-भाई इकट्ठे रहेंगे तो वे अपना पृथक् संसार बना लेंगे।"

अविनाश इत्यादि को निर्णय करते देरी नहीं लगी। तीनों कमरे से बाहर निकले तो अविनाश ने सोम का निश्चय बता दिया। उसने कहा, "यह आज ही मिस्टर भट्टाचार्य के साथ जाने को तैयार है। बच्चों को पसंद करने में वह मुझसे राय करने के लिए मुझे साथ ले जाना चाहती है। मैं तैयार हो गया हूँ।"

भट्टाचार्य खाता-खाता उठा और ताली बजाकर बोल उठा, "हुर्रे!···तो तैयार हो जाइए।"

"यदि माताजी स्वीकृति दें तो राज भी साथ जाना चाहती है।" सोम ने मालती की ओर देखकर कह दिया।

मालती ने कहा, "हमारे यहाँ स्वीकृति देने अथवा स्वीकृति रोकनेवाला कोई नहीं। राज जा सकती है।"

सूर्यदेवी ने कह दिया, "बच्चे की चिंता नहीं करनी चाहिए। मैं इसे सँभाल लूँगी।"

इस प्रकार बात निश्चय हो गई। एक बजे टैक्सी आई तो अब टैक्सी में सेन, भट्टाचार्य, सोम, राज और अविनाश मंडी को चल दिए।

मार्ग में मिस्टर सेन अविनाश से पूछने लगा, "अविनाशजी! आप तो पढ़े-लिखे व्यक्ति प्रतीत होते हैं। आपने यह त्याग-तपस्या का मार्ग किसलिए स्वीकार कर लिया है?"

अविनाश ने मुस्कराकर अपनी पत्नी को कहा, "बताओ राज! इस मैकाले के चेले को समझाओ। क्या यह ठीक कह रहा है कि मैंने वैराग्य का मार्ग स्वीकार कर लिया है?"

राज ने उत्तर दिया, "अंग्रेजी शिक्षा ने सब पढ़े-लिखे लोगों की आँखों पर ऐसी ऐनक चढ़ा दी है कि उनको काला सफेद और सफेद काला दिखाई देने लगता है।"

"वाह!" सेन ने पूछ लिया, "तो क्या आप मुनि वसिष्ठ से पढ़कर उनकी ऐनक लगाए हुए हैं?"

"जी नहीं, ऐनक तो मेरे भी वही चढ़ाई गई थी, जो आपके चढ़ी है। परंतु मेरी माताजी ने मेरी उस ऐनक को उतार मेरी स्वाभाविक दृष्टि वापस ला दी है।"

"ओह! सूर्यदेवीजी ने?"

"जी, वे मेरी माताजी हैं। जब मैं एम.ए. की परीक्षा देकर आई तो मैंने माताजी को बताया कि मैं पास अवश्य हो जाऊँगी। माताजी का कहना था—एक निर्धन विधवा की लड़की को मैं पढ़ा सकी हूँ, यह अति प्रसन्नता की बात है। यह अपनी और तुम्हारी आर्थिक दशा सुधारने के लिए था। परंतु मैं समझती हूँ कि वास्तविक शिक्षा तुम्हें मैं आज से देना आरंभ करना चाहती हूँ। इसके बाद माताजी ने गीता में से स्थित प्रज्ञ का वर्णन निकालकर कहा, "इसे पढ़ो।"

"मैंने 'गीता' पढ़नी आरंभ की तो तीन-चार मास में ही मेरी यह ऐनक उतर गई और मैं अब दूसरों से भिन्न देखने लगी हूँ।"

"देखिए सेन बाबू!" राज ने आगे कहा, "जब मैं अर्थशास्त्र की पुस्तक पढ़ती थी तो अटपटा तो तब भी मालूम होता था, परंतु मैं उनका प्रतिकार नहीं जानती थी। जब बुद्धि स्थिर हुई तो मुझे मार्ग दिखाई देने लगा। वर्तमान युग की सब कठिनाइयों का मार्ग सामने आ गया और मैं समझ गई। पूर्ण भूमंडल, जो मध्यकालीन यूरोप की जीवन मीमांसा का अनुकरण करते हैं, इस आर्थिक गाँठ में बँधते जाते हैं। वह गाँठ क्या है? वह है बड़ी-बड़ी मशीनें और उनमें अत्यधिक मात्रा में माल तैयार होना, परंतु उस पर लागत बहुत अधिक आना। तब उस माल को खरीदने के लिए कृत्रिम उपायों से आय में वृद्धि। इससे वस्तुओं का मूल्य और बढ़ना और फिर वेतन वृद्धि। इस दूषित चक्र में हम सब फँसे हुए हैं। यह 'गार्डियन नौट' (गोरखधंधा) है, जिसमें से निकलने का वर्तमान वैज्ञानिक मार्ग नहीं जानते।

"स्थितप्रज्ञ व्यक्ति ने मार्ग बताया है। वह है—बड़ी-बड़ी मशीनों को तोड़कर छोटी-छोटी मशीनें बनाई जाएँ। मशीन का मालिक स्वयं ही उसे चलाए, जिससे कर्मचारी न रखने पड़ें। इन छोटी मशीनों को प्राकृतिक शक्ति से चलाएँ। यह प्राकृतिक शक्ति, जो यहाँ और पूर्ण संसार में प्रयोग हो रही है, बहुत महँगी है। इसके स्थान सूर्य की ऊर्जा, जो बिना दाम के बिखर रही है, को बटोरना और प्रयोग में लाना स्थितप्रज्ञ ने बताया है।"

"यह तो अमेरिका, जर्मन और इजराइल में भी विचार किया जा रहा है।" सेन का कहना था।

"मेरे और उनके विचार में अंतर है। वे बड़े-बड़े कारखाने चलाने के लिए और रेल तथा जहाज चलाने के लिए सूर्य की ऊर्जा का प्रयोग करने का यत्न कर रहे हैं। मैं इसको छोटी-छोटी मशीनों को चलाने के लिए और मशीन के साथ ही उसके प्रयोग का यंत्र लगाने की राय दे रही हूँ।

"बड़े-बड़े कारखानों और सामूहिक उद्योगों के लिए एक स्थान पर उत्पादन करने से तो फिर उसके लिए भी बड़ी-बड़ी मशीनें बनानी पड़ेंगी। यह मेरी योजना नहीं है। मेरा प्रयास यह है कि जो चरखा हमने बनाया है, उसके साथ ही एक शीशा लगा रहे और वह सूर्य की किरणों से शक्ति संचय कर चरखा चला दे। मैंने अपनी यह योजना अपने इंजीनियर के पास लिखकर भेजी है और वह इस पर विचार कर रहा है।"

"कौन है वह?"

"एक सोम बाबू हैं, जिन्होंने हमें यह चरखा-करघा इत्यादि बनाकर दिए हैं।"

"वह यह नहीं कर सकेगा?" सेन को सोम बाबू का स्मरण हो आया। वह उसे रमण के कार्यालय में मिला था।

"मेरा मन कहता है कि यह असंभव नहीं। केवल सूर्य की किरणों को सीधा विद्युत् में बदलने का साधन हमें पता नहीं। परंतु आवश्यकता आविष्कार की जननी है। मैं समझती हूँ कि इस दिशा में विचार करने की आवश्यकता है। साधन अवश्य मिल जाएँगे। तब संसार में बुर्जुआ और प्रोलिटेरिएट श्रेणियों में शोषण करने की रुचि नहीं रह जाएगी। यह संसार में महान् पुण्यमय कर्म होगा, तब वास्तविक पुण्य का उदय होगा और फिर पाप नहीं रह सकेगा। कृत्रिम जीवन में कृत्रिम कानूनों की आवश्यकता होती है। ये प्रायः पाप-पुण्य का विचार छोड़कर समय पर काम चलाने के लिए निर्माण किए जाते हैं। इस छलना से छूटने का यही उपाय है।"

सेन साहब ने व्यंग्य के भाव में पूछ लिया, "वकील साहब, अब बताइए, आप क्या चाहते हैं? क्या आपका कानून पापमय है?"

भट्टाचार्य ने कहा, "मैं समझता हूँ कि राजजी ठीक कह रही हैं। हम लोग तो दिन-रात यही कर रहे हैं—ठीक को गलत और गलत को ठीक। इसी कारण लोग मुकदमा लड़ने की अपेक्षा किंचित् रिश्वत देकर अपनी चमड़ी बचाना चाहते हैं। मुकदमे से कुछ मिलता नहीं। खर्चा बहुत बैठता है। इस कारण प्रायः जो भले लोग हैं, वे रिश्वत देकर अपना काम करा लेते हैं। रिश्वत से कई गुणा अधिक मुकदमे पर व्यय होता है और परिणाम संदिग्ध होते हैं। कानून की भाषा ऐसी होती है, जिसकी नाक किसी भी ओर घुमाई जा सकती है।"

"पर यह क्यों? क्या कानून बनानेवाले ये सब नहीं जानते?"

उत्तर राज ने दिया। उसने कहा, "एक तो कानून बनानेवाले प्राय: बहुत घटिया दर्जे के वकील होते हैं। जिनकी वकालत नहीं चलती, वे विधि-विभाग में नौकरी पा जाते हैं। परंतु इससे भी प्रबल एक क़ारण यह है कि अंग्रेजी भाषा दोषपूर्ण है। इसमें लिखे के भिन्न अर्थ लिये जा सकते हैं।"

"अब बताइए वकील साहब!" सेन ने अभी भी व्यंग्य के भाव में पूछा।

"मेरी सम्मति चाहते हो तो मैं कहूँगा कि कानून की किताब बँगला भाषा में होनी चाहिए। मेरा विश्वास है कि इससे आधे झगड़े समाप्त हो जाएँगे। और यह तो ठीक ही है कि सरकारी वकील सदा वे ही बनते हैं, जिनमें प्राइवेट प्रैक्टिस की योग्यता नहीं होती।"

इसने सेन का मुख बंद कर दिया। शेष मार्ग में वह नहीं बोला। टैक्सी, बस और रेल में अब भट्टाचार्य एवं अविनाश में ही बातचीत होती रही। मिस्टर सेन कलकत्ता पहुँचे तो अपने समाचार-पत्र के कार्यालय में चले गए और अविनाश इत्यादि एक होटल में ठहर गए।

सुनंद कुमार इनको होटल में छोड़कर अपने घर गया और कह गया कि अगले दिन वह उनको अपने घर आमंत्रित करेगा और आशा करता है कि सोमजी को उसके बच्चों में से एकाध पसंद आ जाएगा।

वैसा ही हुआ, जैसा मिस्टर भट्टाचार्य का विचार था। सुनंद कुमार भट्टाचार्य की पत्नी सौदामिनी मान गई कि यदि सबसे छोटे दो बच्चे ले जाएँ और हमें उनको वर्ष में एकाध बार देखने दें तो वह उन्हें दे देगी।

"देख लो," भट्टाचार्य ने कहा, "बहुत पैसेवाले व्यक्ति प्रतीत होते हैं। विचार के बहुत सुलझे हुए हैं। उदार और बच्चों की लालसा करनेवाले हैं।"

सौदामिनी का कहना था, "देखिए जी! यह छठा आ रहा है और मैं अभी छब्बीस वर्ष की हूँ। दो-तीन और भी तो हो सकते हैं?"

"ठीक है। वह स्त्री, जो इन दो को गोद लेना चाहती है, कलकत्ता में आई हुई है तथा उसका भाई और भाई की पत्नी भी साथ आए हुए हैं। उसके भाई की पत्नी तो कोई दार्शनिक है। बहुत पढ़ी-लिखी प्रतीत होती है।"

जब भट्टाचार्य की पत्नी मानी तो उसने टेलीफोन कर सेन को अगले दिन लंच के समय अपने घर भोजन पर बुला लिया। अविनाश और राज सोम बाबू एवं सावित्री से भी मिलने गए। सोम भी उनके साथ थी।

सोम बाबू अपनी वर्कशॉप में बैठा मशीनों के डिजाइन बना रहा था। राज को तथा उसके साथ अविनाश को आए देखकर, वह लपककर उठा और हाथ मिलाकर उन सबको वर्कशॉप की ऊपर की मंजिल पर सावित्री के पास ले गया।

जब चाय-पानी और सुख-समाचार लिया-दिया जा चुका तो अविनाश ने उनके कलकत्ते आने का कारण बता दिया।

सावित्री हँस पड़ी और बोली, "बंगाल की भूमि बहुत उपजाऊ है। यहाँ बच्चे बहुत जल्दी-जल्दी बनते हैं। मैं भी तो इस मार्ग पर चल पड़ी हूँ।"

"सच?" सोम के मुख से विस्मय में निकल गया, "कौन से मास में हो?"

"अभी दूसरा ही चल रहा है।"

"मगर तुम्हें 'मॉर्निंग सिकनेस' नहीं हुई?"

"मेरी सास मुझे एक विशेष प्रकार की मछली का सूप दे रही है। इससे अभी तक मुझे किसी प्रकार का कष्ट नहीं हुआ।"

"तब तो ठीक है। मैं प्रसन्न हूँ।" सोम ने कहा।

अब सोम बाबू ने राज को बताया, "बहनजी! आपने जो समस्या लिखी है, वह इंजीनियरिंग की नहीं है। वह वैज्ञानिकों, विशेष रूप में भौतिकी विज्ञान वालों की है। यह तो पता किया गया है कि प्रकाश से शब्द पैदा किया जा सकता है। शब्द से प्रकाश भी पैदा किया जा सकता है। परंतु अभी तक यह पता नहीं किया गया कि किस धातु पर प्रकाश पड़े तो प्रकाश की ऊर्जा विद्युत् में बदल सकती है। मैंने यही प्रश्न यहाँ के भौतिकी की फैकल्टी के मुख्य आचार्य को लिखकर भेजा था। उसने पहले तो मुझे पागल कहकर उत्तर दिया था। परंतु मैं उससे स्वयं मिलने गया। मैंने आपका पत्र पढ़कर सुनाया तो उसे बात समझ में आ गई। वह कहने लगा, 'यह प्रॉब्लम लोक-कल्याण की है। मैं इस विषय पर अपनी प्रयोगशाला में अन्वेषण कराऊँगा।'

"आपने लिखा था कि प्रकाश, ऊष्मा, शब्द, विद्युत् और चुंबकीय शक्ति एक ही शक्ति के भिन्न-भिन्न रूप हैं। ये एक-दूसरे में परिवर्तित हो सकते हैं। सूर्य के प्रकाश को विद्युत् में बदलने का उपाय करना चाहिए अथवा सूर्य की ऊष्मा को बदलने का उपाय करना चाहिए, पर जल आदि के माध्यम से नहीं, सीधा ही परिवर्तन का उपाय होना चाहिए। उसने इस विषय पर अन्वेषण आरंभ कर दिया है। परिणाम तो भगवान् के हाथ में है।"

राज को यह सुनकर प्रसन्नता हुई कि उसके विचार को एक वैज्ञानिक ने संभव समझा है। अपनी मशीनों के पुरजों का ऑर्डर देकर और कलकत्ता आने का एक उद्देश्य पूरा कर वे दूसरे के विषय में विचार करने लगे। अगले दिन मध्याह्न के समय भोजन लेने के लिए तीनों प्राणी—अविनाश, राजकुमारी और सोम सुनंद कुमार भट्टाचार्य के घर जा पहुँचे।

वहाँ पर सौदामिनी अपने पाँचों बच्चों के साथ इनकी प्रतीक्षा कर रही थी। उसने इनका स्वागत किया। भट्टाचार्य ने उनका परिचय कराया। भोजन करते हुए सौदामिनी ने

अपने बच्चों का परिचय करा दिया। सबसे बड़ा था महेंद्र कुमार। इस समय वह पाँचवीं श्रेणी में पढ़ता था। महेंद्र से छोटी उर्मिला चौथी में पढ़ती थी। इससे छोटा था सुषीम, वह प्रथम श्रेणी में पढ़ता था। सबसे छोटे थे दो भाई-बहन। ये जुड़वाँ थे। लड़की आधा घंटा पहले उत्पन्न हुई थी और लड़का आधा घंटा पीछे। लड़की का नाम था सीता और लड़के का राजू। ये दोनों दो वर्ष के थे।

सौदामिनी ने इनका परिचय कराकर कहा, "मैंने इनसे कहा है कि मैं इनको दिल्ली इनकी मौसी के पास भेज रही हूँ। ये प्रसन्न प्रतीत होते हैं।"

सोम ने दोनों को देखा। दोनों तीखे नख-शिख रखनेवाले थे। दोनों का रंग हलका गंदुमी था और वे हृष्ट-पुष्ट प्रतीत होते थे।

सोम ने सीता को संबोधन कर पूछा, "मुझे जानती हो?"

लड़की ने सिर हिला दिया।

"मैं तुम्हारी मौसी हूँ।"

"कहाँ से आई हो?"

"दिल्ली से।"

"वह कहाँ है?"

"यहाँ से दूर है।"

"तो मैं भी वहाँ जाऊँगी।"

"ठीक है। और राजू वाबू?"

लड़के ने बुलाए जाने पर मुख ऊपर उठाया। वह एक रसगुल्ले का टुकड़ा खा रहा था।

सोम ने कहा, "सीता के साथ चलोगे?"

"वह मुझे रसगुल्ले खाने नहीं देती?"

"वहाँ बहुत हैं। दोनों का पेट भर जाएगा।"

"माँ, मैं जाऊँ?"

"हाँ, दिल्ली बहुत बढ़िया नगर है।"

"नगर...वह क्या?"

सोम हँस पड़ी, "चलो तो दिखाऊँगी।"

अब सोम ने भट्टाचार्य से पूछा, "यह 'ट्रांसफर' किस प्रकार होगी?"

"आप बच्चों की माँ को बच्चों के साथ दिल्ली आने का निमंत्रण दीजिए। यह इन छोटे बच्चों को लेकर वहाँ जाएगी तो आपके घर में कुछ दिन रहेगी और फिर उनको आपके घर छोड़ आएगी। मुझे आप एक पत्र बच्चों की माँ के हाथ लिखकर भेज

दीजिएगा कि आपने इन दोनों बच्चों को गोद ले लिया है। उस पर आपके पतिदेव के हस्ताक्षर भी होने चाहिए।"

सोम ने कहा, "हो जाएगा।"

अविनाश का कहना था, "यह ठीक है। एक-दो सप्ताह में बच्चे वहाँ रहना सीख जाएँगे और तब लिखा-पढ़ी हो जाएगी।"

सौदामिनी तीन मास के गर्भ से थी। इस पर भी वह सब प्रकार से सजग और सचेत थी।

इसके छह दिन उपरांत अविनाश की पार्टी दिल्ली रामलोक के घर पर जा पहुँची—अविनाश, राज, सोम, सौदामिनी और उसके दो बच्चे। जब रात के आठ बजे मकान के नीचे पहुँचकर सोम ने घंटी का बटन दबाया तो रामलोक ऊपर खिड़की में से घर के नीचे देखने लगा कि कौन है?

वह द्वार पर टैक्सी को खड़ा देखकर नीचे आया और अविनाश तथा उसके साथ तीन नए जीवों को देखकर अवाक् रह गया।

"सोम! मैं तो फार्म पर जाने की तैयारी कर रहा था।"

"पर मैं तो कलकत्ता से आ रही हूँ। भैया और भाभी भी वहाँ गए थे।"

"भीतर आइए, वहाँ बैठकर बात होगी।"

बच्चे तो ऊँघ रहे थे। उनको गोदी में उठा भीतर ले जाया गया।

राज ने टैक्सीवाले को विदा किया और सबसे पीछे भीतर आई।

"भैया!" रामलोक ने पूछा, "यहाँ ही रहोगे अथवा किसी होटल में? आपकी कोठी तो भाड़े पर चढ़ चुकी है।"

"मैं यहाँ से टेलीफोन कर देखता हूँ, किस होटल में स्थान मिल सकता है?"

जनपथ होटल में स्थान मिला तो अविनाश और राज वहाँ को चल दिए।

उनके चले जाने के उपरांत सोम ने कहा, "ये बहनजी कलकत्ता से यहाँ आई हैं। मैं इनको ही लेने वहाँ गई थी।"

"ओह! किस मतलब से?"

"इनके इन दो बच्चों को यहाँ लाकर इनको इस घर में बसाना था।"

रामलोक समझ गया और पूछने लगा, "दोनों को एकदम?"

"हाँ, वे जुड़वाँ हैं। इकट्ठे ही रहेंगे।"

"क्यों बहनजी?" रामलोक ने सौदामिनी की ओर देखकर पूछा।

"मेरे घरवाले की मुझ पर कृपा है। घर में इनसे बड़े तीन और हैं। एक और का निर्माण कर रही हूँ।"

अब रामलोक ने सोम से पूछा, "इनका पता कहाँ पा गई थीं?"

"इन बहनजी के घरवाले बाली फार्म पर आए हुए थे। जब उनको पता चला कि मैं किस प्रयोजन से वहाँ गई थी तो उन्होंने ही यह प्रस्ताव किया और मैं भैया-भाभी को लेकर कलकत्ता जा पहुँची। वहाँ से सब प्रबंध कर इनको यहाँ ले आई हूँ। ये बहनजी कुछ दिन यहाँ रहेंगी, तब तक मैं बच्चों से मित्रता पैदा करूँगी, फिर ये चली जाएँगी।"

"सोम! तुम बहुत भाग्यशाली हो। बच्चे मुझे पसंद हैं और बहनजी का मैं धन्यवाद करूँगा। हाँ! इन बच्चों के पिता क्या काम करते हैं?"

"कलकत्ता में वकालत करते हैं। काम अच्छा है, परंतु काम के अतिरिक्त हमारी विचारधारा के हैं।"

रामलोक मुस्कराया और पूछने लगा, "तुम्हारी क्या विचारधारा है? तुम जनता पार्टी में हो अथवा कांग्रेस में? दोनों का झगड़ा आरंभ हो गया है?"

सोम ने मुस्कराते हुए कहा, "मैं राजनीति की बात नहीं कर रही। मेरा मतलब है कि वे भी कुटीर-युग की ओर जाने में रुचि रखते हैं।"

: ग्यारह :

रमण प्रसव के उपरांत घर आई तो सोम के घर में बच्चों की चीख-पुकार सुनकर विस्मित रह गई। पिछले एक वर्ष से इस घर में जो कभी नहीं देखा-सुना था, कहाँ से आ गया? साथ ही उसे इस बात का ज्ञान था कि सोम अपने भाई के फार्म पर गई हुई है।

उसने अपने पति से पूछा, "लाला के घर में उनके संबंधी आए प्रतीत होते हैं?"

"कल तक तो कोई नहीं था।"

"पर आज तो बच्चों का हो-हल्ला सुनाई पड़ रहा है। ऐसा प्रतीत हो रहा है, जैसे परस्पर लड़ रहे हों। किसी स्त्री के उनको डाँटने की आवाज भी है और वह भी बँगला भाषा में।"

"पर रामलोक तो पंजाबी है?"

"हाँ, परंतु वह दिल्लीवाला ही माना जाता है। उसका पालन-पोषण एक दिल्लीवाले ने ही किया था। यह दुकान भी तो उस दिल्लीवाले की है।"

"अच्छा? तुम्हें कैसे मालूम?"

रमणी ने बताया, "एक दिन सोम ही बता रही थी कि यह लाला देश-विभाजन के समय अपनी माँ की उँगली पकड़े-पकड़े दिल्ली पहुँचा था। उसकी माँ किसी के साथ रहने लगी तो वह व्यक्ति इसका पिता बन गया और यह दुकान उसी की है।"

"तो यह बात है? यह दुकान उसकी माँ की कमाई की है?"

"सोम ने बताया था कि उसका पति एक दिन कह रहा था कि दुकान उस दिल्लीवाले की ही है और वह दिल्लीवाला भी मानता था कि जब से मेरी माँ उसके घर में आई थी, तब से ही उसके घर में खुशहाली आई है। सन् 1947 में वह ऋणी था। उसकी माँ के उसके घर में आने के सात-आठ वर्ष बाद उसका बैंक-बैलेंस दो लाख से ऊपर था। उसके अतिरिक्त दुकान लदी-फदी थी, जिसमें कई लाख का माल था।

"मतलब यह," श्रीकृष्ण का कहना था, "वह दिल्लीवाला बहुत बड़ा ठग बन गया था।"

"ठग कैसे?"

"अशिक्षित व्यक्ति आठ वर्ष में इतना धनी कैसे हो गया? मैंने इंजीनियरिंग पढ़ी है और मैनेजमेंट का कोर्स भी किया है। तब जाकर दो सहस्र रुपए महीने की नौकरी मिली है। तीन वर्षों में बड़ी कठिनाई के बाद यह मकान ले पाया हूँ। अपने कारखाने से लिए ऋण का अभी पाँच सहस्र देना है।"

"सोम कहती थी कि लाला का पिता मरते समय सारी संपत्ति की वसीयत इसके नाम कर गया था।"

श्रीकृष्ण विचार करता था कि ये अयोग्य-अनपढ़ दुकानदार और व्यापारी हेरा-फेरी से जनता को लूट-लूटकर मुटिया रहे हैं। क्या यह अच्छा न हो, यदि सब दुकानों का राष्ट्रीयकरण हो जाए। यदि इंदिरा गांधी जीत जाती तो वह अवश्य कुछ-न-कुछ करती।

रमणी जानती थी कि उसका पति विचारों से कम्युनिस्ट है और इमरजेंसी का समर्थक रहा है। वह तो कहता था कि कभी इंदिरा गांधी पुनः प्रधानमंत्री बन गई, तभी सब समस्याओं का हल निकल सकेगा।

रमणी इस समय भी अपने पति के मन में उठ रहे विचारों का अनुमान लगा रही थी। यद्यपि वह स्वयं इमरजेंसी की समर्थक कभी नहीं रही थी, फिर भी इस विषय पर अपने पति से विवाद नहीं करती थी।

उसने बात बदल दी। उसने कहा, "ऐसा प्रतीत होता है कि लाला घर में किसी को पकड़ लाया है और अपने पिता की कहानी दुहरा रहा है।"

"तुम यह कैसे कहती हो?"

"सोम के घर बच्चा होने की गुंजाइश नहीं। अब सोम बाहर गई है तो यह किसी बच्चे वाली को पकड़कर ले आया है। सोम लौटेगी तो देखेंगे कि क्या होता है?"

"यदि रामलोक कहीं मिल गया तो पता करूँगा।"

"मैं तो अभी चार-पाँच दिन तक बाहर निकल नहीं सकती, नहीं तो इस लाला की इस नई बच्चों वाली का पता करती।"

परंतु बात हुई उलट। यह रविवार का दिन था। श्रीकृष्ण घर पर ही था और सोम यह देखकर कि मैनेजर साहब के घर का द्वार खुला है, कदाचित् रमणी घर आ गई है, अत: उससे मिलने चली आई। रमणी से पहले श्रीकृष्ण ही मिला। वह घर की बैठक में बैठा कुछ पढ़ रहा था। सोम आई तो उसे बैठा देखकर पूछने लगी, "भाई साहब! रमणी बहन नर्सिंग होम से आ गई है?"

"ओह, सोम बहन! मैंने तो सुना था कि आप अपने भाई के फार्म पर गई हुई हैं।"

"मैं कल रात ही आई हूँ।"

"और यह आपके घर में बच्चों की चीं-पों कैसे हो रही है?"

सोम हँस पड़ी। फिर हँसते हुए बोली, "आप हमारे घर आइए तो आपको अपनी नई बहन से परिचय कराऊँगी।"

"तो ये बच्चे उनके हैं?"

"जी, अभी तो उसी के हैं।"

"क्या मतलब?"

"मैं रमणी बहन से मिलने आई हूँ।"

"वह भीतर है। मिल लो।"

सोम रमणी के कमरे में गई तो वह आरामकुरसी पर बैठी थी और समीप ही एक खटोले पर बच्चा लेटा हुआ सो रहा था।

रमणी ने सोम को देखा तो विस्मित रह गई। उसने पूछा, "अरे तुम? तुम तो फार्म पर गई हुई थी?"

"हाँ, जिस मतलब के लिए गई थी, वह पूरा कर आई हूँ।"

"क्या?"

"मैं वहाँ बहन से बच्चा माँगने गई थी और वहाँ से एक के स्थान दो मिल गए हैं।"

"तुम्हारी बहन के?"

"नहीं, हैं तो किसी और के, परंतु मिले उसी के द्वारा। वह भी दिल्ली में आई हुई है। अगर तुम और मैनेजर साहब मध्याह्न का भोजन हमारे घर करो तो सबका परिचय कराऊँगी।"

"जी तो चाहता है, परंतु मैनेजर साहब घर से बाहर जाने की स्वीकृति नहीं देंगे?"

"वाह! यह क्यों?"

"कमजोरी के कारण।"

"परंतु यह साथ ही तो घर है। और तुम बाहर से घर आई हो, तब बाहर जाने में क्या हानि हो सकती है?"

"देखो, मैं उनसे पूछती हूँ।" रमणी ने घंटी का बटन दबाया और नीचे बैठकघर में घंटी बजने लगी। एक ही मिनट में श्रीकृष्ण ऊपर आकर पूछने लगा, "क्या है?"

"सोम बहन आज लंच अपने घर पर लेने का निमंत्रण दे रही हैं?"

"पर तुम जा सकोगी?"

"मेरी माताजी अभी मिलने आनेवाली हैं। उनको यहाँ बच्चे के पास बैठाकर जा सकूँगी।"

"तो माताजी को आने दो।"

"सोम बहन दो बच्चे गोद लेने के लिए लाई हैं। जरा उनको भी देखना चाहती हूँ।"

श्रीकृष्ण हँस पड़ा और बोला, "तब तो चलना ही चाहिए।"

रमणी ने कह दिया, "मैं आऊँगी।"

"और भाई साहब, आप भी!"

रमणी ने पति के मुख पर देखा तो श्रीकृष्ण ने कह दिया, "हाँ, यदि मुझे निमंत्रण है तो तुम्हारे बच्चों को देखने आऊँगा।"

ठीक एक बजे रमणी और उसका पति श्रीकृष्ण रामलोक के घर जाने के लिए नीचे आए तो रामलोक के मकान के नीचे राज और अविनाश टैक्सी से बाहर निकल रहे थे। राज का रमणी से परिचय नहीं था। वह समझ तो गई थी कि 'बाली फार्म' वाली सोम की बहन है, परंतु परिचय न होने के कारण वह सोम के मकान के द्वार पर खड़ी होकर अविनाश आदि को पहले भीतर जाने का मार्ग देने लगी।

राज ने इनको साथ के मकान से उतरते देखा था और वह समझ गई कि यह रमणी और उसका पति है। अतः उसने रमणी की बाँह में बाँह डाली और उसे भीतर चलने के लिए कहने लगी, "आइए, ठहर क्यों गई हैं?"

"तो आप बाली फार्म के मालिक हैं?"

राज ने हँसते हुए कहा, "मालिक नहीं, वहाँ के कर्मचारी हैं। हमारे यहाँ मालिक कोई नहीं। सब कर्मचारी ही हैं।"

नीचे की बैठक में ही सोम और रामलोक प्रतीक्षा कर रहे थे। सौदामिनी अपने दोनों बच्चों के साथ वहाँ बैठी थी।

रामलोक ने उठकर मैनेजर साहब का स्वागत किया और उनको बैठाकर सौदामिनी का परिचय कराने लगा। सोम राज और रमणी को लेकर एक सोफा पर बैठ गई।

श्रीकृष्ण ने सौदामिनी की रूप-रेखा देखी तो पूछ लिया, "ये तो बंगाल से मालूम होती हैं?"

"जी।" सौदामिनी ने उत्तर दिया।

"और ये बच्चे सोमजी को दे रही हैं?"

"जी।"

"क्या दाम दिया है?" श्रीकृष्ण ने धीरे से रामलोक से पूछ लिया। रामलोक पहले तो समझा नहीं, पर जब समझा तो मुस्कराकर बोला, "यह आप इन बहनजी से ही पूछ लीजिए।"

"क्यों बहनजी," रामलोक ने सौदामिनी को संबोधन कर कहा, "ये भाई साहब पूछ रहे हैं कि आपने क्या लिया है इन बच्चों को देने का?"

"बच्चों का दाम?" सौदामिनी ने पूछा। सौदामिनी के मुख पर लाली दौड़ आई।

श्रीकृष्ण ने मुस्कराते हुए कहा, "हाँ, इन बच्चों का। हम समझते हैं, मनुष्य के सब काम रुपए-पैसे की धुरी पर घूमते हैं।"

"जी नहीं," सौदामिनी ने घृणा और रोष के भाव में कहा, "बच्चे परमात्मा की देन हैं। इनका मूल्य न तो मैं आँक सकी हूँ, और न ही ले रही हूँ।"

"इसमें परमात्मा कहाँ से आ गया?" श्रीकृष्ण ने एक कुरसी पर बैठते हुए कहा।

"तो बच्चे किसी फैक्टरी में बनते हैं?"

"एक फैक्टरी है औरत। उसमें निर्माण होते हैं।" श्रीकृष्ण का कहना था।

इस समय श्रीकृष्ण और रामलोक भी बैठ गए थे। सौदामिनी ने अभी भी रोष में कहा, "और औरतें आपकी फैक्टरी में ढाली जाती हैं?"

रामलोक ने बात के बदमजा होने से पहले ही कह दिया, "बहन सौदामिनीजी! ये हमारे परम मित्र कम्युनिस्ट एवं आर्यसमाजी हैं।"

सौदामिनी हँस पड़ी। उसका क्रोध कम्युनिस्ट शब्द सुनकर उतर गया और उसके मुख से निकल गया, "तभी..."।

अविनाश श्रीकृष्ण के समीप कुरसी खिसकाकर बैठ गया और पूछने लगा, "तो यह सत्य है?"

"क्या?" श्रीकृष्ण ने पूछ लिया।

"जो ये रामलोकजी कह रहे हैं। यही कि आप समाजवादी हैं?"

"मैं समाजवादी-आर्यसमाजी हूँ।"

"वह क्या होता है?"

"मेरा मजहब वैदिक है और विचार समाजवादी हैं।"

"तो साम्यवाद कोई मजहब नहीं है क्या?"

"साम्यवादी परमात्मा को नहीं मानते। हम साम्यवादी होते हुए परमात्मा को मानते हैं।"

इस पर रामलोक ने बातों में हस्ताक्षेप करते हुए कहा, "अविनाशजी! मैंने इनको आपकी योजना बताई थी तो ये कहने लगे कि आप नास्तिक हैं।"

"अरे!" विस्मय में अविनाश ने श्रीकृष्ण का मुख देखते हुए कहा। एकाएक उसको समझ आया कि इस विचित्र जीव से राज की बात करा देनी चाहिए। कदाचित् वह इसे किसी प्रकार का मार्ग दिखा सके। उसने आवाज दे दी, "राजजी, इधर आइए। आपका इनसे परिचय करा दूँ।"

राज रमणी के पास से उठकर पुरुषों की गोष्ठी में आ गई। अविनाश ने कहा, "लालाजी कहते हैं कि मैनेजर साहब आर्यसमाजी-कम्युनिस्ट हैं।"

"यह इस कारण कि इनका आर्यसमाज ऐसे ही है, जैसे आप यह कोट-पतलून पहने हैं। आप हृदय से स्वतंत्रता-प्रेमी हैं, परंतु जो आपको मोटर में सवारी करते, कोट-पतलून पहने देखते हैं, वे आपको रीति-रिवाज में बँधा दास समझते हैं।

"यही बात मैनेजर साहब की प्रतीत होती है। सुना है, ये पति-पत्नी नित्य हवन करते हैं, परंतु यह वे ऐसे ही दिखाने के लिए करते हैं, जैसे आप यह सूट पहनते हैं।"

"नहीं, यह बात नहीं है, मैं हृदय से साम्यवादी हूँ।"

"जी, मैं भी तो यह कह रही हूँ। परंतु आप हृदय से आर्यसमाजी नहीं हैं। वह केवल दिखावे के लिए है, जैसे इनका पाजामा-कुरता सिर्फ फार्म के लिए बनवाया हुआ है और यहाँ श्रीमानजी टैरीवूल का सूट तथा टैरीकॉट की कमीज पहने हुए हैं।"

"हाँ, मैंने आपके फार्म की बात सुनी है। क्या आप वहाँ रहते हुए धनोपार्जन नहीं कर रहे ?"

अब अविनाश ने बताया, "कर रहे हैं। मैं एक पुस्तक लिख रहा हूँ। कलकत्ता के एक फर्म से बात हो रही है। मैंने अपनी पुस्तक का विषय संक्षेप में लिखकर भेजा तो उसने पुस्तक प्रकाशन के लिए एक सहस्र रुपया अग्रिम भेजवा दिया है।"

"उस रुपए से आप क्या करेंगे ?"

"यह अभी नहीं बता सकता। ये मेरी पत्नी भी तीन-चार सौ रुपए मासिक लेख लिखकर प्राप्त कर रही हैं।"

"जब आप अपने खाने-पीने के लिए स्वयं पैदा करते हैं तो आपका क्या अधिकार है कि दूसरे लोगों का धन छीनें ?"

"हम छीनते नहीं। हम कुछ निर्माण कर रहे हैं और यह हम बाहरी संसार से कुछ रुपए लेकर उसे बेच रहे हैं।"

"यही तो मैं कह रहा हूँ कि जब तक आप बाहर से कुछ खरीदते नहीं, तब तक बाहर से अर्जन करना गैर-कानूनी होगा। आपका अपने जीवन को ऐसा बनाना कि उस

पर व्यय कुछ न हो, इससे आपके पास धन एकत्र होने लगेगा। एकत्र धन ही संपत्ति होती है और संपत्ति रखना वर्जित हो जाएगा। अभी तो सरकार यह कर रही है कि संविधान में संपत्ति किसी का मौलिक अधिकार नहीं है। परंतु आगे चलकर यह होने वाला है कि सब संपत्ति का मालिक सरकार होगी। भले ही उनकी अपनी अर्जित हो। लोग उसको उसका भाड़ा देकर ही रख सकेंगे।"

"परंतु यह तो पाप हो जाएगा ?"

"वह क्या होता है ?" श्रीकृष्ण ने पूछ लिया।

"जो ईश्वरीय नियम के विरुद्ध हो, वह पाप होता है।"

"ईश्वरीय नियम क्या है ?"

"देखिए जी," राज ने कहा, "जो मेरा स्वनिर्मित है, वह मेरा है। उसका प्रयोग करूँ अथवा न करूँ, और करूँ तो जिस प्रकार, मेरी इच्छा है, वैसे यही ईश्वरीय नियम है। इसमें जो बाधा डालेगा, वह पाप करेगा।"

"तो ईश्वर स्वयं मना कर देगा। इसमें आपको अथवा मुझे चिंता करने की आवश्यकता नहीं है।"

"हाँ, परमात्मा पाप का दंड देता है। इसमें हम और आप कुछ नहीं कर करते। यह ऐसा ही है, जैसे हिंदू समाज ने मध्यकाल में घोर पाप किए थे। उदाहरण के रूप में, स्त्रियों को वेदादि शास्त्र पढ़ाना बंद कर दिया, निर्धन वर्ग को अछूत करार देकर उनका समाज से बहिष्कार कर दिया, विधवाओं को सती होने पर विवश कर दिया, भूल से भी किसी सामाजिक नियम को भंग करनेवालों का बहिष्कार कर दिया और स्वधर्म एवं स्वजातियों से अधिक विधर्मियों से प्रेम किया। इस जातीय पाप का फल अब पूरे जाति को उठाना पड़ रहा है। सात सौ वर्ष तक मुसलमान शासकों के सामने हम नाक रगड़ते रहे, फिर डेढ़ सौ वर्ष तक अंग्रेजी दासता निभाई। हम अभी भी भ्रष्ट मति का काम करते हैं, जो सत्य को झूठ और झूठ को सत्य मान रहे हैं। परिणामस्वरूप अभी भी पूरा समाज दासता के बंधन में फँसा हुआ है।"

श्रीकृष्ण हँस पड़ा। राज समझ गई कि इस मोटी बुद्धि के व्यक्ति को बात अभी समझ नहीं आई। इससे उसने अपनी बात को समझाते हुए कहा, "आपको विदित है कि देश भर में इमरजेंसी लगी हुई थी। साठ करोड़ व्यक्ति अंधकार में जकड़ दिए गए थे। देश भर में त्राहि-त्राहि होने लगी थी। यह आपके समाजवाद का ही परिणाम था।

"और यदि अब पग फिर उसी ओर उठाया गया तो भगवान् के बचाए भी नहीं बच सकेंगे। इस बार किसी विदेशीय की दासता में फँसे तो फिर सबकुछ विनष्ट हो जाएगा। यही इस पापकर्म का फल होगा।"

"मैं और मेरे विचार के लोग तो यह समझते हैं कि वह स्वर्णिम-युग होगा।"

"ठीक है, यदि भूल से किसी अछूत के कान में वेदमंत्र का शब्द पड़ जाने पर उसके कान में पिघला हुआ शीशा भरने वाला अपने कार्य को पुण्य-कार्य न समझता तो फिर सात सौ वर्ष तक ब्राह्मणों, उनके मंदिर-ठाकुरद्वारों और उनकी स्त्रियों तथा बच्चों पर अत्याचार कैसे होता ? यदि देश के कोटि-कोटि लोग नेहरू-परिवार की जय-जयकार न करते होते तो फिर यह इमरजेंसी क्यों लगती ?"

"परंतु यह कुछ बुरा हुआ है क्या ?"

"पिछले वर्ष इंदिरा गांधी की पराजय तो यही प्रकट करती है।"

"नहीं बहनजी," श्रीकृष्ण ने कह दिया, "वह धोखाधड़ी थी।"

इस समय रामलोक ने बताया, "भोजन तैयार है।" सब बगल के कमरे में खाने पर जा बैठे।

राज मन में विचार कर रही थी कि यह मिथ्या-शिक्षा की ऐनक के कारण ही है, जो यह दिन को रात मान रहा है।

उस दिन होटल में पहुँचकर, राज को गंभीर विचार में मग्न देखकर अविनाश ने पूछा, "राज, आज चुपचाप बैठी क्या विचार कर रही हो ?"

"मैं यही विचार कर रही हूँ कि हम समाज को एक दिशा दे रहे हैं। यह सब व्यर्थ भी हो सकता है। बंदर और बया की कथा आपने सुनी है न ? बया बंदर को शिक्षा देने लगी थी कि वह भी अपना घर बना ले। बंदर, जिसे अपना घर बनाना नहीं आता था, बया का घोंसला ही उजाड़ दिया था।"

"मैं यह विचार कर रही हूँ कि बया की भाँति हमारा घोंसला भी सुरक्षित नहीं है। हमें बंदर को अपना घर उजाड़ने से रोकने की सामर्थ्य भी पैदा करनी होगी।"

"यह कैसे पैदा होगी ?"

"इसका विचार करना होगा। जो स्वार्थ और परार्थ में अंतर नहीं समझते, उनको सागर में डुबो देने की अथवा काल-कोठरी में बंद कर सकने की सामर्थ्य भी पैदा करनी चाहिए। तभी हमारा घोंसला सुरक्षित रह सकेगा और यदि हम ऐसा कर सके तो यह महान् पुण्य का कार्य होगा।"

"मैं भी कुछ यही समझा हूँ। संसार में श्रीकृष्ण जैसे मूर्खों की संख्या कम नहीं। इनसे अपने छोटे से नीड़ की रक्षा की सामर्थ्य भी निर्माण करनी पड़ेगी।"

"अर्थात् अपनी इस योजना के साथ एक सुरक्षा योजना भी बनानी होगी।"

"हाँ, पर इसके विचार करने और फिर उसको प्रयोग में लाने में समय लगेगा। इस पर भी यही वास्तविक पुण्य होगा।"

"अपने उद्यान में चलकर विचार करेंगे।" ◻◻◻